Anne Weiss

DER beste Platz ZUM LEBEN

*Wie ich loszog,
ein Zuhause zu finden,
das zukunftstauglich ist und
glücklich macht*

KNAUR

Besuchen Sie uns im Internet:
www.droemer-knaur.de

Aus Verantwortung für die Umwelt hat sich die Verlagsgruppe Droemer Knaur zu einer nachhaltigen Buchproduktion verpflichtet. Der bewusste Umgang mit unseren Ressourcen, der Schutz unseres Klimas und der Natur gehören zu unseren obersten Unternehmenszielen. Gemeinsam mit unseren Partnern und Lieferanten setzen wir uns für eine klimaneutrale Buchproduktion ein, die den Erwerb von Klimazertifikaten zur Kompensation des CO_2-Ausstoßes einschließt. Weitere Informationen finden Sie unter: www.klimaneutralerverlag.de

Dieses Buch ist klimaneutral produziert.

Originalausgabe August 2023
© 2023 Knaur Verlag
Ein Imprint der Verlagsgruppe
Droemer Knaur GmbH & Co. KG, München
Alle Rechte vorbehalten. Das Werk darf – auch teilweise – nur mit Genehmigung des Verlags wiedergegeben werden.
Lektorat: Jan Strümpel
Covergestaltung: Andrea Barth | Guter Punkt
www.guter-punkt.de
Coverabbildung: U1: © Annica Lill, www.lessislovable.de
U2/U3 Fotos Wohnprojekte: © privat;
Foto Autorin Klappe: © Mathias Bothor
Satz und Layout: Adobe InDesign im Verlag
Druck und Bindung: GGP Media GmbH, Pößneck
ISBN 978-3-426-28603-6

2 4 5 3 1

Inhalt

Vor(w)ort 9
Der beste Platz für dich 18

Dachschaden de luxe
Warum ich überhaupt ein neues
Zuhause suchte 19
*Schlüsselerlebnis gesucht? So startest du die Suche
nach deinem Traumzuhause* 35

Home Smart Home
Der beste Mitbewohner der Welt
und mein elektrifizierter Unterschlupf 38
*Und wenn dir die smarte Welt gefällt?
Meine wichtigsten Erkenntnisse übers
digitalisierte Zuhause* 59

Landpartie für Stadthasen
Ein Leben ohne Auto ist nicht unmöglich,
aber sinnvoll 62
*Stadt oder Land? Wie du für dich herausfindest,
wo du am besten lebst* 87

Zwei Zimmer, Küche, Bad, bankrott
Wie der Wohnungsmarkt scheiterte und
warum uns das beunruhigen sollte   90
*Was ich meinem früheren Ich gern vor der
Wohnungssuche sagen würde   118*

Platz doch einfach!
Mit wenig Krempel ins Tiny House   122
*Wie du platzsparend wohnst und den
richtigen Ort dafür findest   145*

Prinzip Selbsthilfe
Zusammen an einem zukunftstauglichen
Zuhause basteln   148
*Wie du selbst über deine Wohnsituation bestimmst
und wo du Unterstützung findest   172*

Alle unter einem Dach
Wo ich den Rest meines Lebens
verbringen möchte   176
*Schöner altern: Wie du Orte findest,
die es anders angehen   199*

Komm, wir wohnen in der Eisenbahn!
Wie ein Zugabteil zur Heimat wird   202
*Heimat reloaded:
Die außergewöhnlichsten Stadtführungen   223*

Grüner wird's nicht
Nachhaltig leben und Gemeinschaft
gestalten im Ökodorf   226
*Enkeltauglich wohnen: Wege zu
einem umweltfreundlicheren Zuhause   246*

Prinzessinnenzelt mit Sternenblick
Der Planet, das Klima,
unser aller Zuhause und ich   248
*Wissenswertes und Unverzichtbares
fürs Bauen auf dem Planeten Erde   273*

Nachwort, Lieblingsort   277
Happy End oder Zeit, anzufangen?   286

Danksagung   289

Literaturverzeichnis   291

Vor(w)ort

Petra steht in ihrer offenen Küche am Herd, der Duft von warmem Olivenöl und kochender Pasta steigt mir in die Nase, als ich mit einer großen Handvoll Salbeiblätter aus dem Garten zurückkehre.

»So viel ungefähr?« Ich zeige ihr meine Ausbeute – dickädrige Blätter, die ich von dem Strauch am Steinmäuerchen abgepflückt habe, der mich überragt. Warm von der Sonne schmiegen die Kräuter sich in meine Hand. Petra nickt, und ich beginne, die Blätter in einer Schüssel abzuspülen. Als sie das Grün ins heiße Fett wirft, zischt es.

»Puh, ist das warm.« Sie dreht den Hebel des Fensters neben der Spüle auf und schiebt die Flügel nach außen, wie es für diese Art Bauernhäuser typisch ist, dann wendet sie sich wieder der Pfanne zu. »Das wird lecker!«

Während der Salbei röstet, läuft auch mir das Wasser im Mund zusammen. Es gibt kaum etwas Besseres als dieses einfache Gericht. Mit einem Spaghettilöffel hieve ich Nudeln auf zwei Teller. Ich stelle sie auf den runden Tisch und lege Besteck daneben, dazu kommen unsere Gläser mit Wasser aus dem eigenen Brunnen. Petra kehrt mit einem Holzlöffel die krossen Blätter als Topping auf die Pasta.

»So ein schönes Haus«, sage ich zwischen zwei Bissen, als ich mich in ihrer Küche umsehe. Das Gehöft ist 370 Jahre alt, und meine Freundin hat es mit ihrem Mann selbst ausgebaut. Der Denkmalschutz schreibt ihr vor, wie sie das zu tun hat, darum gibt es auch die ungewöhnlichen Fenster.

»Musste ich anfertigen lassen«, hat sie mir einmal erzählt. »In der damaligen Zeit hielten die gut dicht, der starke Wind hat die Fensterflügel in den Rahmen gepresst.«

Die Regeln einer anderen Zeit.

Den Boden bilden große Steinplatten, die Zimmerdecke wird von dunklen Balken getragen, die Wände sind etwas uneben und heben sich hell vom Holz ab.

»Ich zeig dir später mal Bilder von der Renovierung.« Petra schüttelt den Kopf. »Das sah aus! Das Haus war so verfallen, dass die Nachbarn gesagt haben, ich wär übergeschnappt.« Sie lacht.

»Wieso ausgerechnet dieses Haus?«

»Wir hatten damals einen Ort gesucht, wo wir genug Platz für die Proben unseres Theaters hätten. Die Mieten in der Stadt waren so hoch, dass wir überlegten, aufs Land zu ziehen. Vom Denkmalamt haben wir uns eine Liste besorgt, auf der geschützte Häuser und Bauernhöfe in der Gegend standen, da kann man richtige Perlen finden.« Sie lächelt. »Es war Wochenende, ein sonniger Tag. Ich hab die Wiese gesehen, den alten Hof, die Linde vor dem verfallenen Stall, und ich wusste einfach: Das ist der beste Platz zum Leben.«

In diesem Moment beneide ich meine Freundin. Sie hat einen wunderbaren Ort geschaffen, mit ihren eigenen zwei Händen und nicht ganz ohne Schmerzen. Ihr Freund ist bei den Renovierungsarbeiten einmal sogar aus zwei Meter Höhe von der Leiter gefallen.

Petra hat für eine solche Aktion nicht nur den Durchhaltewillen, sondern auch eine besondere Gabe. »Ich sehe richtig vor mir, wie es später mal aussehen könnte«, sagt sie. Und wenn dieses innere Bild stimmt, so meint sie, dann schaffe sie eben auch scheinbar Unmögliches. So wie bei ihrem Haus.

Anders als sie habe ich ihn noch nicht gefunden, meinen besten Platz zum Leben. Den, wo ich immer bleiben werde, den ich erst verlasse, wenn man mich mit den Füßen voran rausträgt. Und ich kann mir kaum vorstellen, so viel Energie in einen Ort zu stecken wie Petra. Vielleicht fehlt mir die Fantasie dafür, was aus verfallenen Mauern rauszuholen ist, und die Gabe, aus der letzten Bruchbude ein Maximum an Gemütlichkeit zu kitzeln. Vielleicht scheue ich auch ganz einfach den ganzen gewaltigen Aufwand. Oder ist es mit den besten Plätzen wie mit der großen Liebe – sie sind einfach rar?

Merkwürdig, dass gerade ich mich so lange mit den immobilen Tatsachen in meinem Leben zufriedengegeben habe. Immerhin habe ich mir tausend Gedanken gemacht, wie viele Dinge in meinen vier Wänden herumstehen, aber nie über die Wohnung selbst. Und das, obwohl ich eine besondere Leidenschaft für menschliche Behausungen hege: Wenn ich eine fremde Stadt besuche, male ich mir gern aus, in welchem Viertel ich wohnen wollen würde. Ich bewundere die prunkvollen Fassaden oder ärgere mich über Bausünden.

Früher wusste ich genau, wie mein Traumhaus aussehen konnte. Als ich klein war, zeichnete ich nämlich immerzu Häuser. Große, kleine, in den Wolken und unter der Erde, mit Rutschen aus dem Obergeschoss in den Garten – das Haus konnte sogar auf dem Kopf stehen oder mitten im Meer. Stundenlang saß ich am Esstisch, tagsüber oder abends im Schein der Korblampe, und erschuf Wohnträume mit meinen Buntstiften. Gemeinsam mit meiner kleinen Schwester malte ich mir aus, wie wir später in eine Kate hinterm Deich ziehen würden. Sie wäre Malerin und ich Schriftstellerin, dann würde sie meine Bücher illustrieren und ich ihre Bilder betexten.

In meiner Fantasie entstand damals ein ganz genaues Bild, das ich noch immer vor meinem inneren Auge sehe: ein windgeschützter Garten, in dem frei ein paar Gänse und Hühner laufen, ein von Rosen überranktes Tor, Fachwerk und Reetdach, hellblaue Fensterläden. Die gute Stube mit dem knarzenden Dielenboden, der einladende Holztisch in der Wohnküche, das gemütliche Schreibzimmer samt Ausguck unterm Dach. Dieser Traum hat sich nicht erfüllt, aber das kleine Haus am Deich trage ich weiter in meinem Herzen. Wahrscheinlich, weil ich eben Norddeutsche bin – auf dem platten Land und am Meer fühle ich mich auch nach Jahren in der Stadt besonders wohl.

Gibt es diesen magischen Ort, an den ich mich in meiner Kindheit geträumt habe, eigentlich auch in der Wirklichkeit – und falls ja, hält er dann, was er verspricht?

Auch wenn ich die Sehnsucht danach behielt, mit meinem Fahrrad und im Südwester auf dem Deich gegen eine stramme Brise anzustrampeln, zog es mich als junge Erwachsene in die Großstadt: Da waren die Jobs, und ich wollte was erleben. Alles sollte nahebei sein, Leute, Party, Kultur.

Nach dem Studium zog ich in die Buchstadt Frankfurt am Main und machte ein Praktikum, dann weiter nach Köln fürs Volontariat, inzwischen bin ich in Berlin gelandet. Mit jedem Jahr und jedem Umzug wuchs mein Bedürfnis nach Natur, die Partylust dagegen schrumpfte. Aber ich zog keine Schlüsse daraus, weil andere Fragen wichtiger waren: der Lebensabschnittspartner, der bessere Verlagsjob, später die Selbstständigkeit, für die ich reisen und Kontakte pflegen musste.

Zweiundzwanzig Mal bin ich von einem Übergangszuhause zum nächsten gezogen, seit ich mein Elternhaus verlassen habe. Jede Wohnung war wie ein Kokon, den ich abstreifte, sobald die Zeit gekommen war und ich die Mittel hatte, mir was Besseres zu leisten. Oder bis ich umzog in eine andere Stadt, je nachdem, wohin der Job oder meine Laune mich verschlug. Jede Lebensphase eine Verpuppung – vom Wohnheimzimmer über die WG bis zur Zweizimmerwohnung. Einmal hatte ich mein Traumzuhause fast gefunden, da wohnte ich in einer Hausgemeinschaft. Doch die war in Köln, und Berlin lockte. Nachdem ich einige Jahre lang jeden Tag das Gefühl hatte, etwas zu verpassen, gab ich endlich nach und packte meine Sachen.

Meine Wohnvergangenheit hat keine gute Bilanz. Ich habe mir meinen Traum vom besten Zuhause nicht nur nicht erfüllt, ich habe auch nie wirklich danach gesucht. Dabei ist Wohnen ein, sagen wir, existenzieller Teil meines Lebens: Früher bin ich in den

Verlag gefahren, heute sitze ich zu Hause und arbeite. Seit ich selbstständig bin, wohne ich praktisch rund um die Uhr.

Und mit Ende vierzig habe ich es nicht nur verpasst, mich heimelig einzurichten, ich habe auf dem Weg durch die verschiedenen Kokons auch ganz schön was eingesteckt. Habe in abgerockten möblierten Wohnungen gehaust. Ohne Bad. Mit Gemeinschaftskühlschrank, in dem die abgelaufenen Lebensmittel aus den Fächern darüber in meines tropften. Im feuchten Souterrain genauso wie ohne Isolierung unterm Dach. Im dunklen Altbau, wo büroklammerlange Silberfische über die Küchenwände liefen. Mit einer Mitbewohnerin, die feldwebelartig Zettel mit Anweisungen verteilte. Im Wohnheim mit einem Typen, der einen Drohbrief an meine Tür pinnte. Und einmal erklärte ich mich in der Not bereit, 2000 Euro Abstand zu zahlen für ein paar Baumarktmöbel, die nur noch für den Sperrmüll taugten. Für all das war ich sogar noch dankbar, weil ich überhaupt etwas gefunden hatte. Dankbar, weil die Wohnungen für das, was ich zahlen konnte, ganz okay waren und weil ich dem hektischen Gerangel bei der Wohnungssuche vorübergehend entkommen war.

Als ich eines Tages beschloss, Wohnexperimente zu wagen, hatte ich keine Vorstellung davon, was auf mich zukommt. Ich dachte, es ginge nur darum, eine gemütliche Bleibe für mich selbst zu finden. Um Fragen zu beantworten wie: Stadt oder Land? Allein oder zusammen? Und wie lebe ich im Alter? Die Orte suchte ich danach aus, wie gut ich mir vorstellen konnte, dass das Wohnen dort zukunftstauglich ist und glücklich macht. Und so lebte ich unter anderem im Bahnwaggon, im Tiny House, in einem Mehrgenerationenprojekt, im Ökodorf und in einer Jurte.

Dabei wusste ich, wie schwierig es oft ist, überhaupt ein Dach über dem Kopf zu finden. Während meine Oma noch vom eigenen Häuschen träumte, sind die Menschen heute dem Wohnungsmarkt zunehmend ausgeliefert. Sie haben Angst, ihr Zuhause zu verlieren, etwa wegen Eigenbedarf gekündigt zu werden und in der Nähe nichts Vergleichbares zu finden. Für Menschen, die rassistisch diskriminiert werden, weil sie keinen deutsch klingenden Nachnamen haben oder ihr Äußeres der vermietenden Person nicht passt, ist die Suche oft gleich noch einmal viel schwerer. Und immer mehr junge Leute können es sich schlicht nicht mehr leisten, in einer großen Stadt eine Lehre oder ein Studium anzufangen, wenn sie nicht bei den Eltern wohnen können. Im schlimmsten Fall droht Menschen nach einem Schicksalsschlag, einer Krankheit oder einer schwierigen persönlichen Situation der Verlust jeden Halts: Sie landen am Ende auf der Straße, kommen provisorisch bei Bekannten unter oder leben mit dem Wohnmobil auf irgendeinem Campingplatz.

Und auch diejenigen, die im Eigentum leben, sind immer öfter gekniffen: Grundsteuererhöhung, steigende Kreditzinsen oder gerne auch mal staatlich angeordnete Enteignung, wenn unter deiner Wohnung ein Kohleflöz liegt oder eine Autobahn durch deinen Vorgarten gebaut werden soll.

Vor allem in Ballungsräumen fehlt bezahlbarer Wohnraum, und das bringt gerade Geringverdienende in eine brenzlige Lage. Ob Wohnraum bezahlbar ist, hängt davon ab, wie viel vom Netto nach Abzug der Wohnkosten noch zum Leben übrig bleibt. Die Faustformel, die ich beim Aufbruch ins Erwachsenenleben mitbekommen habe, lautete: Gib für die Miete nicht mehr als dreißig Prozent von dem aus, was monatlich auf deinem Konto landet. Nach einer Studie der Hans-Böckler-Stiftung blecht inzwischen aber fast die Hälfte aller Haushalte mehr für die Brutto-Warmmiete. Ein Viertel zahlt vierzig Prozent des Nettoeinkommens, etwa zwölf Prozent zahlen sogar mehr als die Hälfte. Je niedriger das Einkommen, desto problematischer ist das – schon jetzt haben rund dreizehn Prozent der Haushalte weniger als das Existenzminimum in der Tasche, sobald sie die Mietkosten beglichen haben.

Die Verknappung von Wohnraum ist längst offensichtlich. Neulich habe ich im *Spiegel* gelesen, dass in Berlin auf eine Wohnungsanzeige 139 Interessierte kommen, und es wurde vielfach über eine 150 Meter lange Warteschlange bei einer Wohnungsbesichtigung in Charlottenburg berichtet. 2023 ist in dieser Hinsicht ein besonders schlimmes Jahr: Wie eine Studie des Pestel-Instituts und des Bauforschungsinstituts ARGE feststellte, fehlen allein in Deutschland mehr als 700 000 Wohnungen. Seit über zwanzig Jahren gab es kein so knappes Angebot. Wie immer sind Menschen, die am wenigsten besitzen, am stärksten betroffen: Bundesweit gibt es nur 1,1 Millionen Sozialwohnungen – etwa ein Viertel von dem, was noch Ende der Achtzigerjahre existierte. Der Mieterbund warnt vor der dramatischen Lage, doch die Politik bekommt sie nicht in den Griff, unter anderem wegen der steigenden Baupreise und etlicher Spekulantensperenzchen. Trailerparks, etwas, das ich bisher in den USA verortet hätte, verbreiten sich auch hier – manche Luxusquartieren direkt gegenüber, so wie wir es aus anderen Ländern kennen. Vom Balkon der Blick auf das Elend, das die eigene Rendite verursacht hat.

Willkommen in der Wohnkrise.

Meine Suche nach dem besten Platz zum Leben stellte mich vor immer mehr drängende Fragen. Wie konnte es überhaupt so weit kommen, dass wir heute in dieser Lage sind? Was machen das schlechte Wohnungsangebot und die Verlustangst mit unserer Gesellschaft? Wie kommen wir da raus, was kann ich selbst dazu beitragen? Und auch: Wie wohnen wir alle in Zukunft besser?

Denn Bauen und Wohnen ist nicht nur eine soziale Frage, sondern auch eine Überlebensfrage. 47 Prozent aller weltweiten energiebedingten Treibhausgase entstehen laut dem United Nations Environment Programme durchs Bauen und den Gebäudesektor. Wohngebäude tragen daran einen Anteil von 36 Prozent. Zählen weitere Emissionen aus anderen Bereichen – etwa Transport und Abriss – mit hinein, ergibt sich ein noch höherer Ausstoß. Bauabfälle machen den Großteil unseres Mülls aus, und

Bauvorhaben fressen pro Tag allein in Deutschland eine Fläche, die so groß ist wie 76 Fußballfelder, 45 Prozent davon werden versiegelt. Und in den letzten Jahren hat die deutsche Bundesregierung ihre Klimaziele im Gebäudesektor regelmäßig gerissen. Mich hat darum besonders interessiert, wie es gelingen kann, Wohnraum für die Zukunft zu erschaffen. Werden wir künftig wie in Teil zwei von *Zurück in die Zukunft* im Smart Home leben, wie ich noch in den Neunzigerjahren glaubte, oder eher in einer Lehmhütte, weil Baustoffe so umweltschädlich sind und alle Technik Energie frisst?

Auf meiner Suche habe ich nicht nur selbst Experimente gemacht, sondern auch Menschen getroffen, die über gerechtes, ökologisches und zukunftsfähiges Wohnen nachdenken, teils schon seit Jahrzehnten. Und auch einen Blick über die Grenzen von Deutschland nach Österreich und in die Schweiz geworfen, wo vieles anders geregelt ist. Am Ende war ich überrascht, wie viele Möglichkeiten und Lösungen es gibt, an die ich zunächst gar nicht gedacht hatte – auf dem Land wie in der Stadt. Und auch, wie viel Unterstützung da ist: von der Beratung über die gemeinnützige Finanzierung bis zum Bau oder der Umgestaltung eines Ortes.

In diesem Sinne will *Der beste Platz zum Leben* ein Buch sein, das dazu anregt, Hilfe zu suchen, Probleme anzupacken, sich mit anderen zusammenzuschließen. Das dazu ermutigt, den Schritt vor die Tür zu tun, über Gartenzäune und Mauern hinweg auf die Chancen zu blicken.

Es lohnt sich. Versprochen!

Disclaimer

Es versteht sich von selbst, dass ich nicht alle Ökodörfer ausprobiert, nicht in jeder Jurte geschlafen habe. Meine Erfahrungen sind individuell – einiges, was ich mochte, passt für dich vielleicht nicht, anderes, was mir nicht gefiel, ist möglicherweise für dich genau richtig.

Meine Experimente dauerten kürzer als einige andere berühmte Erfahrungen solcher Art. Der Schriftsteller Henry David Thoreau etwa zog sich für zwei Jahre in eine Blockhütte im Wald zurück und erzählte in seinem Buch *Walden* davon, wie er einsam in der Natur lebte. Ich habe mal Monate, mal Tage an den Orten gewohnt, von denen ich in diesem Buch berichte. Aber vieles, was ich dort erlebt habe, war so einprägsam, dass ich durch einen längeren Aufenthalt dort nicht viel mehr gewonnen hätte. Aus persönlichkeitsrechtlichen Gründen habe ich Namen und Details hier und da etwas verändert, ohne damit aber irgendwie an den Kern der Erfahrung zu rühren.

Dieses Buch soll den Blick öffnen für das, was jenseits von Einfamilienhäuschen und Etagenwohnung noch existiert, es soll inspirieren und Mut machen, aber es hat keinen Anspruch auf Vollständigkeit. Es gibt viele weitere Wohnformen und Lebensmodelle, die ich in diesem Buch nicht schildern kann: Wagenburgen oder Baumhäuser, Kommunen oder Kernfamilien. Dass ich nicht alle habe besuchen können, hat mit der Vielfalt zu tun. Und das ist doch ein gutes Zeichen.

Eins ist mir noch wichtig: Die in diesem Buch geschilderten Experimente – und ähnliche – sind absolut zur Nachahmung empfohlen.

Der beste Platz für dich

Da du diese Zeilen liest, haben wir wahrscheinlich etwas gemeinsam. Egal, ob deine Wohnung wegen der Preissteigerung unbezahlbar geworden ist, du dich auf eine Indexmiete eingelassen hast und nicht weißt, wie du sie aufgrund der Inflation künftig bezahlen sollst, ob du wegen Eigenbedarf vor die Tür gesetzt zu werden drohst, für den nächsten Job in eine neue Stadt umziehen musst oder einfach nur denkst, dass es da draußen noch etwas anderes geben könnte:

Du hast den besten Platz zum Leben noch nicht gefunden.

Und du weißt nicht, was du machen sollst, um ihn zu finden.

Aus dem, was ich während der vergangenen vier Jahre gesehen, erfahren und gelernt habe, ist ein solides Fundament aus Ideen und Tatkraft entstanden. Für besondere Tipps, wichtige Adressen, Wissenswertes und Mutmachendes habe ich deswegen zwischen den Kapiteln Raum gelassen – das ist mein Wohnwissensschatz. Er soll dir die Suche nach deinem besten Platz erleichtern.

Natürlich kann ich dir ganz persönlich nichts versprechen. Aber aus der Erfahrung kann ich sagen, dass allein das Über-den-Tellerrand-hinaus-Denken den Blick für Lösungen öffnet, die uns sonst nie in den Sinn gekommen wären. Und auch Zuversicht hilft. »Trust the Process«! Diesen Slogan hat ein Spieler eines Basketballteams aus Philadelphia geprägt. Er besagt, dass es eine Strategie gibt, die sich früher oder später auszahlen wird, wenn es auch gerade nicht danach aussieht.

Anders gesagt: Lass dich nicht unterkriegen!

Dachschaden
de luxe

Warum ich überhaupt
ein neues Zuhause suchte

August 2019. »Der hat das ja immer noch nicht repariert.« Meine Freundin Luisa setzt sich wieder zu mir an den Küchentisch, als sie von der Toilette zurückkommt.

Sie meint das fußballgroße Loch, das seit über einem Jahr in der Decke meines schlauchartigen Badezimmers klafft. Der Vermieter hat es bisher nicht neu verputzen lassen. Dem Mann, der unser gesamtes Haus und noch weitere in Berlin besitzt, ist vermutlich klar, dass das Loch bei nächster Gelegenheit gleich wieder aufbrechen würde. Direkt über meiner Wohnung ist nämlich der Dachboden, die Ziegel halten keinem Starkregen mehr stand. Und solange das Dach nicht repariert ist, lohnt es sich für mich auch nicht, die Decke selbst zu verputzen.

Einfacher und billiger für meinen Vermieter ist es, das Problem auszusitzen. Er kann warten: Mit jedem Tag wird das Grundstück mehr wert. Unser Haus liegt zehn Minuten zu Fuß vom Berliner Hauptbahnhof entfernt. Es ist, als würde er auf einer Goldmine sitzen, während der Goldpreis steigt und steigt. Wen kümmert da ein Loch im Dach der Hütte, die zufällig auf der Mine steht?

Luisa nippt an ihrem Tee. Ich erzähle ihr, was ich alles versucht habe, um den Vermieter zur Reparatur zu bewegen. Auf meine zahlreichen Kontaktanbahnungsversuche reagiert er nur mit Höflichkeitsfloskeln.

»Scheint keinen Zweck zu haben«, meint sie. »Und jetzt?« Luisa ist praktisch veranlagt: »Wäre es sinnvoll, sich nach einer neuen Bleibe umzusehen?«

Mein Herz hängt an der Bude. Ich liebe den Blick über die Dächer, wie die Morgensonne die Küche flutet, mag die hohen Decken des Altbaus aus der letzten Jahrhundertwende, die geschwungenen Messingklinken an den Türen, den Dielenboden. Unter mir ein kettenrauchender Rentner, über mir – da es das Loch gibt – nur der Himmel. Aber ist diese Wohnung wirklich meine einzige Option?

Als ich vor drei Jahren in die Stadt zog, hatte ich Glück, weil Inga, die für ihre Firma ein Projekt in Süddeutschland betreute, mir ihre Wohnung untervermietete. 500 Euro warm, das war vor allem für mich als Selbstständige unschlagbar günstig. Die Zimmer habe ich größtenteils für mich allein, Inga ist nur alle paar Wochen in der Stadt, um im Büro ihre Reisekosten abzurechnen und an Besprechungen teilzunehmen.

Ich hatte gerade meine Besitztümer auf den Inhalt von drei Kisten reduziert und meine Ansprüche heruntergeschraubt, um mehr Freiheit zu gewinnen. Der Plan war, meine Fixkosten überschaubar zu halten, um nicht wieder in den Teufelskreis von steigenden Lebenshaltungskosten und mehr Arbeit zurückzumüssen. Während um mich herum alles immer teurer wurde, war ich oft erleichtert, wenn ich die Tür hinter mir schloss. Ich hatte immerhin ein Dach über dem Kopf, egal, ob es nun löchrig war.

Ich will keine neue Wohnung suchen! Zumal ich gerne im Stadtzentrum wohne, am liebsten weiter in Moabit. In der Nähe finde ich vermutlich nichts, was bezahlbar und bewohnbar zugleich ist. Die Mietpreise steigen so stark, dass einem vom Zusehen schwindelig wird. In Berlin lässt der Zustrom von Menschen sicher nicht nach – eher im Gegenteil, die Metropole wächst stetig auf vier Millionen zu. Es ist unheimlich schwierig geworden, ein Dach über dem Kopf zu finden, und als Selbstständige stehe ich bei Maklerinnen und Vermietern eher am unteren Ende der Beliebtheitsskala.

Wobei Luisa vielleicht recht hat, ich sollte zumindest mal nach Alternativen Ausschau halten. Ich bin bescheiden, habe die letzten Jahre von wenig Geld gelebt. Und ich habe nicht mehr viele Sachen und brauche keine große Fläche für meine paar Habseligkeiten.

In den nächsten Wochen setze ich alle Hebel in Bewegung.

Ich bringe mich auf den neuesten Stand, sammele sämtliche Infos zur Wohnungssuche und durchforste das Internet nach den besten Strategien. Sogar über kriminelle Aktivitäten habe ich schon nachgedacht; eine Freundin hat mir erzählt, dass sie bei ihren letzten drei Abrechnungen aus der Festanstellung das Datum gefälscht hat, um eine Wohnung zu bekommen. »Völlig legitim, da ich Freiberuflerin bin, aber gut verdiene«, findet sie. Und es hat geklappt.

Ich setze trotzdem darauf, dass systematisches Vorgehen mich zum Erfolg führt. Und so sondiere ich den Berliner Wohnungsmarkt unter der Lupe, und zwar rund um die Uhr. Sämtliche Alarmfunktionen nutze ich, scanne spätabends und im Morgengrauen die Wohnungsanzeigen online und im Print. Ich informiere alle, die auch nur entfernt so aussehen, als enthielten sie Vitamin B. Ich hänge Zettel an den Laternenpfählen und Ampeln in meinem Kiez auf, pflastere die schwarzen Bretter in den umliegenden Supermärkten mit meinen Gesuchen, lasse schließlich sogar den maximalen Mietpreis weg, als ich unter immer mehr der aufgehängten Anzeigen Sprüche finde wie »Das hätte ich auch gern« oder »Versuch's noch mal, wenn du mehr Geld hast« oder auch einfach nur »Hahahaha!«.

»Warum schreibst du nicht drauf, du suchst außerdem einen Stall für dein Einhorn?« Luisa schüttelt ungläubig den Kopf, als wir an einem der Zettel vorbeispazieren. »Alter, für 500 Ocken bekommst du doch hier kein Zimmer mehr.«

»Aber das zahl ich gerade auch«, sage ich.

»Deswegen hast du ja auch eine Wohnung mit einem Loch in der Decke«, erwidert sie. »Wenn du die zum Maßstab nimmst, kannst du es gleich vergessen.«

So schnell gebe ich aber nicht auf, im Gegenteil, ich lege den Turbo ein, mache Termine, bin ständig am Handy, um als Erste auf neue Anzeigen reagieren zu können.

Ich besichtige viel, was ich nicht haben will oder niemals bekommen könnte. Häufig sehe ich mich damit konfrontiert, dass selbst in der Hauptstadt der Selbstständigen, Start-ups und digitalen Boheme immer noch am liebsten an Festangestellte vermietet wird. Ich sehe Wohnungen, die so heruntergekommen sind, dass sie keine Verbesserung darstellen. In einer wird das olle Linoleum als »echter Vintagefußboden« angepriesen, die Leitungen sind noch über Putz verlegt, und eine schwarze Stelle an der Wand deutet auf einen Kabelbrand hin. Aus einem Hinterhaus zieht die Mieterin aus, weil sich der Schwarzschimmel schon in ihrer Matratze festgekrallt hat. Und ein junger Mann will mich als Nachmieterin nur dann empfehlen, wenn ich 7500 Euro Abstand für seine uralte Küchenzeile und den von seinem Rottweiler verkratzten Fußboden aus Pressspanplatten zahle.

Ich sehe viele Wohnungen, in denen ich mich, auch wenn sie schön renoviert sind, auf Anhieb unwohl fühle. Manchmal riecht es unangenehm im Treppenhaus, manchmal sind die Decken so niedrig, dass ich das Gefühl habe, mich bücken zu müssen. Eine Maklerin zeigt mir eine »wunderbare Kerzenwohnung«, deren Wohnzimmerfenster nach hinten raus in den düsteren Innenhofschacht weisen, wo ich die Wand gegenüber berühren könnte, wenn ich mich ein wenig aus dem Fenster lehnte.

Schön für Draculas Braut. Ich brauche Tageslicht.

Einmal fange ich fast an zu weinen, weil ich in einem Interview mit Kevin Kühnert lese, dass er keine bezahlbare Wohnung findet. Nicht, weil ich so ein Mitleid mit ihm hätte, sondern weil ich noch weniger Chancen habe, wenn ich mit Bundestagsabgeordneten konkurriere, die mit einem Gehalt von über 10 000 Euro im Monat locker eine ganz andere Monatsmiete stemmen könnten. Ich verstehe dein Ansinnen, Kevin, denke ich. Aber solange ihr im Bundestag und im Senat nichts grundlegend ändert, bist du halt einfach nur ein weiterer Typ auf der Bewerberliste für die Wohnung, die ich so dringend brauche.

Einmal noch!, denke ich, als ich vor dem *Coffeemamas* sitze, meinem Lieblingscafé in der Kirchstraße, und bei einem Bananenbrot und einem Hafercappuccino zum hundertsten Mal die Anzeigen bei Immoscout durchgehe. Klick, klick – schon gesehen, war schlimm. Klick, Mail schreiben, Mist, in dieser Sekunde schon weg. Aber hier ... die Anzeige ist aktuell, die Wohnung liegt nur etwas über meinem Preislimit und der offene Besichtigungstermin ist ... in zwanzig Minuten!

Ich seufze und wünsche mir zum wiederholten Mal einen Avatar, der die Wohnungen für mich besichtigt. Wäre ich wohlhabend, ich würde eine Assistentin für die Suche beschäftigen. Aber da es weder das eine noch das andere gibt, stürze ich den Rest meines Getränks herunter, fummele die Tasse auf die Abstellfläche fürs gebrauchte Geschirr, dann hetze ich los, Richtung Kreuzberg.

Vor dem Tor des schlichten Altbaus hat sich bereits eine Menschentraube gebildet. Ich komme mir vor, als wäre ich Teil einer riesigen »Reise nach Jerusalem«, Wohnungsmarkt-Edition. Es scheint einfach nicht vorgesehen zu sein, dass alle einen Platz finden.

»Wartet ihr wegen der Wohnung im dritten?« Ich schirme meine Augen gegen die Sonne ab, die unbarmherzig auf uns herabbrutzelt. Der einzige Baum in der Nähe hat sich offenbar dem Klimawandel ergeben. Er spendet nur spärlichen Schatten, die Erde um den Stamm ist hart und trocken. Seit Wochen hat es nicht geregnet, die Temperaturen bewegen sich stabil zwischen dreißig und vierzig Grad, auch jetzt steht kein Wölkchen am Himmel – wäre der Berliner Sommer eine Coverband, sie würde nur *Summer in the City, 36 Grad* und *Fieber* spielen.

»Ja, die ist der große Preis.« Die junge Frau im Polkadot-Kleid, die mir am nächsten steht, nickt. Andere stimmen ein. Ja, alle sind wie ich auf Wohnungssuche, ja, alle warten auf denselben

Makler, wegen der Altbauwohnung im dritten Stock, ja, wahrscheinlich wieder nichts, ja, ja.

Ein Mann in einem auf Kante gebügelten schwarzen Hemd grinst, seine verspiegelte Sonnenbrille blitzt in der Sonne. »Das ist doch nicht *Der große Preis*«, sagt er, »das ist *Einer wird gewinnen*. Und das bin ich.« Einige Umstehende lachen, aber es klingt mutlos. »Quatsch, *eine* wird gewinnen«, kontert die junge Frau im gepunkteten Kleid. »Frauenquote, vastehste?« Sie stellt sich etwas gerader hin, sieht ihn herausfordernd an.

Ich widme mich unterdessen diskret den Schweißperlen auf meiner Stirn. Den letzten halben Kilometer von der Haltestelle bin ich gerannt. Die U-Bahn hatte eine gefühlte Ewigkeit ohne Durchsage zwischen zwei Stationen angehalten. Ich befürchtete, die Letzte zu sein, aber ich hätte mir keine Sorgen machen müssen, es trudeln noch immer Leute ein. Ich fühle, dass sich unter meinen Achseln Schweißflecken ausgebreitet haben, wegen der Hitze, aber auch aus Nervosität. Warum habe ich Anfängerin schon wieder kein Ersatz-Shirt dabei? Eigentlich weiß ich doch Bescheid – allein in dieser Woche ist es mein vierter Termin, und es ist erst Mittwoch.

Wir warten weiter, die Minuten vergehen, dann eine Viertelstunde, eine halbe. Schließlich ist seit dem genannten Termin fast eine Stunde um. Doch keiner der Umstehenden gibt den Platz an der Sonne auf, alle bleiben stehen, treten nur von einem Fuß auf den anderen. Einige haben sogar Snacks und Sonnencreme mitgebracht, einen Schirm, sind bestens gerüstet. Genau wie ich hoffen sie, dass das Los diesmal auf sie fällt, dass sie auserwählt werden und demnächst ihre Kartons in den Innenhof tragen dürfen.

Am Straßenrand hält jetzt ein schwarzer SUV, dessen Motorhaube so hoch ist, dass der Fahrer bei einem Unfall unmöglich sehen kann, was er gerade überfährt. Ein junger Mann Mitte zwanzig, mit rasiertem Seitenscheitel, Undercut und einem Bart wie mit dem Lineal gezogen, steigt aus und drängt sich durch die Wartenden, ein Klemmbrett in der einen, den Schlüssel wie eine gezückte Waffe in der anderen Hand. Keine Frage, das ist der Makler. Und er ist makellos: Trotz der Hitze trägt er ein teuer aussehendes Sakko, darunter ein roséfarbenes Hemd mit offenem Kragen. Kein Schweißtröpfchen ziert seine Stirn, über seinem Arm hängt eine schimmernde Tragetasche, in der er vermutlich Unterlagen wie Grundrisse, Mustervertrag, den Schlüssel für den Keller und andere Utensilien mit sich führt. Er pflügt sich durch das Meer der Wohnungssuchenden, in seiner Bugwelle driften die Menschen auseinander und wieder zusammen.

Auch ich werde von einer Woge der Aufregung angehoben, mir dringt ein Hauch von Herrenparfum in die Nase, und eine Erkenntnis zieht mich wie ein Strudel hinab. Der Typ ist halb so alt wie ich, wir sind sicher grundverschieden. In seinem Alter habe ich vermutlich neunzig Prozent mehr gearbeitet und zehn Prozent von dem verdient, was monatlich auf seinem Konto landet. Und der entscheidet über mein Schicksal?

Die Menge drängt durch die Eingangstür. Ich lasse mich vom zähen Strom bis in den dritten Stock treiben. Wegen der Hitze und weil wir so viele sind, gerät der Strom immer wieder ins Stocken. Vor mir wogen das Polkadot-Kleid und das schwarze Hemd.

Der Makler hat die Flügeltüren entriegelt und weit geöffnet. Die Wohnung ist bis zum Bersten gefüllt, wir schieben uns durch die Zimmer. Der Grundriss ist etwas verschnitten, aber ganz schön, da könnte man schon was draus machen.

Endlich erreiche ich die Küche, wo auf dem Tisch die Liste liegt, in die ich mich bei Interesse eintragen soll. Datenschutz wird zur Nebensache. Alle drängen sich um die Liste und befüllen sie mit ihren persönlichen Details: was sie beruflich machen, wie viel sie im Jahr verdienen, wie ihre E-Mail-Adresse lautet und wo sie aktuell wohnen. Sie übergeben Empfehlungsschreiben von vorigen Mietverhältnissen und blütenreine Schufa-Auskünfte. Viele verwickeln den jungen Makler in ein Gespräch, damit er sie in guter Erinnerung behält, manche wollen ihm auch etwas zustecken. Was für ein herrlicher Job muss das sein.

Gerade spricht er mit dem jungen Mann im schwarzen Hemd, der seine Sonnenbrille nun ins gegelte Haar geschoben hat. Sie scheinen im gleichen Alter zu sein. Ich schnappe auf, dass sie einander von ihren großen Autos erzählen. Wahrscheinlich tauschen sie gleich privat Nummern aus, weil sie in denselben Läden ihr Bierchen trinken.

Wie kann ich dagegen anstinken? Ich muss etwas sagen, das Eindruck bei ihm macht. Ach, sag irgendwas, Anne. Alles ist besser, als zu gehen, ohne mit ihm gesprochen zu haben.

»Äh, wann entscheiden Sie denn?«

Herrje, das ist ja schlimmer als das eine Mal, als ich auf einem Literaturfest meine Lieblingsautorin traf und kein Wort rausbekam.

Der junge Makler blickt mich gelangweilt an, seufzt leicht und zückt sein Smartphone, das neueste Modell mit dem Apfel. Er scrollt durch seine Kalenderfunktion. »Wir haben noch zwei Termine diese Woche«, sagt er. »Die muss ich noch abwarten, aber Ende des Monats sollte es feststehen. Tragen Sie sich einfach da in die Liste ein, wir melden uns bei Ihnen.«

»Lieber bei mir«, höre ich Ms Polkadot hinter mir. »Spart Zeit, nur die Person zu verständigen, die einziehen wird.«

Der Makler legt den Kopf in den Nacken und lacht, dann schiebt er mich mit den Worten »Entschuldigen Sie mal kurz!« zur Seite, um sich intensiver mit ihr zu befassen. Sie gefällt ihm offenbar.

Entwürdigend finde ich das, und mein feministischer Kamm schwillt. Andererseits kann ich es ihr nicht verübeln: Sie ist vermutlich genauso lange auf der Suche wie ich. Wie wir alle. Mit wenig Hoffnung lege ich auf dem Fragebogen einen schriftlichen Mietwunsch-Striptease hin, tackere meine Bescheinigungen dran und schleiche aus der Tür.

Luisa sagt, ich soll nicht jetzt schon aufgeben. Aber Deckenloch hin oder her, ich habe jetzt endgültig keine Lust mehr.

Seit ich auf Wohnungssuche bin und mich näher mit dem Thema beschäftige, bekomme ich lauter Horrorstorys mit. Eine Freundin erzählt mir, dass sie wegen Luxusneubau aus ihrer Wohnung in Charlottenburg rausgeworfen wird und in ihrem Kiez nichts Bezahlbares mehr findet. Eine andere erfährt von einer ehemaligen Nachbarin, dass ihr Ex-Vermieter, der sie wegen Eigenbedarf vor die Tür gesetzt hat, dann doch nicht eingezogen ist. Er hat die Wohnung sanieren lassen und sie für den doppelten Preis weitervermietet. Ein Bekannter wohnt seit Jahren in einer gemütlichen Wohnung in Kreuzberg zur Untermiete, ist aber dort nicht gemeldet, weil dann ganz sicher die Miete erhöht würde. Ihn plagt die Angst, dass alles auffliegt und er dann auf der Straße sitzt. Mir fällt eine Familie ein, die schon den Kaufvertrag für ein Haus in Pankow unterschrieben hatte, als sie merkten, dass Schimmel in den Wänden war. Inzwischen schnüren ihnen heftige Sanierungskosten finanziell die Kehle zu. Und auch meine Freundin Luisa bangt jedes Mal, wenn sie Post von der Hausverwaltung bekommt.

Ich lese, dass es nicht nur uns in Berlin so geht. Der Wohnungsmarkt spannt sich in ganz Deutschland immer weiter an, vor allem in großen Städten gibt es zusehends weniger bezahlbaren Wohnraum. In den fünf größten deutschen Städten Berlin, Hamburg, München, Köln und Frankfurt am Main hat inzwischen laut einer Umfrage der Wochenzeitung *Die Zeit* jeder zweite Mensch Angst davor, seine aktuelle Wohnung zu verlieren und keine angemessene neue zu finden.

Deswegen ziehen viele ins Umland, gerade wenn sie Kinder bekommen. »Insbesondere die Abwanderung von Familien muss den Städten Sorgen bereiten«, sagt Jan Grade, Geschäftsführer der Datenanalysefirma Empirica Regio, »da diese finanziell meist gut aufgestellt sind und eine Stadt beleben.«

Wie Empirica Regio den Zahlen des Statistischen Bundesamtes und der Statistischen Landesämter entnahm, sind diese Wanderungsbewegungen seit 2018 vermehrt zu beobachten, in so ziemlich jeder Großstadt, in der die Mieten steigen, vor allem also in den sieben deutschen Hotspots Berlin, Hamburg, München, Köln, Frankfurt, Düsseldorf und Stuttgart. Denn das ist der Grund – dort mangelt es besonders an bezahlbarem Wohnraum. Und weil das so ist, nehmen Menschen zum Teil lange Pendelzeiten auf sich, was nebenbei bemerkt nicht besonders gut für die Umwelt ist. Berlin wächst langsamer als das Umland, und die Abwanderung lässt seit Jahren Mieten und Kaufpreise in den umliegenden Gebieten steigen, wie eine Studie des Instituts der deutschen Wirtschaft im Auftrag des Immobilienkonzerns Grounds zeigt. Durch den Trend der Landflucht betrifft die Teuerung also auch das Umland und kleinere Städte.

Natürlich meldet sich der Makler von der letzten Besichtigung nicht bei mir, und ich kehre in meinen gewohnten Trott zurück, erneuere die Folie an dem Loch und klebe sie besser fest.

Inga und ich haben unter dem Loch einen umgekehrten Regenschirm angebracht, da sich jederzeit weitere Bröckchen aus der Decke lösen können, und das passiert immer öfter, je herbstlicher es draußen wird. Ich erfahre von Inga, dass in meinem Schlafzimmer wegen einer anderen feuchten Stelle auch schon mal die Decke runtergekommen ist – genau da, wo mein Bett jetzt steht.

In den anderen Räumen breiten sich an der Decke ebenfalls immer mehr braune Flecken vom Herbstregen aus. Der Winter steht bevor, und ich weiß aus Erfahrung, dass die Heizung nicht gegen den Zug ankommt, den die undichten Fenster durchlassen. Wird das Dach den Herbststürmen trotzen – oder wehe ich eines Tages mitsamt meinen drei Kisten einfach weg?

Während es draußen düsterer und unwirtlicher wird, sinkt auch drinnen die Temperatur. Aus Trotz taufe ich meine vier Wände »Alaska« und beginne sie zu verteidigen, wenn Luisa wieder darauf herumreitet, dass ich ausziehen soll. Ich hab doch alles versucht, was will sie denn noch?

In diesen Tagen soll ich einen Artikel für ein Schreibmagazin verfassen. Zunächst arbeite ich noch in meinem Schlafzimmer, wo auch der Schreibtisch steht, den mir Inga zur Verfügung gestellt hat. Doch dort wird es einfach nicht warm genug, um meine Finger auf Betriebstemperatur zu halten. Immer wieder muss ich unterbrechen, um mir eine Tasse Tee zuzubereiten, an der ich meine Hände aufwärmen kann. Schließlich gebe ich auf, schleppe meinen Laptop und meine Unterlagen in die Küche, wo die einzigen Veluxfenster und die Tatsache, dass der Raum nur eine Außenwand hat, dafür sorgen, dass Heizungswärme nicht gleich nach draußen entweicht.

»Wie siehst du denn aus?«, fragt Luisa, als ich ihr Ende Oktober die Tür öffne, in zwei dicken Pullovern, Stulpen, Mütze mit Ohrenklappen und fingerlosen Handschuhen.

Statt einer Begrüßung niese ich in meine Armbeuge. Ständig habe ich Schnupfen, ich werde einfach gar nicht mehr richtig gesund. Ist halt so.

Luisa und ich haben uns für die Mittagspause mit meinem Kumpel Rodrigo verabredet, der in der Nähe arbeitet. Rodrigo gehört zu meinen besten Freunden. Wir kennen uns, seitdem wir zusammen in einem großen Publikumsverlag in Köln gearbeitet haben. Er hat dort als Lektor Romane der Genres Fantastik und Spannung betreut, ich war Lektorin für Sachbücher und habe später die verlagseigene Schreibschule mit aufgebaut.

»Komm schon«, drängt Luisa, »wir sind spät dran, und icke will pünktlich bei der Versammlung unserer Hausgemeinschaft sein.« Ich erfahre, dass ihr Haus möglicherweise verkauft werden soll. Alle, die darin wohnen, befürchten nun, dass das Gebäude dann luxussaniert wird und sie in diesem Zuge ihr Zuhause verlieren. Droht mir das eines Tages auch?

Luisa mustert mich von oben bis unten. »Du solltest dir dringend was anderes anziehen als diesen Polaranzug. Und wenn wir zurückkommen, dreh endlich die Heizung in allen Zimmern auf, du zahlst doch Warmmiete.«

»Mit den undichten Fenstern zu heizen ist Quatsch.« Ich putze mir die Nase und ziehe noch eine Jacke über mein Frostschutz-

Outfit. »Und zum Tippen brauche ich warme Finger. Also habe ich eine Lage mehr an.«

»Wohl eher zwei«, sagt Luisa mit einem Seitenblick. »Alter, bist du eigentlich von allen guten Geistern verlassen? *Winter is coming.* Das kann nicht so bleiben!«

Okay, in der kalten Jahreszeit ist die Wohnung ein Tiefkühlfach und im Sommer fühle ich mich wie eine Pizza im Backofen. Aber was soll ich denn machen, ich hab's doch versucht.

Wenig später sitzen wir mit Rodrigo zusammen in einem Imbiss in der Kirchstraße.

»Sie muss da raus, Rodge, aus ihrer Wohnung.«

Er blickt von seinem Pfannengemüse auf, dem bisher seine ganze Aufmerksamkeit gegolten hat. Sein Gesicht leuchtet auf, er grinst mich an. »Ist dir auch endlich aufgefallen, was für eine Bruchbude das ist?«

Bruchbude? Ich wechsele in den Verteidigungsmodus. »Gut, die Wohnung ist nicht richtig isoliert«, sage ich. »Und das Loch ist suboptimal. Aber abgesehen davon – was hast du noch daran auszusetzen?«

»Der Hausflur ist rott«, sagt er.

Ich denke an die ausgetretenen braunen Linoleumstufen. »Der ist ja nicht in meiner Wohnung«, sage ich.

»Ich fang grad erst an«, meint Rodrigo, die Gabel mit einem Häuflein Gemüse in der Luft. »Also dein Flur ist eine Kegelbahn ... die Wohnung wird nicht richtig warm, außer im Sommer, da ist sie heiß ... sie ist im fünften Stock ohne Aufzug, da bin ich platt, wenn ich oben ankomme ...« Er schiebt den Bissen in den Mund und kaut. »Und wenn ein Feuer ausbricht, kannst du von da oben nicht mal springen, zu hoch.«

Daran hatte ich noch nicht gedacht. Ich schüttele das Unbehagen ab.

»Ist doch liebenswert, dass Alaska nicht perfekt ist«, sage ich schnippisch. »Ich will ja auch nicht in deiner hochgerüsteten Wohnung leben.«

Rodrigo ist ein Fan technischer Geräte. Er liebt alles, was blinkt und piept, und hat den ganzen Tag Unterhaltungselektronik an. Das letzte Mal, als ich ihn besucht habe, hat er mir stolz einige seiner digitalen Freunde vorgeführt. Der Computer spricht mit ihm, erkennt sogar seine Stimme. In seinem Flur blinken alle möglichen Anzeigen, die Temperatur wird automatisch geregelt, Bewegungsmelder und Lichtsensoren sorgen dafür, dass er kaum noch etwas selbst erledigen muss.

»Das ist ein Smart Home«, sagt er. »Das ist die Zukunft.«

Wenn ich an ein Smart Home denke, kommt mir im besten Fall das technikverliebte Elternpaar Arpel aus Jacques Tatis Filmkomödie *Mein Onkel* in den Sinn. Im schlechteren Fall denke ich an Science-Fiction-Filme, in denen die Unterkünfte immer steril wirken und eine unheimliche Computerstimme alles über einen weiß. Oder sogar an Haustechnik, die zur tödlichen Falle wird, weil sie dann doch nicht mehr steuerbar ist, so wie in dem Film *Panic Room*.

Und das soll die Zukunft sein? Ich schildere ihm wortreich meine Bedenken.

»Ach Quatsch«, meint er daraufhin. »Wenn du das glaubst, solltest du es ausprobieren. Ich habe sowieso ein Zimmer zu viel.«

»Du schlägst mir ein Wohnexperiment vor?«

»Nenn es, wie du willst.« Er schabt mit der Gabel die letzten Gemüsereste vom Teller. »Ich gehe jedenfalls jede Wette ein: Es gefällt dir so gut, dass du nie wieder nach Alaska zurückwillst.«

Wie bitte? Will der mich provozieren? »Brauche ich nicht auszuprobieren«, sage ich. »Weiß ich schon.«

»Lass dir Zeit.« Er schiebt den Teller von sich und lächelt siegesgewiss. »Du kannst es dir in Ruhe überlegen.«

Nicht, dass es ihn verunsichern würde, wenn ich recht behielte. Rodrigo ist ein sehr zufriedener Mensch, wenn er von etwas überzeugt ist, hält er es unerschütterlich in Ehren. Gib ihm mediterranes Essen mit viel Knoblauch, ein Brettspiel mit Freunden oder ein gutes Buch, und der Mann ist schon fast ekelhaft ausgeglichen. Normalerweise bringt ihn nichts aus der Ruhe, er erledigt alles in seinem Tempo und lässt sich niemals hetzen. Vermutlich würde er in meiner Küche auch dann noch sein Brötchen zu Ende essen, wenn das Dach tatsächlich wegweht. Sicher lässt es sich gut mit ihm aushalten. Aber was, wenn er die Wette gewinnt?

Als ich am frühen Nachmittag die Tür zu Alaska aufschließe, nehme ich meine Kühlkammer noch mal genau unter die Lupe. Okay, die Wohnung ist nicht perfekt, aber sie ist jetzt auch nicht so schlecht, wie Rodrigo sie macht. Mit dem Schlauch hat er recht. Der Flur, von dem die Zimmer abgehen, ist ganz schön lang. Irgendwie verschenkter Platz und es ist ein ziemliches Gelaufe. Aber ich mag es, und für meine kleine Nichte ist es eine tolle Rutschbahn.

Die Küche besteht aus einem Sammelsurium älterer Geräte, auch das Geschirr ist zusammengewürfelt, die Wände könnten mal wieder einen Anstrich vertragen. Durch das Weiß schimmert stellenweise ein dunkler Rotton – die Hypochonderin in mir hatte es zuerst für den hochgiftigen Bäckerschimmel gehalten, aber Inga beruhigte mich, dass die Wohnung vorher nur einfach so gestrichen war.

Aber die Sicherheit ist bei einem Brand in der Tat nicht besonders gut gewährleistet. Es gibt weder Balkon noch Feuerleiter, die Fenster führen alle in den asphaltierten Hinterhof. Von hier oben im fünften Stock gibt es nur zwei Auswege: über das schmale Treppenhaus nach unten oder über den Dachboden, die Treppe runter ins Hinterhaus. Der Dachstuhl ist aus morschem Holz, das sicher gut Zunder gibt, einen Feuerlöscher habe ich noch nirgends gesichtet. Ein Feuerwehrwagen kommt nicht bis hierher durch, und ein Sprungtuch hat eine maximale Rettungshöhe von acht Metern, habe ich mal gelesen. Wenn der Dachstuhl Feuer fängt, dann ist mir der Weg verschlossen.

Dazu kommt, dass die Wohnung auch dann noch schlecht isoliert ist, sollte der Vermieter sich ums Dach kümmern und die

Fenster abdichten lassen. Drei Außenwände und Fenster von anno Tobak, die so undicht sind, dass die Heizung nicht dagegen ankommt. Wenn ich mir abends eine Mütze aufsetze, weil mir sonst über Nacht die Ohren abfrieren und mein Gehirn vereist, komme ich mir vor wie Onkel Fritze mit der spitzen Zipfelmütze bei *Max und Moritz*. Den Zug durch die Fenster spüre ich gerade bei starkem Wind deutlich, und damit es nicht reinregnet, lege ich Handtücher in die Fensterrahmen und auf den Boden davor.

Der direkte Zugang zum Dachboden durch das Loch in der Decke hat noch ein weiteres Manko: Der Zug bläht besonders an windigen Tagen die provisorische Plastikfolie, sodass Lücken entstehen. Jetzt im Herbst mache ich Bekanntschaft mit Tieren, denen ich sonst nie begegne: Staubwanzen, jede Menge Winkelspinnen und sogar eine Spinnenassel.

Feuergefahr von unten. Wind und Regen von der Seite. Nässe, Zug und Wanzen von oben. Aber abgesehen davon ist die Wohnung top!

Ganz sicher ist sie eine der schönsten, die ich je bewohnt habe. Ich lasse einige meiner letzten Domizile vor dem inneren Auge Revue passieren, aber es fallen mir nur wenige ein, in die ich freiwillig zurückkehren würde. Keine Ahnung warum, aber ich bin meist von einem Desaster ins nächste gezogen. Fehlt mir einfach das Talent zum Wohnen oder habe ich keine Selbstachtung?

Bei diesem Gedanken fühle ich, wie meine Knie schwach werden. Das muss ich verdauen, ich gehe in die Küche und gönne mir erst einmal eine Tasse Tee. Vielleicht muss ich größer denken als nur daran, ob ich eine Wohnung finde, die keinen Dachschaden hat. Wenn ich davon ausgehe, dass ich so alt werde wie meine Oma, dann habe ich fast die Hälfte meines Lebens verstreichen lassen, ohne den besten Platz für mich zu finden.

Kurzfristig bei Rodrigo einzuziehen wäre zumindest eine Lösung, um wieder besser arbeiten zu können. Ob seine Wohnung wirklich die Zukunft ist, wie er behauptet, werde ich dann ja herausfinden. Wie bei meiner Entrümpelungskur könnte es eine

Reise werden, auf der ich herausfinde, wie ich zufrieden und in Einklang mit meinen Werten lebe.

An diesem Abend kann ich trotzdem nicht einschlafen. Zweifel überfallen mich im Dunkeln immer besonders gerne. Was, wenn Rodrigo und ich uns über alledem zerstreiten? Manche Freundschaften halten ja nicht mal einen Urlaub aus, wie ist es dann, wenn wir gleich zusammenziehen?

Die Müdigkeit hüllt mich ein und trägt mich fort, ich falle in einen unruhigen Schlaf. In meinem Traum laufe ich durch Rodrigos Straße, eine Kiste unter dem einen, eine zweite unter dem anderen Arm, eine balanciere ich auf dem Kopf. In dem Moment, als er mir die Tür öffnet, dehnt sich der Flur, als wäre er eben nach hinten gerutscht. Rodrigo ist ganz klein und rundlich und hat eine Schürze an und ein Blech frischer Pizza in der Hand. »Sieh mal!«, ruft er mir über die Distanz hinweg zu. »Die hat der Computer für uns gebacken! Aber ich musste ihm erst sagen, wie!« Ich muss im Traum so doll lachen, dass ich davon aufwache.

Es ist noch früh, meine Onkel-Fritze-Mütze ist heruntergerutscht. Ich fröstele, und ein Blick zum Fenster zeigt, dass es über Nacht gefroren hat, Eisblumen sind am Glas.

Was habe ich schon zu verlieren? Wenn Rodrigo noch für den Spaß zu haben ist, dann ziehe ich für eine Weile zu ihm. Wer weiß, wo es mich hinführt, und wenn tatsächlich Zwist aufkommt, kann ich jederzeit hierher zurückkehren.

Mit einer schnellen Bewegung schiebe ich den Arm unter der molligen Decke hervor und lange über den Bettrand, wo mein Handy darauf wartet, mich zu wecken. Ich schreibe Rodrigo eine Nachricht, weil es noch so früh ist: *Steht dein Angebot noch?*

Kurz darauf klingelt mein Handy. »Ich sitze schon am Rechner, hab eine enge Deadline.« Ich höre ihn seinen Kaffee schlürfen. »Wann willst du einziehen?«

Schlüsselerlebnis gesucht?
So startest du die Suche nach
deinem Traumzuhause

Nicht jeder Mensch beginnt ein solches Experiment freiwillig. Wenn du dein Zuhause verlassen musst, ist das sicherlich mit Abschiedsschmerz verbunden. Den anzuerkennen hilft tatsächlich schon ein wenig. Natürlich verbindest du mit deiner Wohnung gute Zeiten, schlechte Zeiten, und Loslassen ist schwierig. Mir kam es immer so vor, als würde mit den nächsten vier Wänden ein neues Kapitel aufgeschlagen.

Aber was soll sie für dich sein, die Neue? Ein sicherer Hafen, ein Abenteuerspielplatz? Mit welcher Vorstellung gehst du die Sache an? Der beste Platz zum Leben sieht für jeden anders aus.

Weite deinen Blick dafür, wie unterschiedlich Orte sein können, die Menschen ihr Zuhause nennen. Das spektakulärste Beispiel bietet sicher der griechische Philosoph Diogenes. Er soll so bedürfnislos gewesen sein, dass eine Tonne ihm als Behausung diente. Es ist ein Mosaik aus dem 2. Jahrhundert erhalten, das ihn darin zeigt – du findest es im Römisch-Germanischen Museum in Köln. Schriften von ihm sind aber nicht erhalten. Ob er sich dort wirklich wohlfühlte, ist also nicht überliefert. Vielleicht war die Nummer mit dem Fass nur die Marotte eines antiken Sonderlings.

Genauso eigensinnig darfst du aber auch sein! Es spielt keine Rolle, wie andere wohnen – finde heraus, was sich für dich genau richtig anfühlt. Wenn du die Antworten gleich ins Buch schreibst, dann hast du am Ende meiner Reise viel Material für deine eigene beisammen – und weißt besser, was zu tun ist, wenn du das Buch endgültig zuklappst. Falls du nicht ins Buch schreiben magst: Führ ein Wohntagebuch.

Und schon geht's los, viel Spaß!

Wie hast du dir als Kind dein Traumhaus ausgemalt?
EINE BURG!

Wo hast du dich zuletzt zu Hause gefühlt – und warum?
IN IRLAND / MEINER BUDE   1. Omi
                             2. My Cach

Was war dort anders als in deiner aktuellen Wohnung?
IRLAND: SCHÖNERE LANDSCHAFT, BESSERES KLIMA

Was würdest du an deiner jetzigen Wohnung vermissen?
BALKON, DIELEN

Welche Macke deiner Wohnung würdest du gern loswerden?
BLÖDER NACHBAR, PLATTENBAUTEN RUNDRUM

Könntest du dir das, was du vermisst, auf andere Weise in deine jetzige Wohnung holen?
KLAR!

Was brauchst du, um dich zufrieden zu fühlen?
WOHNUNG: SCHLAFNISCHE, BALKON, DIELEN, NATUR & NETTE NACHBARN

Bist du in bodennahen Unterkünften glücklicher oder weit oben mit Überblick? DACHGESCHOSS

Wie viel Licht brauchst du? SOLLTE SCHON ETWAS SONNIG SEIN, AUCH WEGEN PFLANZEN

Magst du Natur oder liebst du das Stadtleben?
NATUR!! MEER!

Wie stellst du dir in diesem Moment dein Traumhaus vor?
> COTTAGE IN IRLAND ♡

Fertig? Prima! Ob du's glaubst oder nicht, das war einer der wichtigsten Schritte des Ganzen. Es geht darum, zu sehen, wo du stehst, und ein genaues Bild von deinen Wünschen zu bekommen.

Home Smart Home

Der beste Mitbewohner der Welt und mein elektrifizierter Unterschlupf

Ich tippe leicht gegen den schwarzen Rahmen des Bildes, damit es gerade hängt, und trete einige Schritte zurück, um es zu betrachten. Wenn ich schon mein Domizil bei Rodrigo aufschlage, dann richtig. Ich will mich wirklich zu Hause fühlen, alles andere verfälscht mein Experiment. Und dafür ist es notwendig, dass ich mich mit meinen wenigen Gegenständen auch wohnlich einrichte.

»Wenn ich da an meinen letzten Umzug denke, muss ich sagen: Alle Achtung, das ging schnell.« Rodrigo stellt den Topf mit der Wasserlilie aufs Fensterbrett, klopft sich die Hände an der Hose ab und stellt sich neben mich.

»Ja, dein Umzug war schon speziell.«

Im Gegensatz zu mir hat Rodrigo jede Menge Zeug. Allein seine Hobbys – das Bemalen von Miniaturen und Schlagzeugspielen – nehmen massig Platz ein. Nachdem ich so lange versucht habe, mit möglichst wenigen Dingen auszukommen, fühle ich mich fast ein wenig überwältigt. Werde ich davon schnell einen Koller bekommen? Oder gar anfangen, seine Sachen auch noch auszumisten?

Als ich ihm vor Jahren mit einer befreundeten Kollegin dabei half, den letzten Krempel für den Umzug am nächsten Tag zusammenzupacken, waren wir bis in die Morgenstunden beschäftigt.

Heute muss ich lachen bei dem Gedanken daran, wie ich kurz vor Mitternacht noch eine zugerümpelte Abstellkammer entdeckte, die er bis dahin übersehen hatte. Und ich spüre Phantomschmerz in den Armen, weil mir einfällt, wie wir zu dritt die Waschmaschine aus dem Souterrainfenster seiner Maisonettewohnung schoben, die Kollegin draußen im Garten, Rodrigo und ich von innen drückend, bis das Trumm endlich auf dem Rasen stand. Kopfüber, wohlgemerkt.

Dagegen war mein Umzug wirklich ein Pappenstiel. Zwei Stunden haben wir gebraucht, um die wenigen Sachen in seine Wohnung zu bringen, wo er sein Arbeitszimmer für mich freigeräumt hat. Es ist ein rechteckiger Raum, der mich an eine Schuhschachtel erinnert. An dieser Stelle hat sich die Tatsache, dass ich seit einiger Zeit nicht mehr viel besitze, restlos für mich ausgezahlt – sogar im wörtlichen Sinn: Alles passte in einen Sprinter, der viel günstiger war als ein großer Umzugswagen. Ganz anders als bei den Umzügen, die ich bewältigte, bevor ich vor einigen Jahren mein Übergewicht an Krempel gegen ein schlankeres Lebensmodell eingetauscht habe.

»Deine Oma?« Rodrigo betrachtet nun das Bild mit dem schwarzen Rahmen, das ich an die Wand gehängt habe.

Ich nicke, mir wird leicht wehmütig ums Herz.

Das Foto stammt von ihrem 75. Geburtstag, den wir noch in ihrem Waldhäuschen gefeiert haben. Sie hatte dortbleiben wollen, bis es wirklich nicht mehr ging. Der Bungalow lag in einem Heidegebiet, ihn umgaben nichts als hohe dunkle Tannen, Morast und Kreuzottern. Sie liebte es, dort in der Einöde zu leben, und trotz der Abgeschiedenheit wusste sie alle Neuigkeiten stets als Erste. Bis zum Ende hatte sie im Heim immer wieder davon gesprochen, wie gut die Luft in dem Waldgebiet war, wie wohl sie sich dort gefühlt hatte, wie sehr sie es vermisste.

Offenbar hat sie nie in ihrem Leben einen Slasher-Film gesehen, wo junge Menschen in eine einsame Waldhütte fahren und nacheinander abgemurkst werden. Gut so.

Im letzten Monat ist sie gestorben, mit fast hundert Jahren. Wegen ihrer Naturliebe fanden wir es richtig, sie in einem Friedwald beizusetzen. Ihr Grab ist in der Nähe einer hohen Buche, und nur eine Plakette zeigt, dass sie dort liegt.

Rodrigo stupst mich an. »Soll ich dir mal eine kleine Tour geben?«

»Gerne.« Ich sehe mich in dem Zimmerchen um, das für die nächsten Monate mein Zuhause sein wird. Und das soll jetzt besonders smart sein?

Anders als in Alaska, wo nur der Dachboden über mir ist und drei Ziegelwände den Elementen der Natur preisgegeben sind, liegt Rodrigos Wohnung eingekuschelt zwischen anderen im ersten Stock. Klar, da wird es erst gar nicht so kalt wie bei mir. Oder woran sonst liegt es, dass dieses Zimmer eine so angenehme Temperatur hat?

»Die Heizung«, Rodrigo zeigt auf eine kleine Anzeige gleich neben der Tür, »ist elektronisch gesteuert.«

Aber verbrauchen wir dann nicht zu viel Energie?

»Das ist ein ausgeklügeltes System«, sagt mein Kumpel. Er erklärt mir, dass ein intelligentes Thermostat die Raumtemperatur regelt und hilft, die Heizkörper effizient zu betreiben. »Bis auf ein halbes Grad kann ich das genau regulieren.« Rodrigo zeigt mir auf seinem Handy die App, mit der er für verschiedene Tagesabläufe Zeitpläne erstellt hat, etwa wenn er weiß, dass er wenig zu Hause oder im Urlaub ist. Auch wenn er verreist, kann er auf dem Rückweg von unterwegs per App schon mal die Heizung anstellen. »Und wenn ich ein Fenster öffne, schalten sich die Heizkörper automatisch nach einer Weile ab. Ich will ja nicht für draußen heizen.«

Anders als in Alaska. Da gibt es für die Heizkörper nur zwei Einstellungen: eiskalt und volle Pulle. Und auch ohne das Fenster zu öffnen, heize ich den Hof gleich mit. Dort kluge Thermostate einzubauen würde wenig bringen: Einsparungen hängen vom Zustand des Hauses ab, also wie es isoliert ist, wie leistungsfähig die Heizkörper und wie dicht die Fenster sind. Würde sich die Anlage wegen des steten Luftzugs einfach ausschalten?

Gegen Deckenschaden und Frostbeulenfaktor punktet Rodrigos Wohnung also auf jeden Fall. Und das ist gut. Wenn meine Hände nicht mehr eingefroren sind, fällt mir das Schreiben sicher wieder leichter, und meine Onkel-Fritze-Mütze brauche ich hier auch nicht.

»Und was ist hier noch smart?«, will ich wissen.

»Komm, ich zeig dir alles.«

Ich habe jahrelang mit nicht viel mehr Technik gelebt als mit Computer, Telefon und Waschmaschine, daher bin ich jetzt gespannt. Wird mich hier gleich ein Roboter begrüßen? Und wenn es einen Stromausfall gibt, können wir uns trotzdem versorgen – oder sind wir dann im Dunkeln eingesperrt?

Zumindest die letzte Frage scheint sich sofort zu beantworten: Draußen auf dem Balkon, direkt vor meinem Fenster, ist am Balkongitter ein kleines Solarkraftwerk befestigt. Der Stecker, so erklärt mir mein bester Freund, kommt in die Außensteckdose – »ganz einfach, Plug and Play« –, dann wird die Sonnenenergie in nutzbaren Strom umgewandelt, der direkt ins Hausstromnetz eingespeist wird.

»Ach, dann bist du unabhängig vom Stromnetz?«

»Nein, wenn das Stromnetz nicht funktioniert, kann auch kein Sonnenstrom fließen«, gibt er zu. »Um ihn auch bei Stromausfall zu nutzen, bräuchte ich einen Speicher. Und die Menge an Solarstrom reicht auch nicht für alle meine Geräte.« Er hat sich das Balkonkraftwerk angeschafft, weil es Geld spart und klimafreundlich ist. »Nach zwei Jahren rechnet sich das energetisch, sagt das Umweltbundesamt. Dann hat die Anlage genauso viel Energie produziert, wie nötig war, um sie herzustellen, zu betreiben und zu entsorgen.«

Rodrigos Anlage hat eine Besonderheit, sie neigt sich durch ein Nachführsystem der Sonne zu, sodass der Ertrag immer der höchstmögliche ist. Gewaschen wird beispielsweise automatisch dann, wenn der Pegel am höchsten steht. Wann das ist, erfährt er über seine schlaue App.

Gebührend bewundere ich auch die Luftfilteranlage, die rebelliert, wenn zu viel Kohlenmonoxid in der Luft ist, und die smarten Lampen, die im Vorübergehen durch eine Spracheingabe gedimmt werden können und ein Farbambiente erzeugen, das Rodrigo per App steuern kann. »Ich musste nur die Bridge an den Router anschließen, das Stromkabel verbinden und die Birne in die Fassung schrauben«, erklärt er mir.

Ich muss lachen, weil sich das für mich nach »nur den Nippel durch die Lasche ziehen und mit der kleinen Kurbel ganz nach oben drehen« anhört.

Rodrigo hat ein Faible für smarte Dinge, aber nicht für alle. »Niemals würde ich mir elektronisch gesteuerte Jalousien anschaffen«, sagt er. »Da, wo ich zuletzt gearbeitet habe, sind die ständig durchgedreht. Dauernd kamen Mails von der Assistenz der Geschäftsführung, in denen zu lesen war, warum die Rollläden wieder mal streikten. Oft saßen wir am helllichten Tag im Dunkeln.«

Genauso wenig wolle er ein Sicherheitssystem. »Ich brauche keinen Iris-Scanner für die Haustür. Die Wohnung soll ja keine Festung sein. Und ehrlich gesagt besitze ich nicht genügend wertvolle Sachen.« Er zuckt mit den Schultern. »Außerdem musste ich ohnehin eine Hausratversicherung abschließen, und die deckt auch Diebstahl ab.«

Dass ich nicht gescannt werde, wenn ich in die Wohnung will, finde ich beruhigend.

Rodrigo zeigt mir weitere technische Helferlein, auch das Unterhaltungssystem mit Fernseher, Playstation und Soundanlage. All das flößt mir gewaltigen Respekt ein. Was, wenn ich eins dieser Geräte kaputt mache, weil ich am falschen Knöpfchen drehe?

Aber das muss ich gar nicht, beruhigt er mich. In jedem Zimmer gibt es einen Computer, der Sprachbefehle entgegennimmt, außerdem gibt es smarte Steckdosen, die sich per Knopfdruck, App oder Spracheingabe steuern lassen.

Und es gibt eine Smart-Home-Plattform, über die alle Geräte

abrufbar sind. Sie verbindet auch technische Lösungen, die laut Hersteller nicht miteinander kompatibel sind. Und mein Freund kann damit den Verbrauch seiner Haushaltsgeräte übersichtlich abrufen, um Strom zu sparen. Oder die Kohlenmonoxidmeldung mit dem Google Calendar auf seinem Smartphone verbinden und bei Alarm lilafarbenes Licht anmachen, wenn er das unbedingt will. Sich Terminerinnerungen setzen. Und festlegen, was wann genau passiert, indem er Wenn-dann-Regeln aufstellt. Also etwa: Wenn die Unterhaltungselektronik an ist, dann wird das Licht gedimmt.

In den nächsten Wochen gewöhnen Rodrigo und ich uns ans Zusammenleben, auch an den unterschiedlichen Tagesrhythmus – er ist eher ein Nachtarbeiter, ich bin bei Tageslicht am produktivsten. Erst befürchte ich, dass ich ihn versehentlich wecken könnte, stelle aber schnell fest, dass die Technik auch dagegen vorbeugt: Wegen der computergesteuerten Kaffeemaschine, die er abends befüllt, weiß ich nämlich genau, wann mein Übergangsmitbewohner morgens in der Küche auftaucht. Sie springt an, sobald er dem Computer sagt, dass er wach ist.

Auch dem Impuls, seine vielen Sachen aufzuräumen oder auszumisten, widerstehe ich bislang erfolgreich. Ich kann gut trennen zwischen seinem Kram und meinem, und wenn ich Unruhe in mir aufsteigen fühle, gehe ich einfach in mein Zimmer.

Aber ich merke, dass es mir schwerfällt, mich ganz auf das Smart Home einzulassen. Ich kann mich zum Beispiel nicht daran gewöhnen, Sachen per App zu steuern. Vielleicht bin ich zu lange an das Konzept »Schalter« gewöhnt? Manchmal muss sich mein neuer Mitbewohner ärgern, weil ich die Steckerleiste abschalte, obwohl die Geräte noch an sind.

Nicht selten vergesse ich auch, auf welches Wort der Computer reagiert. Und selbst Rodrigo hat seine eigens erdachten Befehle nicht immer parat. Den Deckenfluter im Wohnzimmer hat er wegen eines Sprungs im Glas auf den Namen »Schrottlampe« getauft. Wenn er eingeschaltet werden soll, lautet der Zauberbefehl

»Schrottlampe an«, wenn er ausgeschaltet werden soll, »Schrottlampe aus«.

Es kommt vor, dass wir beide auf den Computer einreden wie auf ein krankes elektrisches Pferd, wenn er nicht wie gewünscht reagiert.

»Schrottlicht aus!«, rufe ich. Die Lampe reagiert nicht.

»Bruchleuchte aus!« Sie leuchtet wie eine Eins.

»Schrottlampe, komm zum Ende! Finito! Basta! Exitus!« Das Licht zuckt nicht mal.

Wir müssen beide lachen. Die Fehlerquelle ist wie immer der Mensch.

Manchmal erleide ich auch körperlichen Schaden. Ein Saugroboter reinigt unseren Boden, aber da es zwei Türschwellen gibt, müssen wir den runden kleinen Sauger wie einen fußlahmen Chihuahua aufheben und übersetzen, sobald er dagegenstößt.

»Ach menno«, sage ich Anfang Januar und halte mir den großen Zeh. Ich bin schon wieder über den smarten Bot gestolpert, nachdem ich am Sonntagnachmittag einen Film geschaut habe. Außerdem bekomme ich den Fernseher einfach nicht aus. Ich probiere verschiedene Sprachbefehle und befürchte, dass ich was kaputt mache, wenn ich alles per Hand ausschalte, weil ich schon wieder vergessen habe, in welcher Reihenfolge ich die Geräte vom Netz trennen soll. Zuerst die Playstation oder doch erst den Fernseher?

Und so kostet die Elektronik, die uns Aufwand sparen soll, auch extraviel Zeit. Nicht nur, wenn mal wieder etwas klemmt, also sich irgendwo eine Macke eingeschlichen hat. Sondern auch, wenn wir »schnell mal etwas wissen wollen«, beispielsweise beim Kochen.

Eines Abends wollen wir Hummus selbst machen, in dem automatisierten Kochtopf, der in der Küche Rodrigos besonderer Liebling ist und den wir liebevoll Spoonmaster3000 nennen.

»Computer«, weckt mein Mitbewohner seinen Sprachassistenten, »gib mir ein Rezept für Hummus.«

»Ich habe folgende Erklärung für Humus gefunden«, antwortet die Sprachassistenz in gleichmäßigem Singsang. »Eine organische Bodensubstanz. Willst du mehr über Humus wissen?«

Jeder Versuch, ihr ein Rezept zu entlocken, scheitert, am Ende antwortet sie nur noch: »Das weiß ich leider nicht.«

»Schon ein bisschen nervig«, sage ich, als wir etwas später beim Abendbrot sitzen – ohne Kichererbsenpüree.

»Aber es hat auch gute Seiten«, meint Rodrigo. »Wir lernen, besonders deutlich zu sprechen.«

Ich weiß schon jetzt, dass ich das Zusammenleben mit ihm vermissen werde, denn dies ist ja nur ein befristetes Experiment. Die Zeit vergeht viel zu schnell, und so überfällt mich bei den Antworten der Computerstimme auch manches Mal Wehmut.

Von seinem Technikfimmel abgesehen, haben wir vieles gemeinsam, also verstehen wir uns gut. Rodrigo lebt auf seine Weise umweltfreundlich. Zum einen kauft er nur Qualität und auch nur dann, wenn er etwas wirklich notwendig findet. Und er behandelt seine Geräte sorgsam. So halten sie bei ihm sicher länger als im Durchschnittshaushalt.

Auch sonst ist er recht genügsam. Das wusste ich zwar schon vorher, aber im täglichen Zusammenleben fällt es mir besonders auf. Die Heizung ist nie auf tropische Temperaturen eingestellt, er spart Wasser, verwendet immer alles weiter, aus Kronkorken zum Beispiel werden im zweiten Gang Mischpöttchen für die Farben, mit denen er seine Miniaturen bemalt. Er trägt immer Schwarz, von der Socke bis zur Mütze, und muss niemals eine kleine Menge Wäsche laufen lassen, weil alles die gleiche Farbe hat. Seine T-Shirts haben, wenn sie nicht einfach nur schwarz sind, Comicaufdrucke oder Logos seiner Lieblingsbands, und sie sind so alt, dass viele der Bilder schon etwas verwittert wirken. Auf einem ist ein stilisierter Gene Simmons von der Band Kiss mit dem schwarz-weiß geschminkten Gesicht und der herausgestreckten Zunge zu sehen, ein Konzertmitbringsel aus den Neunzigerjahren. Rodrigo trägt jedes Kleidungsstück, das er besitzt, bis es auseinanderfällt, das letzte T-Shirt, das zum Putzlappen degradiert wurde, hatte faustgroße Löcher unter den Armen. Diese Nachhaltigkeit finde ich super. Und so ist es nicht die technisierte Wohnung, die mich überzeugt, sondern eindeutig der Mitbewohner.

Grundsätzlich finde ich das Smart Home mit all seinen Annehmlichkeiten schon praktisch, vor allem das sparsame Heizen kommt mir sinnvoll vor. Aber es bleibt eine nagende Ungewissheit. Ist es wirklich besser, so zu wohnen? Und sparen die Geräte tatsächlich Strom?

Weil ich mehr darüber wissen will, lese ich viel über smarte Technik. Laut dem Branchenverband Bitkom verwenden 43 Prozent der Menschen in Deutschland Smart-Home-Technologie – nicht nur im Haus, sondern auch im Garten. Die Hightech-Haushaltshilfen muss man sich leisten können, und von der Wiege bis zur Bahre verbrauchen sie Ressourcen und Energie. Außerdem erzeugen sie sehr viel Elektroschrott, denn jedes Gerät macht irgendwann schlapp – heutzutage eher früher als später. Und die smarte Technik kann zwar Energie sparen – bis zu 9 Prozent in Wohnungen, in einem Haus bis zu 14 Prozent, wie das Öko-Institut in einer Studie belegt hat –, allerdings nur dann, wenn sie auch vorwiegend diesem Zweck dient. Bei Geräten, die uns vor allem ein bequemes Leben ermöglichen oder unser Heim sichern sollen, steigt der Energieverbrauch, und zwar um bis zu 19 Prozent.

Und dann bleibt ja noch die Frage nach den Gefahren durch künstliche Intelligenz, also danach, wie das smarte Zuhause mit seinem Wissen über mich umgeht. Was, wenn der Computer alles mithört, sich merkt, abspeichert – will ich die ganze Zeit überwacht werden? Fast alle Geräte gibt es inzwischen als smarte Version ihrer selbst, und auch viele Möbel sind per Spracheingabe steuerbar, etwa bewegliche Regale oder Küchenschränke. Für den praktischen Lebensstil holen wir uns also noch mehr Technik ins Haus, die uns potenziell überwacht – nämlich jede Menge Mikrofone und Sensoren, die unser Leben vermessen.

Für meine Oma hätte ich mir smarte Sicherheitstechnologie durchaus gewünscht – etwa ein Gerät, das Alarm gibt, wenn sie stürzt, und dann gleich einen Notruf absetzt. Sie hätte vielleicht viel länger in ihrem geliebten Waldhäuschen bleiben können. Auch meiner Freundin Christine erleichtert der Sprachcomputer das Leben, weil sie im Rollstuhl sitzt und mit der Technik vieles besser für sich regeln kann. Aber ich weiß nicht, ob das für mich zu diesem Zeitpunkt eine gute Sache wäre – ich bin noch nicht pflegebedürftig und will nicht, dass das Netz alles von mir mitbekommt.

»Wen interessiert schon, was ich mache?«, fragt Rodrigo, wenn ich ihn darauf anspreche. »Die können ruhig alles von mir wissen, ich bin doch uninteressant. Meine Passwörter sind absolut sicher, und beim Onlinebanking gehe ich umsichtig vor. Davon abgesehen kannst du die Digitalisierung gar nicht aufhalten.«

Doch mein Unbehagen wurzelt tief. Aus Datenschutzgründen benutze ich Googles Suchmaschine nicht, weil sie mir zu viele Informationen sammelt. Ich will weder personalisierte Anzeigen noch dass der Kühlschrank mir vorschlägt, was er bestellen könnte, weil er denkt, dass es fehlt oder mir schmeckt. Ich will keine Scam-Angebote anziehen und auch keinen Identitätsklau riskieren. Vielleicht liegt es daran, dass ich im Westdeutschland der Achtzigerjahre aufgewachsen bin, als schon bei der Volkszählung viele auf die Barrikaden gingen, nach dem Motto: »Lass dich nicht erfassen«? Jedenfalls sind hierzulande, so habe ich neulich gelesen, die Menschen deutlich skeptischer als in anderen europäischen Ländern, was die Sicherheit im Internet angeht.

Ganz unberechtigt ist das nicht. Allein die Logfiles smarter Geräte sind abrufbar und offenbaren – ähnlich wie der Suchverlauf im Browser –, welche Fragen wann gestellt wurden. Amazons Alexa ist auch schon ungut aufgefallen, weil sie Gespräche mitgehört und dokumentiert hat. Ich habe im Kopf, dass es in den USA sogar Mordfälle gab, die von Alexa aufgezeichnet worden sind. Nicht dass ich vorhätte einen Mord zu begehen, aber mir reichen die Wanzen in meiner Dachgeschosswohnung – da brauche ich keine elektronischen.

Ich stelle mir vor, dass es gefährlich sein kann, wenn alle Geräte über ein System verbunden sind. Wenn es gehackt wird, könnte plötzlich alles lahmliegen oder von außen gesteuert werden – Heizung, Strom, Internet. Wie unsicher Smart-Home-Systeme und wie einfach sie zu hacken sind, hat Vladimir Daschenko von Kaspersky Lab schon 2018 auf dem Mobile World Congress gezeigt – natürlich vorwiegend, um zu beweisen, wie wichtig seine Sicherheitssoftware ist.

Aber hat Rodrigo recht, und es ist künftig sowieso alles online und digital? Sträube ich mich unnötig gegen das Unaufhaltsame?

Das Zukunftsinstitut jedenfalls meint, »die eigenen vier Wände zu vernetzen, wird in ein paar Jahren in Deutschland keine Besonderheit mehr sein«, wie auf seiner Website zu lesen ist. Zwar gehe es hierzulande langsamer als etwa in den USA oder Großbritannien, eben weil die Deutschen sich Sorgen um den Datenschutz machten, aber schon 2022 setzte der Smart-Home-Markt laut Statista etwa 6,14 Milliarden Euro um. Da ein jährliches Wachstum von über zehn Prozent erwartet wird, wäre dies für das Jahr 2027 ein Marktvolumen von 11,38 Milliarden Euro. Das Internet der Dinge aka das Allesnetz, also die globale Infrastruktur der Informationsgesellschaft, in der Gegenstände mit Computern verbunden und über sie steuerbar sind – es scheint unaufhaltsam. Zudem entwickelt sich die künstliche Intelligenz seit einiger Zeit immer schneller. Und niemand weiß ganz genau, wohin das führt.

Hätte mich jemand vor dreißig Jahren gefragt, wie ich mir die Zukunft vorstelle, wären mir wohl Smart-City-Bilder aus Science-Fiction-Filmen eingefallen: fliegende Autos, leuchtende Gehwege und spiegelnde Flächen, 3-D-Werbung, die einen auf der Straße anspringt, Wolkenkratzer, deren ungewöhnliche Formen die Schwerkraft verspotten. Aber will ich wirklich so leben? Wie gemütlich und nachhaltig wäre das wohl? Und wie würde sich das auf uns Menschen auswirken – wenn alles vernetzt ist, hat das sicher auch Auswirkungen auf jeden Lebensbereich, auf die Gesellschaft?

Drei Viertel der Weltbevölkerung leben schon jetzt in Städten, zukünftig werden es noch mehr Menschen tun. Früher haben Zukunftsforscher darum prognostiziert, dass wir in der Megacity in Wohnboxen zögen, andere sagten sogar riesige Unterwasserstädte voraus. Viele Menschen unterzubringen, ihr Leben zu vernetzen und gleichzeitig eine wohnliche Umgebung zu schaffen stellt uns vor vielfältige Herausforderungen.

Berlin wäre ein guter Ort, die Stadt der Zukunft zu erproben. Immerhin war die deutsche Hauptstadt in den 1880er-Jahren die erste Metropole, die elektrifiziert wurde. Aber müssten wir dann nicht sehr viel abreißen und neu bauen? Vielleicht hilft ein Blick auf hypermoderne Stadtentwicklungsprojekte andernorts. Es gibt nämlich schon eine Menge Planstädte und Entwürfe für die Stadt der Zukunft. Taugen diese Projekte wirklich etwas? Für wen sind sie geeignet? Und was können wir aus diesen Versuchen lernen?

Mohammed bin Salman, der Kronprinz von Saudi-Arabien, hat bereits mit einem Projekt vorgelegt, das einen wahren Bauboom ausgelöst hat: Im Nordwesten nahe der Grenze zu Jordanien will er eine hochtechnisierte Megacity namens The Line quer durch sein Land ziehen. Innerhalb des Projekts Neom, das noch weitere enorme Bauten umfasst – die Luxusinsel »Sindalah« im Roten Meer, die Ski-Anlage »Trojena« und ein Industriegebiet, das »Oxagon« heißen wird –, entsteht mitten in der Wüste der größte von Menschen geschaffene Baukörper. Kosten wird er vermutlich mehrere Hundert Milliarden US-Dollar, ganz genau ist das nicht bekannt. Die erste Bauphase soll 2025 abgeschlossen sein, angeblich ist schon ein Fünftel der Infrastruktur fertiggestellt, wie auf dem letzten Weltwirtschaftsforum in Davos stolz verkündet wurde. Die Stadt soll sich, wenn sie fertig ist, über 170 Kilometer erstrecken, sie wird nur 200 Meter breit sein, die Stadtmauer 500 Meter hoch. Platz für neun Millionen Menschen soll dieses Bauwerk bieten. Es könnte also ganz Österreich einziehen.

»The Line wird sich den Herausforderungen stellen, vor denen die Menschheit heute im urbanen Leben steht«, so wird der Kronprinz auf der Website zitiert, »und ein Licht auf alternative Lebensweisen werfen.« Und so hat die Linienstadt kein Stadtzentrum, wie wir das kennen, sondern Stadtmodule, in denen es alles gibt, was zum Leben notwendig ist: Bürogebäude, Apotheken und Krankenhäuser, Geschäfte und Cafés. Jeder Fußweg soll in einem solchen Modul nur fünf Minuten dauern, und drum herum ist Natur. Der Verkehr wird unter Tage verlegt, und es gibt Hochgeschwindigkeitszüge. Aufgrund der schnurgeraden Strecke werden Spitzengeschwindigkeiten von 500 Stundenkilometern erreicht: Eine Fahrt von einem Ende der Linienstadt bis ganz ans andere Ende dauert so nur zwanzig Minuten. Wozu sollte es da noch private Autos geben? Geplant sind keine, nur Taxidrohnen. Wie das *Wall Street Journal* 2019 berichtete, sind auch eine Art elektrischer Jurassic Park, Leuchtstrände, Gesichtserkennung und ein künstlicher Mond geplant – Wohnen im Daten sammelnden Freizeitpark.

Vielleicht bin ich altmodisch, aber ich finde die Aussicht, in einer solchen Stadt zu leben, nicht wirklich verlockend. Zwar soll sich die Hightech-City mit organischem Anbau innerhalb ihrer Mauern selbst versorgen und wird ganz und gar mit Solarstrom betrieben werden. Auch dass auf Autos und Straßen verzichtet wird und die Stadt dereinst emissionsfrei sein soll, ist ein guter Gedanke. Aber das Ganze überhaupt erst in die Wüste zu bringen, die Baustoffe, die Maschinen, die Arbeitenden, richtet ohne Zweifel großen Schaden an, denn es kostet eine Riesenmenge Energie und Ressourcen, und die stammen sicher nicht aus erneuerbaren Quellen.

Großprojekte dieser Art sind meist auch menschenfeindlich. Sie sind nicht für alle gedacht, und viele leiden sogar darunter – man denke nur an die Wanderarbeiter beim Bau der Fußballstadien in Katar und deren Lebens- und Arbeitsbedingungen. Für das Megaprojekt Neom soll auch die lokale Bevölkerung vertrieben werden, denn die geplante Baustelle zieht sich mitten durch das Gebiet einer indigenen Bevölkerungsgruppe. »Für den Stamm der Huwaitat wird Neom auf unserem Blut, auf unseren Knochen gebaut«, so die Aktivistin Alia Hayel Aboutiyah al-Huwaiti, die den Huwaitat angehört, zu *The Guardian*. »Es ist definitiv nicht für die Menschen, die bereits dort leben! Es ist für Touristen, für Leute mit Geld.« Forschende befürchten durch die durchgehende hohe Mauer zudem Auswirkungen auf Flora und Fauna – denn die Spiegelstadt schneidet die Wanderrouten von Wildtieren ab.

Eine andere Art der Smart City soll in Japan in der Nähe des Mount Fujiyama entstehen, begonnen wurde mit dem Bau Anfang 2021: Woven City, die »Verwobene Stadt« – sponsored by Toyota. Und an der Geldgeberin ist auch gleich zu erkennen: Dahinter können nur Wirtschaftsinteressen stehen.

Das Projekt heißt so, weil die begrünten Wege für Fußverkehr, Fahrräder und E-Autos voneinander getrennt und wie ein Netz verflochten sind. So kann es Unfälle zwischen den jeweiligen Verkehrsteilnehmern nicht mehr geben, und man bewegt sich immer im Grünen. Diese Stadt der Zukunft soll nachhaltig gebaut werden, zum Teil aus Holz. Die Energie kommt aus Wasserstoff-Brennstoffzellen, Solarkraft und Geothermie. Auch die Häuser sollen begrünt werden, das Leben in ihnen und im öffentlichen Raum ist mit KI durchsetzt. Waren werden unterirdisch transportiert, es gibt autonome Fahrzeuge. Laut Akio Toyoda, dem CEO von Toyota, soll diese Modellstadt als Reallabor für neue Technologien und Lebensweisen dienen. Übersetzt heißt das natürlich: Es soll neue Märkte erforschen.

Schwer zu sagen, wie sich so viel geballte Technik auf das Leben der Menschen auswirkt, aber genau das wird an diesen Orten ausgetestet werden – höchstwahrscheinlich nur mit denjenigen, die etwas Geld auf der hohen Kante haben. Über die soziale Ungleichheit und die Auswirkungen auf die Umwelt schweigen sich die Verantwortlichen jedoch aus – Treibhausgas-Bilanzen etwa gibt es für viele Modellprojekte nicht.

Masdar City in Abu Dhabi, die erste und am weitesten fertiggestellte dieser Hightech-Ökoplanstädte, ist jedenfalls so etwas wie die Hauptstadt des Greenwashings: Hier werden die tatsächlichen Emissionen denen gegenübergestellt, die es gegeben hätte, wenn die Stadt konventionell gebaut worden wäre. Die Pro-Kopf-Emissionen der Vereinigten Arabischen Emirate sind allerdings die zweithöchsten der Welt. Was bedeutet, dass selbst die reduzierten Emissionen noch sehr hoch sind. Dennoch bekommt Abu Dhabi nach dem Mechanismus für umweltverträgliche Entwicklung aus dem Kyoto-Protokoll dafür Emissionszertifikate, die verkauft werden dürfen.

Würde ich mich in einer solchen Zukunftsstadt zurechtfinden? Schon in Rodrigos smarter Wohnung habe ich ja das schwer zu beschreibende Gefühl, immer auf Zack sein zu müssen und gleichzeitig mit einer unsichtbaren Leitplanke zu leben. Könnte ich mich also besser konzentrieren und wäre ich leistungsstärker, wenn in der Welt um mich herum alles bis ins Letzte geregelt ist? Oder käme ich dann nicht mehr mit? Bis zur restlos digitalisierten und vernetzten Metropole wird es nämlich vermutlich noch etwas dauern, ich bin dann vielleicht richtig alt. Meine Oma kam so gut mit ihrem PC klar, dass ich sie Computeroma nannte, weil sie sich im Gegensatz zu vielen anderen Großmüttern auch im hohen Alter noch auf die Technik einließ. Es gibt aber keine Garantie, dass es mir dereinst genauso ergeht.

Damit sich alles technifizieren kann, braucht es auch Unterstützung von höherer Seite. In Berlin mag das ohne Weiteres gehen, doch wer mitten auf dem Land, wo die Netzabdeckung schlecht ist, ein einzelnes Smart Home einrichten will, hat ein Problem. Dafür muss die Bundesregierung erst mit einem ordentlichen Netz aufwarten – und da hinken wir bekanntlich gerade an vielen kleineren Orten der Zeit hinterher.

Und auch damit das Stromsparen im großen Stil richtig klappt, braucht es eine digitale Infrastruktur, die noch fehlt. Was Rodrigo mit seiner App macht – dann waschen, wenn es günstig ist –, dafür stecken die Pläne noch in den Kinderschuhen. Damit es im größeren Maßstab funktioniert, müssen überall flächendeckend Smart Meter eingebaut werden – digitale Stromzähler, die Daten übertragen können. Es ist schon gesetzlich geregelt, dass Gebäude damit zunehmend ausgestattet werden. Mit den Geräten wird aber nicht gemessen, was die einzelne Waschmaschine an Strom saugt, sondern derzeit werden nur die Stellen mit hohem Stromverbrauch unter die Lupe genommen. Das Ziel ist, das Stromnetz besser steuern zu können und so die Energiewende zu unterstützen. Um das umzusetzen, ist aber nicht nur Technik gefragt, diese muss auch angenommen werden.

Manche Menschen, die damit jetzt schon in Berührung kommen, fürchten, dass sie dann einen Teil ihrer Autonomie verlieren – die Smart Meter würden es erlauben, auch mal den Saft abzudrehen, wenn grad eine schlechte Zeit zum Laden des E-Autos ist. Das System beruht auf dem Zusammenwirken aller – und das ist für unsere zunehmend individualisierte Gesellschaft durchaus eine bittere Pille. Die Stromverteilung so zu organisieren wäre zwar gut fürs Energiesparen im Großen und damit für die Zukunft, aber davon sind wir meilenweit entfernt. Je näher ein solches vernetztes System rückt, desto brenzliger wird aber die Frage, ob es nicht auch in gefährlicher Weise von außen angegriffen werden könnte. Und wie wir die Daten schützen, die es erzeugt.

Vielleicht sollten Menschen erst einmal kleiner anfangen, bevor sie gleich eine ganze Stadt in den Sand setzen – mit Probehäusern, die energieeffizient und technisch ganz weit vorn sind? Genau das hat sich offenbar auch die deutsche Bundesregierung gedacht und in Berlin mit der Forschungsinitiative »Zukunft Bau« ein modernes und automatisiertes Haus gebaut, das sogar mehr Energie produziert, als es verbraucht: das Effizienzhaus Plus in der Fasanenstraße, gleich um die Ecke vom Bahnhof Zoo.

Das Konzept ist öffentlich zugänglich, es gibt eine eigene Seite dafür im Netz, und auch das Gebäude kann ich besichtigen.

Es ist ein glänzender schwarzer Quader, der nach vorn hin geöffnet ist, ein bisschen wie eine offene Schachtel, die auf der Seite liegt. Nebendran eine Metallskulptur, die wirkt, als würde mir jemand vier rot-blaue Riesenpommes entgegenstrecken. Im Garten hinter dem Haus stehen eine geschützte Rotbuche, die nicht abgeholzt werden darf, außerdem einige Kunstobjekte und verschiedene Solarmodule, da das Haus derzeit auch vom Solarzentrum genutzt wird.

Der Eingangsbereich ist innen mit großen weißen Platten verkleidet, die glänzenden schwarzen Solarmodule und die großen Glasflächen lassen mich auch hier um das Wohlergehen von Vögeln fürchten. Der ganze Komplex wirkt etwas steril – eher wie der Showroom eines Autohauses als ein Wohnhaus. Und doch haben hier zur Probe nacheinander zwei Familien gewohnt, die per Los ausgewählt wurden. Gerade überlege ich noch, wo ich klingeln soll, als ein Mann mit freundlichem Gesicht, Schiebermütze, Bart und Brille die Tür in der verglasten Front öffnet.

Felix Bartholomäus ist Wirtschaftsingenieur für Umwelt und Nachhaltigkeit, und wir haben uns verabredet, damit er mir das Effizienzhaus Plus zeigt. Ich hoffe, er kann mir erklären, wie die Zukunft des Wohnens aussieht und ob smarte Technik darin die größte Rolle spielt.

Das Haus, so habe ich gelesen, war einigermaßen kostspielig: schlanke 1,75 Millionen Euro. Wenn das die Zukunft ist, dann kann ich sie mir nicht leisten. Felix Bartholomäus lacht, als ich ihm das sage. »Der Zeitgeist war einfach ein anderer, als das Haus gebaut wurde. Wenn genügend Geld da ist, kann man alles gut ausprobieren – es war also gar nicht der Anspruch, günstig zu bauen. Es ging eher darum, festzustellen, ob so viel moderner Wohnkomfort mit einem Energiesparhaus erreicht werden kann. Und daraus lernen wir eine ganze Menge, das sich auf andere Projekte skalieren lässt.«

Zum Komfort gehörten zeitweise auch eine induktive Ladestation und der dazu passende elektronische Luxuswagen. Diese Lademethode war jedoch so ineffizient, dass die Anlage wieder ausgebaut wurde. Heute fahre nur noch der Gebäudereiniger mit dem E-Auto, erzählt mir Felix Bartholomäus, daher gebe es auch immer noch eine Ladestation. Aber im Moment seien sie ohnehin aufs Stromnetz angewiesen, da die Sonne nicht scheint. Ein Kostenpunkt war auch der Austausch der Wärmepumpe zwischen dem Auszug der ersten und dem Einzug der zweiten Familie – Wärmepumpen waren in der Zwischenzeit viel effizienter geworden. Vieles sei auch früher teurer gewesen, etwa die PV-Anlagen, mit denen die Außenflächen des Hauses verkleidet sind. »Da ist der Preis inzwischen stark gesunken.«

Was ist eigentlich ein Effizienzhaus Plus?

»Das ist ein energetischer Standard«, so Felix Bartholomäus. »Die Vorgabe ist, dass das Haus mehr Energie produziert, als es verbraucht.« Verbrauch und Energieproduktion wurden vom Fraunhofer-Institut überwacht, daraus konnten viele Informationen gewonnen werden. So haben sich Daumenregeln ergeben, eine davon ist: Ein halber Quadratmeter PV-Fläche wird benötigt, um für einen Quadratmeter Wohnfläche Energie zu erzeugen.

Und reichte die Energie für die beiden Familien – blieb viel übrig, was ins Netz eingespeist werden konnte? »Allein die Tatsache, dass alle zwei Monate ein neues Elektroauto zum Test bereitstand, führte dazu, dass die Familien sich mehr mit dem Wagen fortbewegt haben, statt Rad zu fahren«, erklärt er mir. »Und so wurde eine Menge Energie allein für die Mobilität verbraucht.« Schon der Gedanke, in einem Plusenergiehaus zu leben, könne dazu führen, dass man mehr Energie verbraucht als normalerweise – ein Reboundeffekt. Eine der Testfamilien habe beispielsweise öfter gebadet als zuvor, das warme Wasser war ja quasi inklusive. Dagegen helfe, sich den eigenen Verbrauch vor Augen zu führen, darum gebe es überall im Haus Tablets, auf denen sich der Stromverbrauch der Geräte, der Lüftungsanlage, Solaranlage und Wärmepumpe abrufen lasse, auch wenn es nicht bis ins Letzte ein Smart Home sei.

Ich finde das Projekt interessant, aber ist es wirklich ein Baustein für die Stadt der Zukunft?

Das Umweltbundesministerium geht davon aus, dass rund neunzig Prozent des Energieverbrauchs in einem privaten Haushalt für Heizung und Warmwasser aufgewendet werden. Der Grundgedanke, diese Energie selbst zu produzieren, statt auf fossile Energieträger zu setzen, die uns von Lieferstaaten abhängig machen und den Klimawandel weiter antreiben, ist nur logisch.

Aber das Haus ist so luxuriös, dass ich mich weiter frage, ob die Ergebnisse aus diesem Modellbau sich auf andere, zukunftstauglichere und sozialere Projekte anwenden lassen. Gibt es nicht einfachere Stellschrauben, um energieeffizient zu leben? Allein die Glasfassaden sind nicht genügend wärmeisoliert – eine normale Wand hält etwa die fünffache Menge an Wärme im Haus. Und eine einzige Familie wohnt hier auf 130 Quadratmetern. Wäre weniger Fläche zu beheizen, könnte doch noch mehr gespart werden?

»Der Flächenverbrauch stand tatsächlich im Hintergrund, die Glasflächen waren dem Repräsentationszweck geschuldet«, sagt Felix Bartholomäus. Das Wichtigste sei neben der Energiebilanz die Recycelbarkeit des Gebäudes. Natürlich ist es sinnvoller, ein Haus so lange wie möglich zu nutzen, aber dieses sei darauf angelegt, vollständig rückgebaut zu werden. Für die Umwelt und auch aus Kostengründen ist es künftig immer wichtiger, dass Architektur so flexibel wie möglich ist. Rohstoffe werden knapper, viel Energie kann bei der Herstellung reduziert werden. Schon beim Wandaufbau wurde deswegen darauf geachtet, dass alles gut zerlegbar, lösbar und wenig verklebt ist – vieles ist einfach gesteckt und verschraubt.

Auch ist es möglich, ganze Gebäudeteile weiterzuverwenden: So könnten die Fenster dieses Hauses einfach ausgebaut und woanders eingebaut werden. Für diesen Zweck, so erfahre ich, gibt es inzwischen ganze Rückbau-Marktplätze, wo gesamte Gebäudeteile gekauft werden können. Alles ist katalogisiert, und wenn jemand die Einzelteile eines Gebäudes verkauft, dann von innen nach außen: Nur so wird alles optimal vermarktet und verwertet.

Ich beginne zu verstehen, dass ich viel mehr Aspekte mitdenken muss, wenn ich über die Stadt der Zukunft und smarte Gebäudetechnik nachdenke. Das zu verwenden, was schon da ist, Wärme und Strom einzusparen und erneuerbare Energien zu verwenden, scheinen die Stellschrauben zu sein, die das Bauen in der heutigen Zeit wirklich zukunftsfähig machen. Smarte Technik und Vernetzung erleichtern es vor allem, zu erkennen, wo das am besten möglich ist.

Etwas anderes, das ich aus dem Besuch im Effizienzhaus lerne, ist, dass größere Häuser mit mehr Wohneinheiten sinnvoller sind als Einfamilienhäuser. Auch die Haustechnik automatisch zu steuern bietet sich in Gebäuden, wo viele Menschen wohnen, eher an. »Für Einfamilienhäuser ist das, was wir hier an Technik haben, eher Spielerei«, sagt Felix Bartholomäus, und er macht mich auf einige Häuser im Netzwerk des Effizienzhauses Plus aufmerksam, bei denen das klar wird:

Eines ist das bekannte Aktiv-Stadthaus in Frankfurt am Main, in der Speicherstraße nahe dem Frankfurter Westhafen. Es wurde von einer städtischen Wohnbaugesellschaft entwickelt und erzeugt über das Jahr hinweg mehr Energie, als die darin wohnenden Menschen verbrauchen. Es entstand auf einem ehemaligen Parkplatz, ist also im Zuge der Nachverdichtung entstanden. Die Solarmodule befinden sich auf dem Dach und in der Fassade, die leicht geschwungen ist und dadurch beweglich wirkt. Das Strombudget ist schon in der Miete enthalten.

Das ist dann eher die Lösung für einfache Leute wie mich. Wenn ein solches Haus für die Nachbarschaft Strom produziere, steigere das auch die Akzeptanz, so Felix Bartholomäus. Das ganze Viertel ist dann stolz auf den Bau. Zusätzlich gebe es Carsharing, E-Tankstellen und Ladestationen. Es ist eingebunden, akzeptiert – weil der Nutzen für alle erkennbar ist.

Mir wird klar, der Gemeinschaftsgedanke ist wichtig.

»Der Traum der Menschen ist, autark zu leben«, sagt auch Felix Bartholomäus. »Aber das ergibt in Deutschland wenig Sinn.« Wenn alle kooperieren und es faire Nutzungsbedingungen gibt, müsse man nicht autark sein.

Ich frage ihn, was er für die Stadt der Zukunft unverzichtbar findet.

»Aus meiner Sicht muss der Fokus auf dem nachhaltigen Bauen liegen. Rohstoffe waren lange Zeit zu günstig, und wir sind unachtsam damit umgegangen. Aber das kippt langsam: Der Rohstoff Holz wird immer teurer«, sagt er. »Ich würde ein Haus aus Recyclingmaterialien bauen, eines, das mit möglichst wenig Beton auskommt.«

Auf dem Heimweg vom Effizienzhaus lasse ich mir das alles noch einmal durch den Kopf gehen, die Smart Citys, die digitale Technik, die das Energiesparen sichtbar macht, den Anspruch, der nächsten Generation keinen Sondermüll zu hinterlassen, sondern alles recyceln zu können und neue Häuser aus den alten zu bauen. Brauchen wir wirklich immer mehr Technik, damit unsere Spezies überlebt?

Während ich mir über die ferne Zukunft Gedanken mache, ahne ich nicht, wie sich mein Leben schon in Kürze ändern wird. Noch ist es ruhig. Aber schon in wenigen Wochen werde ich eine neue Erfahrung machen.

Meine erste Pandemie.

Und wenn dir die smarte Welt gefällt?
Meine wichtigsten Erkenntnisse übers digitalisierte Zuhause

Möglich, dass Smart Homes die Zukunft sind, meine Zukunft sind sie jedenfalls nicht. Oder sagen wir, nicht im Ausmaß eines science-fiction-tauglichen Szenarios.

Wie smart soll dein Heim sein? Könntest du dir vorstellen, in einem Haushalt zu leben, in dem die Geräte miteinander vernetzt und per Computer steuerbar sind?

Hüpfburg oder Hightech-Tower? Wenn du ausprobieren willst, smarter zu leben: *Das* Smart Home gibt es nicht, sondern viele verschiedene Lösungen, Apps, Sprachassistenzen und Plattformen, je nachdem, wie technisiert eine Wohnung sein soll. Die Aufgaben von Rodrigos Smart-Home-Plattform kann auch ein anderes System übernehmen, das Sensoren und Haushaltsgeräte verknüpft und die Alltagsabläufe automatisiert. Sprachgesteuerte Systeme wie Alexa oder Siri machen im Grunde genommen das Gleiche.

Welche digitale Dosis ist für dich richtig? Ein wenig smarte Technik kann jeder bei sich zu Hause einbauen – egal, ob in einer Wohnung oder in einem Haus, ob zur Miete oder im Besitz. Wie sinnvoll es ist, sich zu Hause zu verkabeln, zu verdrahten, zu vernetzen? Die Frage ist, was du damit in erster Linie erreichen möchtest: Steht deine Bequemlichkeit im Vordergrund oder ist dir smartes Stromsparen wichtig?

Stromsparspäßchen erwünscht? Miss nach, welche Geräte in deinem Haushalt besonders viel Strom fressen – und entwickele einen Stromplan für sie. Das Bündnis »Stromspiegel« hat ermittelt, dass der meiste Strom in unsere Unterhaltungsecke fließt: 28 Prozent aller verbrauchten Energie werden für Fernseher, Computer und Home-Entertainment-Systeme aufgewendet. Schon wenn du sie – per Smart-Home-System oder händisch – nicht dauernd im Stand-by-Betrieb lässt und deinen Computer ausschaltest, statt ihn in der Pause laufen zu lassen, kannst du deinen Energieverbrauch senken.

Offen für alles? Dies ist eine wichtige Entscheidung, die du gleich am Anfang treffen solltest: Man spricht bei Smart Homes von offenen, teiloffenen und geschlossenen Systemen – geschlossen ist ein System dann, wenn es aus den Produkten eines einzigen Herstellers besteht, offen, wenn alle möglichen Marken verwendet werden können – und teiloffen eben, wenn sich einige kompatible Produkte in das System einer Firma einbinden lassen. Achte auch auf Updates zu offenen Standards – manche recht geschlossenen Systeme erhalten im Nachhinein die Möglichkeit, Geräte von anderen Herstellern ins Netzwerk einzubinden.

Aus alt mach smart. Auch ältere Geräte kannst du fernsteuern und in dein Smart-Home-System eingemeinden, indem du sie an eine Funksteckdose anschließt. Es lohnt sich aber gegenzurechnen, wie viel Strom du damit einsparen könntest, etwa mit einem Strommesser. Denn ein Zusatzgerät für eine Lampe zu kaufen, die mit einer Energiesparbirne ohnehin nicht viel Strom zieht, verbraucht mehr Ressourcen, als du einsparst.

Praktisch, schick und überwacht? Natürlich ist es bequem, smarte Technologie zu Hause zu haben. Immer mehr Geräte lassen sich mit dem Internet verbinden. Und was im Internet ist, kann potenziell gehackt werden. Wenn du verhindern willst, überwacht zu werden, solltest du immer darauf achten, dein Standardpasswort so sicher wie möglich zu machen, und es regelmäßig ändern. Du bist gut beraten, im Netz keine Daten zu teilen, die es erleichtern, auf deine smarten Geräte zuzugreifen, also Seriennummern, IP-Adressen und andere Informationen. Und es empfiehlt sich, up to date zu bleiben, was Sicherheitslücken angeht. Aber Obacht: Auch in der Hardware kann sich Spionagesoftware verstecken. Und ganz lupenrein lässt sich eine ferngesteuerte Überwachung sowieso nur dann vermeiden, wenn die Geräte gar nicht mit dem Internet verbunden sind und das auch nie waren – das nennt sich »air-gapped«.

Der Sonne hinterher? Balkonkraftwerke, wie Rodrigo eins benutzt, rechnen sich für dich inzwischen in vielen Bundesländern noch mehr: Sie werden nämlich – in Berlin seit 2023 – auch bezuschusst. So sparst du schon nach kürzerer Zeit Stromkosten, und gerade in der Energiekrise lässt dich das ruhiger schlafen. Wenn das etwas für dich sein könnte, schau auf jeden Fall, ob du einen modernen Stromzähler hast. Veraltete Ferraris-Zähler mit Rücklaufsperre oder einphasige Wechselstromzähler nützen dir nichts, dann solltest du den Zähler besser vorher austauschen.

Und jetzt nehme ich dich wieder mit auf meine Reise, und zwar in die Zeit der Pandemie. Sie hat am Leben in der Stadt so viel verändert, dass ich irgendwann dringend einen Ortswechsel brauchte.

Landpartie für Stadthasen

Ein Leben ohne Auto ist nicht unmöglich, aber sinnvoll

Silvester naht, die Zeit zwischen den Jahren ist wie immer meine Lieblingszeit, so ruhig. Geplant ist, dass ich in meine Moabiter Butze zurückkehre, sobald es wärmer ist. An ein nächstes Wohnexperiment denke ich noch nicht, ich will es entspannt angehen lassen.

Ende Januar gehe ich für mein neues Buch *Mein Leben in drei Kisten* auf Lesereise quer durchs Land. Ich bekomme nur nebenbei mit, wie sich die News zu einem neuartigen Virus verdichten, das möglicherweise aus einem Ort namens Wuhan in China stammt. Ein Mann in Bayern hat sich wohl damit infiziert, aber es scheint alles unter Kontrolle.

Doch dann gibt es immer mehr Fälle. Die Ortschaft Gangelt im Kreis Heinsberg erlangt unrühmliche Bekanntheit, weil ein dortiges Jeckentreffen zum Superspreader-Event wird. In kürzester Zeit trägt der globalisierte und hypermobile Teil der Menschheit – sprich: alle, die sich Flüge leisten können – das Virus in sämtliche Erdteile.

Fast bin ich erleichtert, als die ersten Veranstaltungsorte ihre Lesungen mit mir absagen, weil sie fürchten, zum Turbo für das Virus zu werden. Mitte März schließt Deutschland teilweise seine Grenzen, in den Schulen findet kein Unterricht mehr statt, die epidemische Notlage wird erklärt. Ende März gehen wir in den Lockdown. In den Nachrichten die Katastrophenbilder aus Italien mit den Militärlastwagen, die die vielen Toten zu den Krematorien der Umgebung fahren. Die Angst einer Bekannten, die in

Bergamo lebt, geht mir sehr nah, auch meine Freundin Christine in Norfolk kann nicht mehr vor die Tür gehen, als Epileptikerin und mit ihrer chronischen Lungenkrankheit ist sie besonders gefährdet.

Das einzig Gute ist, dass meine Oma das alles nicht mehr erleben muss. Im Heim würde ich jetzt um sie bangen – mit ihren fast hundert Jahren hätte sie wohl zur Superrisikogruppe gehört.

Nicht nur die restlichen Reisen, auch weitere Wohnexperimente sind unmöglich angesichts dieser Lage, die sich zunehmend verschärft. Langsam wird es frühlingshaft, aber soll ich wirklich wieder in meine Wohnung zurückkehren? In Alaska wäre ich jetzt ganz allein, denn Inga ist im Homeoffice bei ihrem Freund im Sauerland. Zu meiner Familie mag ich nicht, da keiner weiß, ob Zugreisen für Infektionen verantwortlich sind.

»Bleib doch noch«, meint Rodrigo. »Ich hab mich schon an dich gewöhnt.«

Als Inga einige Wochen später fragt, ob sie Alaska an eine Bekannte weitervermieten kann, die dringend ein Zimmer braucht, überlege ich deshalb nicht lange. Wir lösen unseren Untermietvertrag auf. Ein bisschen Wehmut empfinde ich dabei, meine erste Berliner Butze loszulassen. Ich will aber auch nicht zwei Wohnungen belegen und nur in einer wohnen. Und wer weiß, wie lange das alles noch dauert?

Auch Rodrigo ist froh, im Lockdown nicht allein zu sein. Wir gehen abwechselnd einkaufen, stehen die Zeit durch, als Klopapier und Nudeln knapp werden, und entwickeln ein System, bei dem wir bunte Pokerchips für die Hausarbeit verteilen – was dafür sorgt, dass wir uns beim Putzen gegenseitig auszustechen versuchen, um am Ende der Woche mehr Chips zu haben. Wer gewonnen hat, darf sich nämlich vom jeweils anderen etwas wünschen. Den Biomüll bringen wir beide nicht gern in den Keller, wer also weniger Chips hat, den erwartet meist genau das.

Unverhofft habe ich den perfekten Pandemiebegleiter gefunden, falls es so etwas gibt, denn mein bester Freund hat einige

Features, die gerade jetzt wichtig sind. Rodrigo bewahrt in dieser für uns alle schwierigen Lage die Ruhe, und er kocht sehr gern. Noch lieber isst er. Wenn er sich ein Brot macht, ist es oft ein kleines Kunstwerk: Mit spitzen Fingern legt er zärtlich noch ein Basilikumblatt obendrauf. Und wenn er Lasagne für uns zubereitet – eine kleine Auflaufform für mich mit der veganen Variante, eine mit Kuhkäse für ihn –, dann ist der Duft, der sich in der Küche ausbreitet, wie eine leckere Umarmung.

Ich genieße das, aber am meisten freut er sich selbst darüber. »Ist das köstlich.« Er schiebt sich eine Gabel in den Mund. »Leck mich am Arsch.«

Und er hat Humor, das ist vielleicht sogar die wichtigste Eigenschaft in dieser Zeit. Schon im Verlag hat Rodrigo gerne Schabernack angestellt. Viele der Anekdoten, in denen er die Hauptrolle spielt, sind in die Firmengeschichte eingegangen. Zugleich ist er der Freund, den du anrufst, wenn es dir schlecht geht, denn er verfügt über die genau richtige Mischung aus Mitgefühl und schrägem Witz.

Wenn draußen auf der Straße einmal jemand hupt, als gäbe es dafür ein Sternchen im Scheckheft, wendet er sich freundlich lächelnd in Richtung Fenster und sagt: »Wenn dich Autofahren so aufregt, dann lass es doch lieber.« Ich muss lachen. Was ihn nur anspornt, beim nächsten Tröten noch einen draufzusetzen. Er macht eine Hup-Geste. »Hoooorst, Hooooooooorst«, sagt er dabei, »ich bin ein Vollhoooooooooorst!«

Allein in Alaska hätte ich vermutlich schon längst vor Anspannung in die Tischplatte gebissen.

Also, die Pandemie besorgt uns beide, aber wir kommen im Großen und Ganzen mit ihr zurecht. Unsere Aufträge sind langfristig geplant, und wir können von zu Hause aus arbeiten. Mir ist wohl bewusst, was für ein Glück ich habe und wie privilegiert ich bin, denn es ist klar, was diese Zeit Menschen abverlangt, die finanziell knapp dastehen oder einen Job haben, der von zu Hause aus nicht zu erledigen ist. Überdeutlich wird in der aktuellen

Lage, wer die eigentlich wichtige Arbeit leistet und wie schlecht die Menschen meist dafür entlohnt werden. Auch, wie ungleich und rassistisch die Gesellschaften sind, denn weltweit sterben vor allem viele sozial schwächer gestellte Menschen, die sich eine räumliche Trennung, Arbeitsausfall und medizinische Versorgung nicht leisten können, und das sind überproportional viele Schwarze Menschen.

Im Sommer 2020 werden die Beschränkungen endlich etwas gelockert, Rodrigo und ich unternehmen viele Fahrradausflüge ins Umland von Berlin, oft sind wir im Grunewald und bis nach Potsdam unterwegs. Trotzdem fällt mir in unserer Bude zunehmend die Decke auf den Kopf. Das sage ich ihm, als wir auf einem unserer Ausflüge auf einer Bank rasten.

»Ich habe auch einen Koller.« Rodrigo trinkt einen Schluck, setzt die Wasserflasche ab, schaut eine Weile vor sich hin. »Und, was schlägst du vor?«

Ehrlich gesagt habe ich mich in letzter Zeit häufiger bei Tagträumen über die kleine Deichkate ertappt, die ich mir als Kind immer gewünscht habe. Es ist so weit, denke ich, jetzt probiere ich das endlich einmal aus.

»Was hältst du davon, wenn wir für eine Weile aufs Land ziehen?«, schlage ich Rodrigo vor. »Die Wohnung untervermieten, wenn wir dürfen, und uns für eine Zeit lang woanders einquartieren?«

Dass ich die Wohnexperimente zeitweise ganz aus den Augen verloren hatte, lag an der Pandemie. Denn seltsam dehnbar ist diese ganze Zeit, in der wir wie gelähmt jeden Tag auf die Infektionszahlen starren, verunsichert von sinnvollen und weniger sinnvoll erscheinenden Maßnahmen und den ganzen Debatten in Wissenschaft und Politik. Aufs Land zu ziehen wäre gerade jetzt ein gutes zweites Experiment: Ich müsste nur meinen Alltag ins Grüne verlegen. Alles andere könnte so bleiben, wie es ist, inklusive Mitbewohner.

Je länger ich darüber nachdenke, desto verlockender kommt

mir das Landleben vor. In Berlin gibt es eine Vorform davon, die Datsche in einer Gartenkolonie in den Außenbezirken. Wer eine Datsche hat, verbringt gerade jetzt viel Zeit dort. Ich wollte mir auch schon eine zulegen, aber wenig überraschend war ich nicht die Einzige, die diesen Einfall hatte. Schrebergärten sind knapp, die Nachfrage ist enorm.

Einige Kolleginnen folgen ihrer neu erwachten Sehnsucht nach dem Landleben und ziehen gleich ganz ins Grüne, weil sie sowieso von zu Hause aus arbeiten müssen und nicht einsehen, die hohe Miete in Köln, Hamburg oder München weiter zu bezahlen.

Diese Corona-Flucht lässt in vielen Großstädten die Mietpreise einbrechen, überall auf der Welt. In Manhattan stehen zeitweise mehr als fünf Prozent des Wohnraums leer, und viele Firmen kündigen ihre Mietverträge in New York und London, weil sie ihre Angestellten ins Homeoffice geschickt haben und den teuren Büroraum nicht mehr zahlen können oder wollen. Das, was ich nicht auf dem Schirm hatte, kann ich jetzt in Echtzeit beobachten: die Veränderung des Immobilienmarktes in Krisenzeiten.

Schon vor der Pandemie gab es einen deutlichen Trend zum Landleben, auch wenn die Stadt Berlin als eine der wenigen in Deutschland weiter mehr Menschen hinzugewonnen als ans Umland verloren hat. Eine Studie des Wohnfinanzunternehmens Interhyp ermittelte, dass nur noch 13 Prozent der Menschen überhaupt in Städten leben wollen, weil das Leben dort immer beengter und unbezahlbarer wird. 42 Prozent haben dabei das günstigere Wohnen im Blick, 30 Prozent träumen von mehr Platz. Aber das Landleben ist nicht für jeden Menschen etwas: Obwohl 47 Prozent der aus der Stadt weggezogenen Menschen es super finden, auf dem Land zu wohnen, wollen 42 Prozent wieder zurück zu ihrem Freundeskreis, ihrem alten Leben und den vielen Möglichkeiten der Stadt.

Ich möchte nicht ausschließen, dass es mir auch so gehen wird. Aber da draußen auf dem platten Land ruft nicht nur die Weite der Landschaft und des Meeres, ich sehne mich auch nach einer salzigen Brise, die mein Asthma lindert. Seit ich in der Hauptstadt lebe, bekomme ich stetig schlechter Luft, in diesem Jahr ist es besonders schlimm – später werde ich lesen, dass Berlin laut dem Luftqualitätsbericht der Europäischen Umweltagentur EEA 2019 und 2020 die schlechteste Luft in ganz Deutschland hatte. Das hängt vor allem mit dem Stadtverkehr zusammen: Stickstoffdioxid, bodennahes Ozon, aber vor allem Feinstaub belasten die Atemluft. Wegen meiner Beschwerden ist es höchste Zeit, auszutesten, wie es sich an einem weniger belasteten Ort wohnt.

»Gebongt«, sagt Rodrigo, der eine Weile still war. »Ziehen wir aufs Land!«

Am Abend setzen wir uns gemeinsam vor den Computer und suchen nach einem geeigneten Ort. Einige Eckdaten haben wir schon – wir brauchen funktionierendes WLAN, damit wir arbeiten können, und eine gute Raumaufteilung, weil wir kein Paar sind. Eine nette Hausgemeinschaft wäre schön, damit ich das rummelige Stadtgefühl und meine Freundinnen nicht vermisse.

Grundsätzlich könnten wir überall hinziehen, aber Norddeutschland wäre mir am liebsten. Und das trifft sich, weil ein guter Freund von Rodrigo, den er seit Beginn der Pandemie nicht besucht hat, in Husum wohnt. »Halt!«, rufe ich plötzlich, weil mir beim Scrollen eine Anzeige ins Auge fällt. Das Haus sieht nicht ganz so aus wie in meiner Vorstellung als Kind, aber es kommt dem schon sehr nahe. Ein umgebauter alter Kuhstall mitten im Naturschutzgebiet zwischen Husum und Büsum. Gar nicht so weit entfernt liegt der bekannte Luftkurort St. Peter-Ording.

Das Haus ist direkt an einem Deich im Binnenland gelegen. Die Fotos zeigen einen Garten, in dem ein knorriger Obstbaum steht. Das ehemalige Gehöft ist teilweise erhalten, der Kuhstall wurde modern mit Glas und Metall zu einem Atelier und Wohnungen umgebaut. Es gibt zwei Schlafzimmer und eine Wohnküche, auf den Fotos sehen die Räume hell und freundlich aus. Der Blick vom Fenster übers Land ist weit, das Meer ist fußläufig erreichbar, es gibt schnelles Internet und in der Beschreibung steht, dass es eine Hausgemeinschaft ist, in der sich alle gut verstehen. Der Text ist mit einigen Zeilen von Theodor Storm überschrieben, der aus Husum stammte: »Hin gen Norden zieht die Möwe, hin gen Norden zieht mein Herz …«

Ja, okay, das Haus ist ein bisschen sehr im Grünen – es liegt rund zehn Kilometer von Husum entfernt. Die wichtigste Frage wäre dort wohl, ob wir wirklich ohne Auto auskommen können. Ich will mir auf keinen Fall je wieder solch eine stinkende Kiste anschaffen, die laufende Kosten verursacht und die Umwelt durch Reifenabrieb und Abgase schädigt. Aber mein norddeutsches Herz hat sich schon in diesen Ort fernverliebt. Ich beschließe, es darauf ankommen zu lassen – es geht mir ja genau darum, herauszufinden, wie es ist, mitten auf dem Land zu wohnen.

Als wir gemeinsam auf die Karte schauen, stellen wir fest, dass auch der Ort mit dem nächsten Supermarkt drei Kilometer entfernt liegt. Rodrigo guckt erst sparsam, dann lacht er. Der Ort heißt Witzwort.

»Keine Frage, da müssen wir hin«, meint er. »Nach Husum zu Stephan ist es zwar etwas weiter, aber mit dem Pedelec geht das.«

Er ruft den Freund gleich an. Stephan ist auch begeistert. »Bleib bloß wech«, sagt er mit eindeutig norddeutschem Akzent. »Wir sind hier lieber unter uns.« Die beiden lachen.

Stephan und Rodrigo haben die seltsame Vorliebe, sich gegenseitig anzupampen. Trotz der Distanz von über 400 Kilometern besuchen sie sich regelmäßig und spielen dann leidenschaftlich gern Brettspiele wie *Zombicide* oder *Oathsworn*.

Nachdem wir uns mit der Vermieterin einig geworden sind, vergeht die nächste Zeit mit Vorbereitungen. Wir möbeln unsere Räder auf, ich nehme mein elektrifiziertes Klapprad mit, denn das wird die Wege doch sehr erleichtern. Und wir mieten einen Transporter, um unsere Siebensachen nach Schleswig-Holstein ins Naturschutzgebiet zu bringen. Eiderstedt, die Halbinsel, auf der wir die nächste Zeit verbringen werden, hat rund 23 000 Einwohner, in unserem Örtchen wohnen etwa 200 davon.

Sicher ein ganz anderes Lebensgefühl.

Eines weiß ich schon jetzt: Der Dreck auf den Straßen, der Lärm und die vielen, vielen Autos werden mir nicht fehlen. Schon bevor ich nach Berlin gezogen war, hatte ich meinen Wagen endgültig abgeschafft. Seitdem fällt mir umso mehr auf, wie viel Platz die Autos anderer einnehmen. Die überwiegende Zahl der Stadtautos steht 95 Prozent der Zeit einfach nur im öffentlichen Raum herum, wie das Zukunftsinstitut schreibt. Meine ganze Straße ist gefühlt bis auf den letzten Zentimeter zugeparkt, Fahrradständer gibt es dagegen keine, weshalb viele ihr Rad einfach am nächsten Zaun oder einer der kleinen Straßenbaumeinfassungen anketten. Je länger ich mir das ansehe, umso mehr ärgert es mich, dass dem Blech mehr Platz eingeräumt wird als den Menschen und den umweltfreundlichen Verkehrsmitteln.

Fahrradfahren in der Stadt ist auch gefährlich. Ich hatte schon etliche knappe Unfälle und einige schmerzhafte, beschönigend »Dooring« genannte Zusammenstöße mit Autotüren, die jemand, ohne nach dem Parken in den Rückspiegel zu schauen, einfach geöffnet hat. Es grenzt an ein Wunder, dass ich als Radfahrerin in meinem Alter noch alle Zähne habe und nicht vom Hals an paralysiert bin. Jedes Mal, wenn ich an einem weißen Fahrrad vorbeikomme, das an einen tödlichen Radunfall erinnert, zieht sich in mir alles zusammen, denn ich ahne: Bisher habe ich einfach Glück gehabt.

Ist doch klar, Stadt macht aggro – die Hektik, der Lärm, die vielen Menschen, die vollen Straßen. Das ist einfach so, ich kann nichts dagegen tun. Oder? Sicher wird auf dem Land weniger gerast und rücksichtsvoller gefahren.

Schon Wochen vor dem Umzug nach Nordfriesland träume ich von der Freiheit auf dem Land, davon, tun und lassen zu können, was ich will. Von der Ruhe, vom Leben im Einklang mit der Natur. Davon, wie wir durch die raue Landschaft streifen und uns an langen Abenden vorm Kamin erzählen, was das Licht und die Weite mit uns anstellen. Ich male mir aus, wie mein Schreiben durch die Einsamkeit und die Gemeinschaft auf ein ganz neues Level gehoben wird. Und mein Asthma löst sich natürlich in Wohlgefallen auf. Atmen gehört für mich definitiv zu einem guten Lebensgefühl dazu. Ich sehe mich im Südwester auf dem Deich gegen den Wind anstrampeln, endlich angekommen in meiner inneren Kinderheimat.

Rodrigo überlegt, dass wir auf dem Land besser ein Haustier adoptieren könnten. Er hätte gern einen Hund aus dem Tierheim. Ich träume seit Langem davon, Hühner von Rettet das Huhn e. V. aufzunehmen, die vor der Tierindustrie bewahrt wurden. Und so ertappe ich mich zwischendurch immer wieder bei dem Gedanken: Vielleicht wird das sogar unverhofft mein letztes Wohnexperiment und ich bleibe gleich da?

Es ist ein spätsommerlicher Tag, als wir in Berlin unsere Sachen in einen kleinen Mietbus packen, in den auch unsere Räder passen. Wir machen noch einen Coronatest, um ihn der Vermieterin vorlegen zu können, dann kann es losgehen. Den Transporter will ich nach dem Ausladen am Zielort mit meinem Rad im Laderaum nach Husum fahren, den Wagen dort abgeben und anschließend zum Kuhstall zurückradeln.

Die Fahrt nervt, nicht nur, weil ich den motorisierten Individualverkehr nicht mehr gewohnt bin, sondern auch, weil wir durch das Nadelöhr Hamburg durchmüssen. Im Zug kann ich wenigstens lesen, hier muss ich auf die Fahrbahn starren und mich konzentrieren. Ich kann es kaum abwarten, anzukommen und endlich die frische Meeresbrise zu schnuppern.

Endlich biegen wir auf den Deich ein, an dem das Haus liegen soll. »Da vorn muss es sein.« Rodrigo deutet auf eine mit grobem Kies bestreute Einfahrt, die von der schmalen Straße auf der Deichkrone abzweigt.

Das Anwesen hat keinen Filter nötig – es sieht genauso idyllisch aus wie auf den Fotos. Halb erwarte ich, dass auch unsere Gastgeberin aussieht wie aus dem Gudrun-Sjödén-Katalog. Auf Rita bin ich nicht vorbereitet.

»Anne? Rodrigo?«, höre ich eine Stimme hinter mir. Unsere Vermieterin ist im Garten, wir waren an ihr vorbeigelaufen. Als ich mich umdrehe, sehe ich eine Pensionärin in beigefarbener Steghose, mit auftoupierten Haaren und einer Bluse unter einem teuer wirkenden grob gestrickten Pullover.

Rita begleitet uns in die Erdgeschosswohnung und zeigt uns alles. Rodrigo nimmt gleich das erste Zimmer, das vom Flur abgeht. Genau wie meins hat es einen Blick in den hinteren Garten, wo der Obstbaum steht. Das Bad ist ein lang gezogener, hellgrau und blau gefliester Raum, ganz am Ende ist die Toilette, vorn die Dusche und zwei Waschbecken. Die Küche ist modern eingerichtet, wir werden wohl nichts vermissen.

Auf dem Esstisch stehen eine Flasche Weißwein und ein Drahtkörbchen mit einigen buckligen Birnen und einem etwas angedetschten Apfel. Rita schenkt uns ein Lächeln und weist auf das Obst. »Aus unserem Garten!« Weil mir so warm ist, ziehe ich mir den Schal herunter und hänge meine Jacke auf einen der Bügel an der Garderobe. Auch Rodrigo hat nach wenigen Minuten im Haus bereits leichte Schweißperlen auf der Stirn.

»Alles, was ihr sonst wissen müsst, steht in der Hausordnung.« Rita weist auf ein Papier neben den krumpeligen Birnen. »Bitte gut befolgen, dann gibt es keine Probleme mit unserer kleinen Gemeinschaft.« Sie erzählt, dass nebendran eine Geschäftsfrau wohnt, die viel verreist. »Und über euch lebt Gertrud, sie ist Heilerin, wir nennen sie liebevoll unsere Druidin.«

Ich stehe am Fenster und bin ein wenig abgelenkt, weil sich im ausladenden Geäst der Vogelbeere ein Schwarm Stare niedergelassen hat. Unbewusst rücke ich etwas näher, um sie besser zu sehen. Autsch! Der Heizkörper glüht förmlich. Darum ist es so heiß hier drin! Aber warum? Draußen sind es bestimmt zwanzig Grad, und mir ist hier drin so warm, dass ich am liebsten auch noch meinen Pullover ausziehen würde.

»Danke, dass du es uns so schön warm gemacht hast«, sage ich zu Rita und drehe die Heizung aus. »Es ist ja noch gar nicht so kalt draußen, wir sind nicht empfindlich und sparen gern Heizkosten.«

Rita ist wie ein Steghosenschießhund an der Heizung und dreht sie wieder auf. »Bitte immer auf mindestens 25 Grad heizen«, sagt sie knapp. »Es ist ein altes Gebäude, wir wollen nicht riskieren, dass es schimmelt.« Als sie weg ist, dreht Rodrigo die Heizung wieder aus. »Sonst sterbe ich den Hitzetod«, sagt er.

Ich weiß, das Umweltbundesamt empfiehlt gegen Schimmelbildung unter anderem, ausreichend zu heizen und zu lüften, vor allem, wenn durchs Kochen oder Wäscheaufhängen Feuchtigkeit entsteht. Das bedeutet aber im Normalfall, dass die Temperatur nicht unter 16 Grad sinken sollte. Und nicht, dass ich in einer Sauna leben muss.

Weil ich von der langen Fahrt hungrig bin, wasche ich mir eine der beuligen Birnen. Dann setze ich mich an den Küchentisch und nehme mir die Hausordnung vor. Es stehen eine Menge Regeln darin.

- *Nach 22 Uhr ist strenge Ruhezeit!*
- *Die Türen werden bitte vorsichtig geschlossen!*
- *Es ist vor allem in der Ruhezeit auf Zimmerlautstärke zu achten!*
- *Auf Radio und Fernsehen ist gegebenenfalls zu verzichten!*
- *Der Garten darf benutzt werden, aber bitte keine Stühle aufstellen!*
- *In der Wohnung darf keine Wäsche getrocknet werden!*

Noch können wir die Wäsche draußen auf die Leine hängen, aber was, wenn es kälter wird? Gedankenverloren schneide ich mit einem Obstmesser ein Stück von der beuligen Birne ab und stecke es in den Mund. Sofort spucke ich es wieder aus. Es ist eine Quitte.

Während Rodrigo im Gepäck nach den Nudeln sucht, setze ich ihn von den Regeln in der Hausordnung in Kenntnis. Nach dem Essen packen wir aus und richten uns ein.

Aus meiner Sicht gibt es zwei Arten von Reisenden: solche, die im Urlaub alles in die Hotelschränke räumen, und solche, die zu faul sind, ihren Koffer auszupacken, und sich direkt ins Abenteuer stürzen. Normalerweise gehöre ich zu letzterer Kategorie. Fremde Schränke kommen mir oft klamm und ungewohnt vor, und es ist mir einfach latte, ob ich morgens im Koffer zwischen Socken nach einer frischen Unterbux angeln muss.

Aber das hier ist kein Urlaub. Der umgebaute Kuhstall in Nordfriesland soll für die nächsten Wochen unser Zuhause sein. Ich will mich heimisch fühlen und in die Gemeinschaft eintauchen. Und so beginne ich, meine Sachen in die Regale zu räumen, hänge einen Hoodie und eine Bluse an die Kleiderstange. Bis auf ein Bett und einen Sessel steht nichts in dem Zimmer, und ich frage mich, ob ich mir wohl mit Ritas Hilfe einen Arbeitsplatz am Fenster einrichten kann. Vielleicht hat sie noch einen kleinen Tisch?

Bei der Zimmerinspektion treffe ich auf einige Weberknechte und sehe vor dem Fenster mitten in ihrem Netz eine dicke Kreuzspinne. Ich lächele. Das muss diese Natur sein, von der alle reden.

Früher habe ich mich vor Spinnen gegruselt, aber je länger ich mich damit beschäftigte, was für nützliche Tiere sie sind, desto weniger fürchtete ich mich vor ihnen. Heute finde ich die langen Beine von Weberknechten unfassbar elegant und bin beeindruckt, wie gut das Netz der Kreuzspinne gewoben ist, sodass es auch heftigen Windstößen widersteht.

Die restlichen Tage der Woche gehen Rodrigo und ich auf dem Deich spazieren, wir treffen uns mit Stephan und seiner Frau auf dem Hafenflohmarkt in Husum, erkunden den Weg zum drei Kilometer entfernten Einkaufsmarkt in Witzwort und kaufen dann doch das meiste in Husum ein, weil fast alles Gemüse in dem kleinen Edeka in Plastik abgepackt ist. Bauernware gibt es allenfalls von den konventionellen Landwirtschaften um uns herum, und ich vermisse schmerzlich die Vielfalt des Bioladens um die Ecke in Berlin.

Ich liebe es, mit dem Fahrrad zwischen den Feldern zu fahren – noch ist es warm genug –, den Wind um die Nase zu spüren, die Kraniche aus dem Feld aufsteigen zu sehen und wie sich Husum langsam aus dem platten Land herausschält, wenn ich auf dem Radweg näher komme.

Nur die Autos nerven nach wie vor, wenn auch etwas anders. Nicht überall gibt es Radwege, und an einigen Stellen muss ich ein Stück auf der Straße fahren, sodass ich mit siebzig bis hundert Stundenkilometern überholt werde. Gerade wenn es regnet oder schon dunkel ist, fühle ich mich sehr ungeschützt. Wer immer auch in den Autos sitzt, die an mir vorbeibrausen – nach ihrem Fahrverhalten scheinen viele noch nie auf einem Fahrrad gesessen zu haben, sonst würden sie nicht so eng überholen.

Sosehr ich diese Nahtoderfahrungen fürchte: Wenn ich weiterradle, während die Sonne tief über den Gräsern steht und aus einem Teich die Enten aufflattern, sodass die Wasseroberfläche sich rippt und Kreise bildet, dann vergesse ich alles, selbst den Schreck auf der Landstraße.

Das Radfahren und die viele frische Luft machen Appetit, aber mein Atem rasselt vor allem morgens komischerweise immer noch sehr. Klar, meine Lunge erholt sich nicht über Nacht – aber dass es hier schlimmer wird, wundert mich doch etwas. Vor allem seit ich in letzter Zeit im Schlafzimmer arbeite, habe ich große Probleme. Erst hatte ich meinen Laptop am Küchentisch aufgeklappt, dann hat mir Rita einen kleinen Tisch gegeben, den ich im Schlafzimmer vors Fenster stellte, um beim Arbeiten zwischendurch die Vögel zu beobachten. Auf dem Rasen unter dem Nicht-Birnen-sondern-Quittenbaum jagen sich die Amseln, eines Tages kommt sogar ein Fasanenpärchen vorbei, das durch den Garten stolziert, als wäre der ein Laufsteg. Und als wir das erste Mal spät von einem Ausflug nach Husum zurückkehren, ist der Sternenhimmel über dem Haus ohne den Lichtsmog der Stadt einfach atemberaubend.

Allein solche Erlebnisse sind ein Grund, aufs Land zu ziehen, finde ich. Nur mit der Gemeinschaft läuft es etwas zäh. Rita ist freundlich, hält aber vermieterinnentypische Distanz. Und den beiden anderen Frauen würden wir uns gerne vorstellen, aber das hat bisher nicht geklappt. Zu gern würde ich die Geschäftsfrau fragen, wie es für sie auf Dauer ist, auf dem Land nur mit dem Rad unterwegs zu sein. Ein Auto besitzt sie nicht, das hat uns Rita erzählt. Aber sie ist selten da und ich sehe sie nur ein paarmal an unserem Fenster vorbeihechten, bevor sie auf ihrem E-Bike entschwindet.

Die Frau, die über uns wohnt, scheint auch kaum zu Hause zu sein. Wir hören weder Schritte noch öffnet sie, wenn wir die eiserne Außentreppe zu ihrer Wohnungstür hinaufgehen und klingeln. Vor ihrer Tür stehen Blumenkübel, und von hier oben habe ich einen weiten Blick übers Land. Genauso hatte ich mir das vorgestellt – es ist das Paradies!

Doch so paradiesisch es aussieht, bleibt es nicht lange.

Abends kocht Rodrigo oft, hört Musik mit mir – bis 22 Uhr – oder er fährt noch zu Stephan, um mit ihm zu spielen. Er kommt dann stets sehr spät wieder. In seinem Regencape sieht er aus wie eine nordfriesische Version von Sherlock Holmes. Wir erzählen meist noch ein wenig, bevor wir in unsere Zimmer gehen.

Eines Morgens steht Rita vor der Tür. Als ich öffne, marschiert sie an mir vorbei in den Flur. »Komm doch rein«, sage ich. »Wie geht es dir?« – »Ich wollte euch gern zum Tee einladen«, sagt sie. »Heute Nachmittag um drei, ja?« Und schon ist sie wieder weg.

Gemeinsam stehen wir wie vereinbart um drei Uhr nachmittags vor Ritas Tür.

»Dann wollen wir uns mal hinsetzen.« Sie bietet uns einen Platz an und schenkt Kräutertee aus einer Kanne mit Bauernmuster ein. Rita sitzt am Kopfende des Tisches, Rodrigo und ich rechts und links von ihr. Ein wenig kommt es mir vor, als wäre ich in der Schule und die Rektorin hätte uns zu sich zitiert. Haben wir irgendwas verbrochen?

»Ihr habt Gertrud noch nicht getroffen?« Ritas Frage klingt halb nach einer Feststellung. Ist sie verärgert, weil wir uns nicht stärker bemüht haben, die Nachbarin aufzusuchen? Vielleicht hätten wir einen Zettel dalassen sollen. »Gertrud ist Heilerin und sehr empfindsam«, sagt Rita. »Sie ist ein bisschen speziell.«

Es kommt heraus, dass sich die Druidin bei Rita darüber beschwert hat, wie laut wir seien. Wenn Rodrigo spätabends von Stephan zurückkehrt, bebe das ganze Haus.

»Das ist ein altes Haus, und es hat seine Bedürfnisse«, sagt Rita. »Also ist streng darauf zu achten, die Tür vorsichtig zu schließen.«

Das Haus ist eine alte Lady, die ich anders behandeln muss, schon klar. Aber wir sind bereits sehr leise. Ich beginne ein wenig an meiner Wahrnehmung zu zweifeln. Aber nicht nur das, Gertrud hört offenbar sogar, wenn wir nachts den Kühlschrank zumachen. Den Kühlschrank? Soweit ich mich erinnere, rühren wir den nach neun Uhr meist nicht mehr an – wenn ich zu spät noch esse, kann ich nämlich nicht schlafen. Rodrigos Miene ist undurchdringlich. Grübelt er wie ich darüber nach, wer eingedrungen sein könnte und die Kühlschranktür aufgemacht und zugeworfen hat?

»Es wäre schön«, sage ich dann, »wenn Gertrud sich direkt an uns gewendet hätte.« Rita runzelt die Stirn, als würde auch ihr gerade klar, dass das besser gewesen wäre. »Sie hat euch wohl nicht angetroffen«, sagt sie schnell und blickt weg. »Da hat sie eben mit mir gesprochen. Fakt ist, es gibt Hausregeln, an die ihr euch halten müsst. Gertrud ist eine langjährige Mieterin, und mir ist sehr wichtig, dass sie sich hier im Haus nicht eingeschränkt fühlt.« Rita nippt an ihrem Kräutertee. »Sie sagt, sie schläft kaum noch durch. Am besten, ihr besprecht das mit ihr selbst.«

Rodrigo nickt. »Na klar, wir melden uns einfach mal bei ihr. Oder, Anne?«

Ich nicke stumm, und Rita schreibt Gertruds Telefonnummer auf einen Zettel, den sie mir überreicht wie eine misslungene Klassenarbeit. Sie wirft einen Blick zur Küchenuhr. »Ich habe leider noch einen Termin.« In einem Schluck stürze ich meine Tasse Tee hinunter und verbrenne mir dabei den Schlund. Die Audienz bei Rita hat ganze 18 Minuten gedauert.

Zurück in unserer Wohnung setzen sich Rodrigo und ich an den Küchentisch. Wir müssen das Gehörte erst mal verdauen.

»Ich geh da nicht rauf«, sagt er. »Die Druidin kann mich mal. Wir waren nicht laut. Wir haben auf Zimmerlautstärke gewohnt. Es ist nicht unser Problem, dass die Wände aus Papier sind.«

Rodrigo ist eigentlich ein sehr friedfertiger Mensch, so kenne ich ihn gar nicht. Aber er weigert sich partout, die Druidin aufzusuchen, und so stapfe ich allein die Metalltreppe hinauf, um das mit Gertrud zu klären. Ich klopfe, da ich sie schon durchs Fenster in ihrer Küche am Tisch sitzen sehe. Hat sie auf mich gewartet? Milde lächelt sie, steht auf und kommt zur Tür.

Nun verstehe ich, warum Rita sie die Druidin genannt hat: Mit ihren langen weißen Haaren erinnert Gertrud an eine weibliche Ausgabe von Miraculix, wie er trägt sie vorwiegend weiße Kleidung, vom Langarmshirt und dem bodenlangen Rock bis zu den orthopädischen Schuhen. Gertrud öffnet die Tür und macht eine einladende Geste.

»Die Anne, wie schön, dass du mich endlich besuchst«, flötet sie. »Möchtest du einen Tee?«

Ich lehne ab, nicht noch einen Tee. »Ich komme, weil …«

»Was machst du denn beruflich?«, unterbricht sie mich.

»Ich schreibe Bücher«, sage ich. »Aber eigentlich bin ich hier, weil …«

»Und worüber?«

»Meistens geht es um Gesellschafts…«

»Ich finde das so schön, dass du so kreativ bist«, flötet Gertrud. »Ich merke schon, wir haben dieselbe Schwingung. Ich bin Heilerin, Medium und Künstlerin, und ich wollte immer schon ein Buch schreiben.«

Gertrud steht auf und holt einen dicken Ordner aus dem Regal, das mit vielen bunten Strasssteinchen beklebt ist. »Das Regal habe ich selbst gestaltet.« Gertruds Gesicht leuchtet auf, als sie meinen Blick bemerkt. »Es hat die Farben meiner Aura, damit meine geistige Kraft sich mit den heiligen Schriften vereint.«

Sie zeigt auf einige Bücher, die vorwiegend pink- und lilafarbene Cover haben. Auf den Buchrücken kann ich Worte wie Schamanismus, Kraft, Heilung, Astralleib und Geistwesen lesen. »Die Strasssteinchen habe ich günstig bei TEDi gekauft«, verrät sie mir und zwinkert.

Ich würde gerne auf die vermeintliche Ruhestörung zu sprechen kommen, aber Gertrud lässt sich nicht unterbrechen. Im Ordner sind ihre Notizen für ihr Buchvorhaben, sie geht sie mit mir durch. So erfahre ich alles über ihre Klientinnen, ihre Arbeit als Geistheilerin und warum es sie genau an diesen entlegenen Ort verschlagen hat. »Ich hatte einen Unfall, und da habe ich den Ruf vernommen. Also habe ich meinen damaligen Mann und meine Kinder verlassen.« Gertrud lächelt glücklich. »Das verstehen wenige, aber es war die richtige Entscheidung. Ich musste hierher in die Stille gehen, genau an diesen Kraftort.«

Inzwischen bin ich in eine Art Duldungsstarre verfallen, ich wünsche mir einfach nur, gehen zu können.

»Dieses Land, diese Ruhe, davon zehrt mein Geist«, schwärmt die Druidin. »Und darum ist es auch so wichtig, dass ich in der Stille bleiben kann.«

Oh, sie hat das Thema gewechselt. »Warum bist du nicht direkt zu mir gekommen, um zu sagen, dass du dich gestört fühlst?«

Gertrud stutzt kurz, ich sehe, wie es in ihr arbeitet. »Ja, also, ich hatte deine Telefonnummer nicht«, sagt sie schließlich. »Aber du musst verstehen, wie wichtig das für mich ist. Wer ich bin. Was ich höre. Was ich fühle. Und ihr seid einfach zu laut! Ich dachte, ich komme euch entgegen und probiere aus, woher die Geräusche stammen könnten.« Gertrud öffnet und schließt nacheinander alle Türen ihrer Schränke. »Dann ist mir klar geworden, das muss der Kühlschrank sein. Schau mal, ich kann den so ...« – sie knallt die Tür zu – »... schließen oder so« – nun behandelt sie die Tür wie ein Neugeborenes. »Und da ist mir auch klar geworden, dass ich selber ihn noch viel leiser zumachen kann. Ist das nicht schön? Das war mir gar nicht bewusst.«

Ich erkläre verwirrt, dass ich die Kühlschranktür sicher nicht zugeknallt habe, schon gar nicht am späten Abend.

»Dann ist da nur noch ein Problem«, sagt Gertrud, als hätte sie mich nicht gehört, und geht hinüber zur Badezimmertür. »Bitte lasst doch nachts die Badezimmertür einfach offen, wenn ihr auf die Toilette geht. Das ist so laut, da falle ich aus dem Bett und kann bis um sechs Uhr nicht wieder einschlafen«, sagt sie mit betroffenem Blick. »Oder geht am besten gar nicht, ich halte es auch ein.«

»Ich kann ja aber nicht verhindern, dass ich nachts mal auf die Toilette muss«, sage ich, etwas heftiger als beabsichtigt.

»Also, diese Berliner Luft, die hier jetzt plötzlich reinweht.« Gertrud schnalzt mit der Zunge und schüttelt den Kopf. »Sieh mal, spätabends hat man doch auch gar nicht mehr so eine Verdauung, da ist der Körper ja in der Stille angekommen. Ich gehe abends nie auf die Toilette. Und übrigens benutze ich größtenteils sowieso keine Türen mehr. Und laufe abends immer so durchs Zimmer«, sie schleicht so behutsam von einer Diele zur nächsten, als gehe sie auf Eiern, »damit du dich nicht gestört fühlst.«

»Ich fühl mich ja gar nicht gestört!« Ich komme mir vor wie Hermann in dem Loriot-Sketch, der einfach nur dasitzen will, nicht denken, nicht spazieren gehen, nicht lesen. Sondern einfach! Nur! Dasitzen! Ich für meinen Teil will als Mieterin einfach nur nicht über den Boden schweben müssen. Und ich möchte weiter nach 22 Uhr auf die Toilette gehen dürfen. Ich erhebe mich in der Absicht zu gehen.

»Ich muss jetzt wieder an die Arbeit«, entschuldige ich mich. »Wir geben uns Mühe, die Vordertür leise zu schließen, aber leider kann ich nicht versprechen, dass ich nachts nicht auf die Toilette muss. Sag doch einfach Bescheid, wenn dich etwas stört, wir sind meistens unten.«

Die Druidin starrt mich an. »Tschüs«, sagt sie noch, bevor ich die Tür hinter mir schließe.

Unten erzähle ich Rodrigo gleich, wie es gelaufen ist. »Sie hat gesagt, sie ist hergekommen, um in die Stille zu gehen.«

Er setzt die Miene eines Mafiapaten auf. »Bei uns in Palermo gehen die Leute mit einem Block Beton an den Füßen in die Stille.« Er grinst. »Rate mal, was ich in der Zwischenzeit gefunden habe.« Er zeigt mir die Website der Druidin. In den selbst gedrehten Videos, die dort zu sehen sind, sitzt Gertrud am Küchentisch vor ihrem Bücherregal mit den Strasssteinchen. Sie spricht nicht, lächelt nur milde und verneigt sich ab und an mit vor der Brust zum Gebet gefalteten Händen wie eine ayurvedische Strassgöttin aus der Stillehölle.

Im Beschreibungstext zu den Videos sind die Worte S T I L L E und L E I S E groß und gesperrt getippt.

»Wen erreicht sie damit?«, frage ich mich laut.

»Mich«, sagt Rodrigo. »Ich bin davon so peinlich berührt, dass ich auf gar keinen Fall jemals zu ihr raufgehe. Die kann sich auch auf den Kopf stellen, ich benehme mich ganz normal, wie sonst auch.«

Ein wenig aus Frust und weil wir es lustig finden, beginnen wir, uns abends nur noch in einer eigens ausgedachten Zeichensprache zu verständigen. Wir sind damit noch leiser als zuvor, und wenn wir hin und wieder lachen müssen, halten wir den Kopf in ein Kissen.

Die nächsten Tage verlaufen ruhig. Wir benehmen uns genauso wie immer, nämlich rücksichtsvoll. Rita lässt sich nicht blicken, Gertrud beschwert sich weder bei ihr noch bei uns, und die Geschäftsfrau hechtet nach wie vor morgens und abends an unserem Fenster vorbei.

Käme ich wohl damit klar, hier länger zu leben?

Es stört mich gar nicht, dass es so abgelegen ist, aber um meine Mobilität müsste ich mich auf jeden Fall selbst kümmern. Ich kann nicht darauf warten, dass mir jemand ein Verkehrsnetz vor die Tür stellt. Ja, es gibt die Linienbusse, selbst Nachtbusse, die vielen Mitfahrbänke und auch Taxis. Ob sich die Husumer Verkehrsbetriebe bewegen ließen, für den Rufbus eine Haltestelle in der Nähe einzurichten? Eher wäre ich weiter aufs Rad angewiesen.

Als ich das Rodrigo erzähle, zuckt der mit den Schultern. »Gerade bei stürmischem Wetter und Dunkelheit nicht ganz ungefährlich, hier mit dem Drahtesel unterwegs zu sein – denk allein an die Ratte.« Als Rodrigo und ich eines Nachts aus Husum zurück nach Hause fuhren, war es stockduster und ich wäre beinahe in sein Hinterrad gekracht, weil er abrupt für eine Bisamratte bremste, die vor ihm über den Weg lief.

Ich frage mich, ob ich doch irgendwann wieder ein Auto brauchte. Oder auf Fahrgemeinschaften angewiesen wäre – immerhin sinnvoller, als eineinhalb Tonnen Stahl zu bewegen, nur um eine einzige Person zu transportieren, aber auch Automobilität. Beides würde sich anfühlen wie eine Niederlage, das ist mir jetzt schon klar.

Bei meinen langen Spaziergängen auf dem Deich höre ich den Podcast *She Drives Mobility* der Mobilitätsexpertin Katja Diehl. Ich bin oft verblüfft von den Lösungen zur Verkehrswende, über die sie mit ihren Gästen spricht. Wenn die das im Verkehrsministerium nur wüssten! Ich beschließe, mit Katja Diehl zu sprechen, sobald ich wieder in Berlin bin. Immerhin habe ich auch zum Stadtverkehr einige Fragen.

In einer Folge ihres Podcasts werde ich daran erinnert, welche Verkehrsmittel es früher auf dem Land gab. Als ich klein war, fuhren viele der Regionalbahnen noch, die im Laufe der letzten Jahrzehnte abgeschafft wurden. Wäre die Bahn mit der Stilllegung ihrer Strecken nicht so eifrig gewesen, gäbe es wohl jetzt auch die Erlebnisbahn Ratzeburg nicht, wo mein Freund Olli in einer bunten Lok wohnt und Gäste in fantasievoll gestalteten Eisenbahnwaggons übernachten können.

Ich kenne sogar noch das Konzept Postbus, das mancherorts auch Kraftbus hieß, mit dem früher sowohl Passagiere wie auch Briefe und Pakete befördert wurden. Als ich 1974 geboren wurde, verzeichnete der Postreisedienst mit 435 Millionen Fahrgästen die höchste Beförderungszahl seit seiner Gründung achtzig Jahre zuvor. Nur elf Jahre später wurde die Bude dichtgemacht. Warum? Als gemeinwirtschaftliches Unternehmen war die Post damals verpflichtet, auch Strecken aufrechtzuerhalten, die sich nicht rechneten. Zusammen mit dem Siegeszug des Privatwagens führte das Gebot der Rentabilität dazu, dass die Flotte der gelben Busse seit den Fünfzigerjahren immer weiter verkleinert wurde, 1985 wurde der Betrieb eingestellt.

Und so gibt es all das nicht mehr, es wurde aus wirtschaftlichen Gründen abgeschafft. Zumindest in Deutschland fahren keine Postbusse mehr. Anders als in Österreich und in der Schweiz, wo Postbusse und Postautos nach wie vor Gemeinden im ländlichen Raum verbinden. Mangelnde Investition in die Bahn und eine Fokussierung aufs Auto als Hauptverkehrsmittel gingen fortan Hand in Hand. Die Politik nahm sehenden Auges in Kauf, dass ländliche Regionen abgehängt wurden.

»In den 1990er- und 2000er-Jahren hat sich die Politik eher wachstumspolitischen Aufgaben zugewandt, weniger der Ausgleichspolitik«, erklärt Stadtentwicklungsforscher Stefan Siedentop gegenüber der *ZEIT*. »Es gab eine sehr starke gesellschaftliche Strömung, dass ein vermeintlich ›überforderter‹ Staat für viele öffentliche Aufgaben nicht mehr aufkommen könne. Die Privatisierungswellen haben deutliche Spuren im ländlichen Raum hinterlassen, etwa mit Blick auf den Rückbau öffentlicher Dienstleistungen oder die Stilllegung von Bahnstrecken.« Und so mussten gerade in den letzten dreißig Jahren immer mehr Dörfer und Kleinstädte auf einen eigenen Bahnhof und andere Leistungen aus öffentlicher Hand verzichten.

Wäre es nicht möglich – erstmals oder wieder –, auf dem Land Verkehrsmittel einzuführen, die uns unabhängiger vom Auto machen? Immerhin sind wir mitten in einer Klimakrise – und Krisen sind bekanntlich die Zeit für kreative Lösungen. Vielleicht wird auch die Pandemie das Leben auf dem Land nachhaltig verändern, indem neue Arbeitsprozesse entstehen und sich ein stärkeres Band zwischen Stadt und Umland bildet? Vielleicht wird dann weniger reflexartig betont, dass wir auf dem Land natürlich ein Auto brauchen – sondern nach umweltfreundlichen, gerechten und sozialen Lösungen geschaut.

Unmerklich schwindet das letzte Fünkchen Sommer. Die Stare kommen seltener zur Vogelbeere, weil immer weniger rote Früchte daran hängen, bei ausgedehnten Spaziergängen genießen wir das Meer nun stetig öfter bei Regen und Wind. Mit Stephan und seiner Frau pflücken wir ein wenig Queller am Westhavener Strand, doch der ist bereits zu salzig und zäh, um ihn auf die Pasta zu streuen. Jetzt im Herbst sammeln sich große Kranichschwärme auf den Salzwiesen, und Scharen von Nonnengänsen machen Radau. Sie bereiten sich auf den Flug nach Süden vor, Tausende bilden breite Wellen am Himmel, die ineinanderfließen wie eine einzige sich stets verändernde große Form.

Besonders traurig finde ich, dass ich unter den großen Fenstern des Hauses gleich zwei tote Vögel finde, eine Drossel und eine Meise. Rita stört das nicht, sie sagt, es sei eben so, weil wir im Vogelschutzgebiet leben. Aber müsste sie mit den Schutzbefohlenen dann nicht besonders behutsam umgehen, frage ich mich? § 44 des Bundesnaturschutzgesetzes regelt, dass geschützte Arten nicht getötet werden dürfen, und das betrifft auch den Tod an Glasflächen. Von Vogelschutzmarkierungen an den Fenstern will sie nichts wissen. Natürlich gibt es hier einfach mehr Vögel, aber ich habe ein mulmiges Gefühl dabei, sie in Gefahr zu bringen, nur weil ich durch ein großes Fenster einen besonders guten Blick auf sie haben will.

Auch sonst spielt der Umweltschutz in unserem Zwischenzuhause keine große Rolle. Rita kommt einmal rein und checkt die Ölheizung, es gibt weder Komposthaufen noch Biotonne, nur den normalen Hausmüll und eine Tonne für den Plastikmüll, beiden sieht man die Trennung nicht an. Im Badezimmer steht eine Dose mit Insektenspray, und Rita und Gertrud fahren beide eine Geländelimousine. Wie ich von unserer Vermieterin erfahre, beziehen sie den Strom immerhin von den Husumer Stadtwerken. Die bieten grundsätzlich zertifizierten Ökostrom an, wenn auch nicht, weil es hier in der Gegend so viele Windräder gibt. Jeder Stromanbieter kauft an der Börse einen Strommix ein, und auch der Strom aus Windenergie an der Küste wird an der Energiebörse in Leipzig meistbietend verkauft.

Als das Wetter schlechter wird und es immer häufiger regnet, erfahre ich, dass es im Haus mindestens drei Trockner gibt – jede der drei Frauen hat ihren eigenen. Die fressen viel Strom, werden aber immerhin mit Ökostrom betrieben. Problematisch ist nur: Rodrigo und ich müssen uns überlegen, wie wir mit unserer Wäsche umgehen – auf der Leine können wir sie jetzt nicht mehr aufhängen, und da Rita keinen Lösungsvorschlag hat und wir sie nicht in der Wohnung trocknen dürfen, müssen wir auf Stephans Hilfe zurückgreifen.

Ohne Auto auszukommen, fiel uns bisher nicht schwer. Der Weg zum Supermarkt in Witzwort ist schon nicht mehr der Rede wert und mit den E-Rädern bis nach Husum zu fahren auch nicht. Eine gute Idee finde ich die Mitfahrbänke, wo ich an Schildern einstellen kann, zu welchem Ort ich möchte. Da wir uns aber immer noch in der Pandemie befinden und schon vom nächsten Lockdown die Rede ist, verkneifen wir es uns, sie in Anspruch zu nehmen. Der Bus hält zwar auf Wunsch im Nachbarort, aber solange das Wetter gut genug ist, um Rad zu fahren, bleibt das unser Lieblingsverkehrsmittel. Besonders genießen wir, dass ab Husum ein Zug bis nach Westerland fährt, in dem wir die Räder mitnehmen können.

Aber im Herbst wird es stürmischer. Gegen den Wind anzustrampeln ist selbst mit Elektromotor nicht leicht, und wenn der Regen von allen Seiten kommt, hilft auch Rodrigos Friesland-Sherlockmantel nicht mehr. »Ach was«, sagt Stephan, als ich das anspreche, »das büschen Wind jetzt ist doch noch gor nix. Sturm ist erst, wenn die Schafe keine Locken mehr haben.« Er erinnert mich an Orkan Sabine, der Anfang Februar mit 200 Sachen übers Land gefegt war. Da würde ich sofort vom Rad fliegen.

Aber gerade im Naturschutzgebiet müsste es doch möglich

sein, ohne Auto auszukommen, denke ich. Hier erscheint es mir besonders absurd, mich mit fossilen Treibstoffen fortzubewegen. Ja, die Abgase merke ich hier nicht so sehr wie in der Stadt, weil sich alles besser verteilt. Aber der Verkehr auf der Landstraße nach Husum ist bisweilen schon sehr stark.

Zu guter Letzt geht auch das, was ich mir für mein Asthma erhofft hatte, bis zum Ende unseres Aufenthalts nicht in Erfüllung. Obwohl wir viel mehr Rad fahren als sonst und dauernd an der frischen Luft sind, wird es nicht besser mit meinem Geröchel, im Gegenteil. Wenn ich mich morgens aus dem Bett rolle, keuche ich immer heftiger. »Ist wohl nur ein Gerücht, dass die Luft hier so gut ist«, sage ich zu Rodrigo. »Ich würde gerne mal wieder richtig durchatmen.« Obwohl wir tagsüber in normaler Lautstärke miteinander sprechen, formt er mittlerweile aus Gewohnheit in unserer Zeichensprache ein Haus und ein Fragezeichen. »Vielleicht bist du gegen Ritas Haus allergisch?«

Mich überkommt keinerlei Wehmut, als wir am Ende der Zeit unsere Sachen packen und in den Sprinter laden, den ich mit dem Rad aus Husum geholt habe. Als wir alles verladen und noch einmal durchgesaugt haben, verabschieden wir uns recht förmlich von Rita, die gerade in ihrer Steghose lauter in Plastik eingepacktes Gemüse ins Haus trägt.

Rodrigo steigt schon in den Miet-Sprinter, als mir einfällt, dass ich was vergessen habe. »Mein Handyladekabel!« Ich laufe über den Kiesweg zurück zum Haus. Es muss irgendwo in meinem Schlafzimmer sein, vielleicht ist es hinter das Kopfende des Bettes gerutscht. Ich rücke das Bett leicht von der Wand ab, um nachzusehen. Und zucke zusammen.

Die gesamte hintere Wand ist mit schwarzem Schimmel überzogen. Ich habe die ganze Zeit nahe dieser Wand geschlafen, da ist es kein Wunder, dass mein Asthma nicht besser wurde. Der Schimmel muss vorher schon da gewesen sein, wahrscheinlich war Rita deswegen so erpicht darauf, dass wir die Heizung voll aufdrehen.

»Shit«, sagt Rodrigo, als ich ihm im Auto davon erzähle. »Und was willst du jetzt machen?«

»Ach, ich bin einfach froh, das jetzt hinter mir zu lassen«, sage ich. »Hat doch keinen Zweck, sie würde sowieso nur behaupten, dass es unsere Schuld ist. Dabei haben wir uns ja an ihre Anweisungen gehalten – nur dass wir nicht auf T-Shirt-Temperatur, sondern vernünftig geheizt haben.«

Als die Türen klappen, ich den Motor anlasse und wir über den Kies der Hofeinfahrt rumpeln, bin ich enttäuscht, dass ich hier nicht mein Traumzuhause gefunden habe. In der Studie der Interhyp, die ich mir angesehen hatte, stand, dass Durchhalten sich lohnt: Nach fünf Jahren auf dem Land geben 68 Prozent an, sehr zufrieden zu sein. Habe ich zu schnell aufgegeben?

Nein, ich denke nicht. Ich habe einiges über das Landleben gelernt, weiß, wonach ich Ausschau halten muss, etwa nach Eckpunkten, um wirklich ausreichend mobil zu sein; ich müsste doch etwas näher am nächsten Zughalt wohnen, sodass ich mit dem Klapprad auch für Fernreisen gerüstet bin. Es macht mir nichts aus, auch weite Distanzen mit dem Rad zurückzulegen, aber je stürmischer das Wetter, umso anstrengender und auch gefährlicher ist es. Wenn ich im Winter so vom Wetter abhängig bin, fühle ich mich zu unflexibel und zu sehr an einen Ort gebunden.

Auch wäre ich viel lieber in einer Gemeinschaft gelandet, in der sich alle mögen und gleiche Werte teilen. Aber die drei Frauen sind Einzelkämpferinnen, die zufällig im selben Haus wohnen und sich trotzdem lieber anrufen, wenn sie sich nicht beim Müllraustragen begegnen. So eine Gemeinschaft wie hier finde ich in jedem anonymen Großstadtwohnhaus, die werde ich nicht vermissen. Im Gegenteil: Dass Menschen, mit denen ich an einem Ort mitten in der Natur wohne, nicht umweltfreundlich leben, fühlt sich für mich jeden Tag aufs Neue grundfalsch an.

Fürs nächste Wohnexperiment passe ich das einfach an, nehme ich mir vor. Bezahlbar muss es sein, besser angebunden. Mit

Natur, ohne Schimmel. Sicher gibt es Konzepte, die das Leben und Arbeiten auf dem Land erleichtern. Immerhin sind wir digital vernetzt, das muss doch auch im ländlichen Raum neue Chancen bieten.

Tut es auch.

Aber bevor ich die finde, bekomme ich es noch einmal so richtig mit der Großstadt zu tun.

Stadt oder Land?
Wie du für dich herausfindest,
wo du am besten lebst

Stadt oder Land – das ist eine der klassischen Lebensfragen. Eiderstedt, also das Naturschutzgebiet, in dem wir gewohnt haben, ist ein teures Fleckchen Erde, weil es auch eine beliebte Urlaubsregion ist. Vielleicht ist das ein Grund, warum die Infrastruktur hauptsächlich aufs Auto ausgelegt ist – wer es sich leisten kann, dort zu wohnen, hat auch meist ein Auto. Meine wichtigste Erkenntnis aus diesem Experiment war wohl, dass es auch in der Infrastrukturlücke möglich ist, sich ohne eigenes Auto fortzubewegen.

Die Gemeinschaft war zwar noch nicht die richtige für mich, dennoch hat mir das Experiment gezeigt, dass ich mich dem Land nach all der Zeit in der Stadt nicht mehr verschließen möchte. Denn eines gefiel mir sehr gut: wie anders ich mich selbst wahrnehme, wenn ich in einer Umgebung bin, in der ich eher das Meer rauschen höre als den Straßenverkehr.

Wie ist es für dich? Würdest du mit der mangelhaften Infrastruktur auf dem Land zurechtkommen – oder umgekehrt mit dem Lärm und Tempo der Stadt?

Grundbedürfnis Mobilität. Du hast gelesen, wie es mir ging, ohne eigenes Auto auf dem Land zu wohnen. Für dich kann das ganz anders aussehen, wenn du in deiner Mobilität körperlich eingeschränkt bist, kleine Kinder hast oder an bestimmte Zeiten und Orte gebunden bist. Trotzdem sind wir oft weniger gezwungen, ein Auto zu besitzen, als es auf den ersten Blick scheint. Was du tun kannst, wenn du dich mit der Zwangsmotorisierung nicht abfinden willst?

Es gibt schon einige Ideen, die Mobilität im ländlichen Raum zu stärken. Carsharing ist eine, aber auch clevere Algorithmen können helfen: Seit einiger Zeit ist Ridepooling technisch möglich, also der Zusammenschluss von Fahrtwünschen. Menschen, die ein ähnliches Ziel haben, werden auf der Route vom Ecobus aufgepickt, einen festen Fahrplan oder Buslinien gibt es nicht. Gebucht werden kann der Kleinbus per App, Internet oder Telefon, und auch wenn es in der Stadt leichter ist, das Konzept umzusetzen – es geht auch auf dem Land. Flexa in Leipzig, die Göttinger Verkehrsbetriebe, EcoBus in Bad Gandersheim und im Oberharz machen es vor. https://ecobus-online.de

Und selbst aktiv zu werden hilft auch immer. Eine Frau im Nachbarort erklärte uns beispielsweise, dass sie die Husumer Verkehrsbetriebe so lange freundlich genervt habe, bis diese den Rufbus auch in ihrer Nähe halten ließen. Noch wirksamer ist es, sich mit anderen zusammenzuschließen und alternative Verkehrsmittel zu fordern.

Alles im Blick. Gibt es in deiner Umgebung einen Bahnhof, der mit dem Rad erreichbar ist? Dann kann ein Klapprad, das du gratis in der Bahn mitnehmen darfst, eine gute Lösung sein. Mein Faltrad funktioniert mit und ohne E-Motor. Ich möchte auf das gute Stück nicht mehr verzichten. Es erleichtert mir die Wege vor Ort, wenn ich in einer anderen Stadt bin. Im Zug oder Bus kann ich es einfach mitnehmen oder notfalls im Taxikofferraum verstauen und mich chauffieren lassen. Außerdem hilft mir ein Kofferrucksack, in dem meine Sachen faltenfrei bleiben, sodass ich auf diese Weise – Rucksack auf dem Rücken, Klapprad – auch für berufliche Reisen gut gerüstet bin.

Wohnungstausch & Co. Wenn du von der Stadt aufs Land wechseln möchtest, aber noch nicht weißt, ob es dein Ding ist – warum nicht für eine längere Zeit die Wohnung tauschen? Über ein Kleinanzeigenportal kannst du nach einer Tauschpartnerschaft suchen, genau wie über das Portal https://www.wg-gesucht.de – eine nette und interessante Eigenbeschreibung hilft. Auch über das Portal https://www.tauschwohnung.com, das in der Basisversion kostenlos ist, kannst du nach einer befristeten Tauschwohnung suchen oder deine anbieten, das gilt für Wohnungen in Deutschland, der Schweiz und Österreich.

Willkommen im Grünen. Wer aufs Land zieht, dem zahlen manche Gemeinden sogar ein Begrüßungsgeld oder laden ein, zur Probe dort zu wohnen. Görlitz etwa machte schon zwei Mal von sich reden, weil die Stadt Umzugswilligen zwei Monate Miete spendierte und ihnen noch ein Ticket für den öffentlichen Nahverkehr obendrauf legte. Auch Göhrde in Niedersachsen lädt zum Probemonat ein, und in Ottenstein bekamen zehn Familien gleich ein Grundstück geschenkt.

Are we family? Wenn du Gemeinschaft erwartest, musst du natürlich auch auf andere zugehen. Eine Bande entsteht nicht von selbst, es bedeutet, sich darauf einzulassen und auch Mühen in Kauf zu nehmen. Wie das Zusammenleben wirklich Früchte trägt – sozusagen Birnen statt Quitten –, erfährst du im Kapitel *Grüner wird's nicht.*

Zwei Zimmer, Küche, Bad, bankrott

Wie der Wohnungsmarkt scheiterte und warum uns das beunruhigen sollte

Frühjahr 2021. Blauer Himmel, ein mildes Lüftchen weht, als wir uns an der Sonnenuhr im Volkspark Wilmersdorf treffen, in der Nähe der viel befahrenen Bundesallee. Die Autos rauschen vorbei, es stinkt nach Abgasen. Seit Rodrigo und ich aus dem Deichhäuschen zurück sind, kommt mir Berlin lauter, giftiger und unfreundlicher vor als sonst. Im zweiten Lockdown, der noch immer anhält, ist es nicht mehr so ruhig auf den Straßen wie beim ersten. Da sich im Winter alle viel drinnen aufhielten, sanken die Infektionszahlen nicht so eindeutig wie noch beim letzten Mal. Schnelltests und Selbsttests, Impfungen und vergleichsweise flexible Schutzmaßnahmen begleiten uns weiter, die meisten Menschen sind der Maßnahmen müde, richten sich aber in dem Zustand ein.

Nicht nur ich bin froh über die steigenden Temperaturen – der Park ist voll.

»Ausflugswetter.« Pepe teilt die Westen aus. »Da unterschreiben sicher viele.«

Luisa und ich schlüpfen hinein, Klettverschluss zu, auf unseren Rücken steht jetzt *Deutsche Wohnen & Co enteignen!* und darunter: *Hier unterschreiben*. Die Gruppe, mit der wir heute unterwegs sind, ist nicht groß, ein Dutzend Leute. Alle tragen FFP2-Masken, haben Klemmbretter und Stifte dabei, ihre ausgedruckten Unterschriftenlisten und Desinfektionsspray.

Letztes Jahr hatte DWE in der ersten Phase des Volksbegehrens schon einmal gesammelt. 20 000 Unterschriften hätte es gebraucht, 77 000 sind zusammengekommen, davon waren 58 000 gültig. Jetzt läuft die zweite Runde, damit gleichzeitig mit den Wahlen zum Bundestag und zum Abgeordnetenhaus im September in Berlin auch über den Volksentscheid abgestimmt werden kann. Mindestens 175 000 gültige Unterschriften müssen dafür zusammenkommen, das interne Sammelziel sind aber 240 000 Stimmen, darin sind die ungültigen einkalkuliert.

Es geht um die Forderung, Immobilienkonzerne zu vergesellschaften, die mehr als 3000 Wohnungen besitzen. Diese sollen rückabgewickelt werden, sodass 243 000 privatisierte Wohnungen wieder in städtischen Besitz gelangen, rund zwölf Prozent der Berliner Mietwohnungen.

Im Podcast der Initiative habe ich vieles darüber gehört, wie sich Berlin zu dem entwickelt hat, was es heute ist, eine Stadt, in der ein immer größerer Teil des Sauerverdienten fürs Wohnen draufgeht. Die Mieten sind in den letzten zehn Jahren zum Teil über das Doppelte angewachsen: Zwischen 2012 und 2021 wurden sie zwischen 31 und 55 Prozent teurer. An allen Ecken beobachten wir Luxussanierungen und Wohnprojekte für Besserverdienende, für die oft noch brauchbare Häuser abgerissen werden. Im Zuge der Gentrifizierung weicht das, was Berlin so besonders macht: Kunst, Kultur und Kleingewerbe, Nischen, in denen projektweise kreativ gearbeitet wird, Raum für Vielfalt genau wie für Hilfsprojekte und Anlaufstellen für Geflüchtete.

Viele können sich die Stadt inzwischen nicht mehr leisten. Im Gegenzug sind die Unternehmen, die Wohnungseigentum angehäuft haben, inzwischen so gewinnträchtig, dass sie im DAX gelistet werden. Dass sich Menschen via Volksentscheidsinitiative gegen sie und für bezahlbaren Wohnraum einsetzen, ist also nicht verwunderlich. Es kommt mir vor wie Selbstverteidigung.

Aber wird es was bringen?

Ein Vorbild für erfolgreich umgesetzte Volksentscheide gibt es in Berlin schon, und zwar den zum Tempelhofer Feld, einem ehemaligen Flughafengelände, das heute ein überaus beliebtes Naherholungsziel ist. Zudem bildet es eine Freifläche, die der Stadt in Zeiten des Klimawandels Kühlung verschafft und als wichtige Frischluftschneise für die umliegenden Bezirke dient. Das Feld ist dennoch immer wieder von Profitinteressen bedroht, und das gemeinschaftliche Gut muss stets aufs Neue gegen Ansinnen konservativer Stimmen im Senat verteidigt werden. Die würden dort nur zu gerne Luxuswohnungen bauen lassen – günstiger Wohnraum kann dort nicht geschaffen werden, die Erschließungskosten wären zu hoch. Selbst bei gewonnenen Volksentscheiden gilt es also wachsam zu bleiben.

Luisa engagiert sich bei DWE, seitdem das Bundesverfassungsgericht vor Kurzem den Mietendeckel gekippt hat und nun Nachzahlungen drohen. Sie musste mich nicht lange bitten, mit ihr sammeln zu gehen – ich bin neugierig, wie die Leute auf uns reagieren.

Pepe weist uns kurz ein, wann wir uns wieder treffen und mit welchen Fragen wir rechnen müssen. Manchmal seien Leute etwas unfreundlich, wir sollen uns nichts draus machen. »Wichtig ist, freundlich zu bleiben.« Pepe lächelt. »Und noch was: Wir lassen grundsätzlich alle Menschen unterschreiben, die in Berlin wohnen. Selbst wenn sie keine deutsche Staatsbürgerschaft haben und die Unterschrift dann nicht gezählt wird. Denn auch die sind ja von der Mietlage betroffen und sollten eigentlich mitentscheiden können.«

Dann geht es auch schon los. Luisa und ich schlendern in Richtung Spielplatz am Ende des Parks, wo sicher eine Menge Eltern sitzen. Die müssten doch günstige Mieten wollen. Gleich treffen wir auf eine junge Familie mit zwei kleinen Kindern, die Eltern haben schon von DWE gehört, wir müssen gar nicht viel reden, sie unterschreiben sofort.

»Mich ärgert, dass die Deutsche Wohnen ihre Profite steigert und Unsummen an Gewinnen ausschüttet«, sagt die eine Frau, »und dann verschleppen sie Reparaturen in den Häusern.« Ihre

Partnerin nickt. »Ja, eine Bekannte von uns hat mal in der Grellstraße gewohnt, das war jahrelang eine Baustelle. Sie ist vom Hotel in eine Ersatzwohnung umquartiert worden, dann in eine andere – immer mit ihren Siebensachen, immer ohne dass sie Bescheid bekam, was als Nächstes passiert. Absprachen wurden nicht eingehalten, die Deutsche Wohnen hat gemauert, nichts kam schriftlich, alles nur über die Leute auf der Baustelle.«

Wir bekommen viele positive Rückmeldungen, einige springen sogar vom Rad, als sie uns sehen, ein paar Leute erzählen weitere Horrorstorys von den Wohnungskonzernen.

Freundlich sein, auf Menschen zugehen, läuft bei uns.

Weil wir auf diese Weise mehr Unterschriften sammeln können, beschließen Luisa und ich, getrennte Wege zu gehen. Ich lege mir einige Anmachsprüche zurecht: »Sie sehen aus, als wären Sie für soziale Gerechtigkeit …«, »Haben Sie schon unterschrieben?«, »Sind Sie für geringere Mieten?«.

Als Nächstes gehe ich auf einen Mann zu, der in der Straße am Park gerade in seinen Wagen steigt. »Haben Sie schon unterschrieben?«, frage ich.

»Geh mir weg mit 'm Sozialismus«, sagt er, »davon hab ich genug gehabt. Enteignung – wollter etwa wieder zurück inne DDR?«

Ich versuche ihm zu erklären, dass Enteignung vom Grundgesetz gedeckt ist, wenn es um einen höheren Zweck geht. Dass auch Autobahnen so gebaut werden.

»Das finde ich auch scheiße«, sagt er und knallt mir die Autotür vor der Nase zu.

Ein älteres Paar auf einer Bank erklärt mir, dass es ein Haus mit Mietwohnungen besitzt und auf gar keinen Fall unterschreibt – denn dann würden wir es ja enteignen. Ich erkläre freundlich, dass es hier nur um die großen Konzerne geht – Deutsche Wohnen, Akelius, Vonovia – und um deren Methoden. Ja, die finden sie auch schlimm, sagen sie einstimmig und nicken. Dagegen müsste man wirklich was unternehmen.

»Dann sind wir ja einer Meinung«, sage ich. »Deswegen bin ich hier, Sie könnten doch unterschreiben.«

Beide schütteln unisono den Kopf. »Damit ihr uns kleine Vermieter angeht, sobald die großen enteignet sind, nee danke«, sagt sie noch, und er: »Von dem Geld, das der Senat dafür ausgeben müsste, sollte man lieber neue Wohnungen bauen.«

Ich sage, dass es wirklich nur um die Konzerne geht, die den Mietmarkt aufgrund ihrer Größe stark beeinflussen. Dass es mit dem Bauen nur schleppend vorangeht und dass mit der Vergesellschaftung bezahlbarer Wohnraum gesichert werden soll. Und ich erkläre, dass die Entschädigung der Immobilienkonzerne nach Artikel 15 im Grundgesetz unter Marktwert erfolgen kann und im besten Fall über externe Kredite finanziert wird, die durch die Mieten bezahlt werden. Ich weise darauf hin, dass sie die genaue Kostenrechnung auf der Website von DWE einsehen können.

Sie schütteln die Köpfe.

Eine ältere Frau erklärt mir, dass sie gern unterschreibt – aber bis sie das tut, weiß ich alles über ihren Prä-Corona-Urlaub, ihre zwei Katzen, ihren Kleingarten – »alles jut in Schuss!« – und ihren baldigen Umzug nach Spanien, »wenn das hier so weitergeht«. Ich frage nicht nach.

»Sind Sie für weniger Miete?«, rufe ich einem Mann mit Kinderwagen zu, der mir entgegenkommt.

»Nein«, sagt der mit Blick auf meine Weste.

Ich bin verwirrt. »Sie sind für *mehr* Miete?«

»Ich finde das einfach nicht gut.« Er deutet auf mein Klemmbrett, dann schiebt er sein Baby rasch an mir vorbei.

Es unterschreiben noch eine Familie und ein Paar mit kleinem Hund – sie begrüßen das Anliegen geradezu euphorisch. In guter Stimmung gehe ich weiter und stehe schließlich vor dem Törchen des Spielplatzes. Ein sympathisch aussehender Mann mittleren Alters kommt gerade mit seinem kleinen Sohn heraus.

Ich gehe auf ihn zu und lächele. »Sie wollen doch bestimmt,

dass Ihr Sohn hier später auch mal eine bezahlbare Wohnung findet.«

Seine Miene verzieht sich. »Nein«, sagt er und schaut mich grimmig an. Ich hoffe einfach, das Kind merkt sich das.

Ein Typ mit Bierflasche, der auf einer Bank am Sandkasten sitzt, blafft mich an, was ich denn hier verloren hätte.

»Sie müssen ja nicht mit mir reden«, gebe ich zurück. »Ich wollte Ihnen nur die Gelegenheit geben, zu unterschreiben.« Wer mit Köpi auf dem Kinderspielplatz sitzt und sein T-Shirt nicht über die Plauze zieht, den kann ich nicht ernst nehmen.

Nebendran auf der Bank sitzt ein älterer Mann, offenbar der Opa eines spielenden Kindes und etwas gesprächiger. »Wollen Sie unterschreiben?«, frage ich.

Es stellt sich heraus, dass er in mehreren Deutsche-Wohnen-Siedlungen die Aufzüge wartet. Er beginnt, mir ungefragt von seinen Erfahrungen im Westberlin der Achtzigerjahre zu erzählen, schimpft auf die »Wende«, die Wohnungsnot, den Senat, der die Wohnungen verscherbelt hat, und dass »die da oben« immer das Falsche machen. Bei manchen seiner stammtischreifen Aussagen zucke ich zusammen, aber was die Wohnungspolitik angeht, hat er nicht unrecht. Unterschreiben will er trotzdem nicht.

»Finden Sie denn moralisch vertretbar, was die Deutsche Wohnen macht?« Ich versuche ihn mit den stetig wachsenden Gewinnausschüttungen, den mangelhaften Sanierungen, den Mieten als Spekulationsobjekt und den Nachforderungen nach dem Fall des Mietendeckels zu überzeugen.

»Bringt doch nichts«, sagt er.

Als wir alle wieder an der Sonnenuhr sind, sammelt Pepe die Westen ein. Sie werden bei der nächsten Aktion gebraucht, das Sammelwochenende ist noch nicht vorbei. Als wir wieder in der Bahn sitzen, raucht mir der Kopf. Luisa auch. Sie erzählt mir, dass sie jemanden aus der Kommunalpolitik getroffen hat. Sie haben sich darüber unterhalten, dass die meisten Häuser der großen Wohnungskonzerne in Berlin früher dem Land gehörten. »Sie sind mit dem Geld der Menschen aus dieser Stadt gebaut worden«, sagt Luisa. »Das Problem, das wir mit der Vergesellschaftung lösen wollen, hat mit Entscheidungen zu tun, die vor rund dreißig Jahren getroffen wurden.«

Und das war überall so. »Die gegenwärtige Wohnungsmisere und der ›Mietenwahnsinn‹ sind (...) nicht vom Himmel gefallen, sondern durch politische Entscheidungen erzeugt worden«, stellt auch die Studie *Wohnungleichheit in Deutschland* fest. Eine davon: Zum Januar 1990 hatten CDU, CSU und FDP das Wohngemeinnützigkeitsgesetz abgeschafft. Bis dahin waren Wohnungsunternehmen steuerlich entlastet worden, wenn sie dauerhaft preiswerten sozialen Wohnraum schufen und ihre Gewinnausschüttungen begrenzten. Preisgebundene Wohnungsbestände hätten nach dem Mauerfall die Verkäufe behindert und die Rendite gedämpft – vor allem im Osten. Um die Gewinne maximieren zu können, musste die Sozialbindung weg.

In den Neunzigerjahren wurde privatisiert, was das Zeug hielt. Grundsätzlich alles, was nicht niet- und nagelfest war: die Bahn, die Post, die Telekom. Und eben auch städtischer Wohnraum. Berlin ist kein Sonderfall, was das angeht. Es ist aber die Stadt, in der es am krassesten ablief. Hier öffnete der Senat unter Bürgermeistern der CDU und der SPD vor allem im Ostteil der Stadt Tür und Tor für kaufhungrige Unternehmen und verscherbelte die stadteigenen Häuser an Immobilienkonzerne. Zunächst unter Eberhard Diepgen, dessen Partei glaubte, der Markt regele das am besten. Er stolperte über den Bankenskandal, der dadurch entstand, dass die landeseigene Bank an private Unternehmen viel zu günstige Konditionen vergab. Berlin haftete für die Verluste und verschuldete sich in Milliardenhöhe. Die zweite Verkaufswelle schwappte unter Klaus Wowereit und seinem Finanzsenator Thilo Sarrazin durch die Stadt. Sie wollten den Pleitehaushalt ausgleichen und setzten sich durch, als die landeseigene Wohnungsfürsorgegesellschaft GSW – ein Gigant mit rund 70 000 Wohnungen – an Investmentgesellschaften verkauft werden sollte. Dadurch geriet viel bezahlbarer Wohnraum in private Hand – er gehört nun zur Deutsche-Wohnen-Gruppe.

Auch andere Städte wurden in jener Zeit ihre Immobilien los, etwa Bochum, Lübeck und Kiel. Vor allem im Osten hatten private Investoren freie Hand. Dresden veräußerte seinen gesamten städtischen Bestand. Firmen wie Cerberus, Blackstone und Fortress rieben sich die Hände. Wenig überraschend hatte der Verkauf nämlich Auswirkungen auf die Mietpreise und den Umgang mit den Immobilien. Das traf vor allem Ostdeutschland hart, dort gab es zwar wenig gut sanierten Wohnraum, aber die Mieten in der DDR waren günstig gewesen. Inzwischen fehlen laut Mieterbund bundesweit rund 1,5 Millionen bezahlbare Wohnungen, vor allem in den Ballungsräumen, und der Sozialwohnungsbau kommt nicht aus dem Quark.

Aus diesem Grund beginnen ehemals in Stein gemeißelte Gewissheiten zu bröckeln. Ehrlich gesagt fühlt sich mein Neunzigerjahre-Teenager-Ich veräppelt. Immerhin wurden wir mit dem Versprechen in die Erwachsenenwelt entlassen, dass wir es mal besser haben würden, wenn wir uns nur genügend anstrengten. Gleichzeitig wurde damals emsig das Fundament für mein jetziges Wohnungsproblem gelegt.

Marie-Antoinette, die mit dem Brot und dem Kuchen, würde vielleicht fragen, warum wir nicht einfach was kaufen, wenn wir uns die Miete nicht mehr leisten können. Sehr vereinfacht gesagt: Eine hohe Grunderwerbssteuer, enorme Kaufnebenkosten, absurde Immobilienpreise, steigende Zinsen und in die Höhe kletternde Baukosten – trotz der Beschlüsse des Wohngipfels 2018 stiegen die Baulandpreise 2019 auf ein Rekordhoch, und durch aktuelle Krisen sind auch die Materialkosten explodiert – erschweren den Kauf und die Bildung von Wohneigentum. Auch die große Vermögensungleichheit, die Oxfam jedes Jahr wieder in erschütternde Berichte gießt, hindert zunehmend mehr Menschen daran – wohlgemerkt ohne dass jemand, der es ändern könnte, Handlungsbedarf sieht.

Und so leben immer weniger Menschen hierzulande in den eigenen vier Wänden. Inzwischen sind es weniger als die Hälfte – nur in der Schweiz ist die Quote an Wohneigentum niedriger. Beide Länder bilden damit das Schlusslicht in Europa. Berlin ist auch hier bemerkenswert, denn es ist das Bundesland mit der geringsten Eigentumsquote – Berlin ist sozusagen die Mietenhauptstadt, denn laut dem Institut für Deutsche Wirtschaft besitzen in der Hauptstadt nur 18 Prozent aller Menschen die Immobilie, in der sie wohnen.

Wer sich Wohneigentum nicht leisten kann, ist darauf angewiesen zu mieten. Die Mieten aber steigen, die Ungleichheit wächst, und wegen der hohen Preise und Lebenskosten wird es wiederum unerschwinglicher, ein Eigenheim zu erwerben. Kurz, es ist ein Teufelskreis. »Das ist nicht nur frustrierend für alle, die nicht aus wohlhabenden Elternhäusern kommen«, sagt Corinna Merzyn vom Verband Privater Bauherren. »Es zementiert auch Vermögensungleichheit und birgt erheblichen sozialen Sprengstoff.«

Beengte Wohnverhältnisse schaffen Stress; wie wir wohnen, wirkt sich stark auf das Aggressionspotenzial in der Gesellschaft aus. Im Lockdown wurde besonders sichtbar, wie in beengten Verhältnissen die häusliche Gewalt anstieg. Ungleichheit und der daraus entstehende Unmut befeuern zudem rechte Kräfte und Verschwörungstheorien, auch dafür hat sich die Pandemie als Brennglas erwiesen. Um Menschen zu schützen, die von häuslicher Gewalt betroffen sind, und um den sozialen Frieden zu erhalten, muss das Problem dringend entschärft werden.

Wie wurde das eigentlich früher angegangen?

Berlin hatte schon vor rund 150 Jahren ein Wohnproblem, denn die Stadt wuchs in der zweiten Hälfte des 19. Jahrhunderts in atemberaubendem Tempo – vor allem die Aussicht auf Arbeit in den Fabriken lockte viele Menschen aus den Provinzen an. Zu jener Zeit wurden kaum Wohnungen gebaut, was zu unwürdigen Zuständen und großem Elend führte. Mit der Reichsgründung

1871 wurde Berlin zur Hauptstadt, noch mehr Menschen drängten in die Metropole. Ab da boomte der Bau von Mietskasernen, die vier bis sechs Geschosse und bis zu acht Hinterhöfe hatten. Je effizienter der Raum ausgenutzt wurde, umso höher die Rendite. Die meisten Höfe waren so eng, dass dort gerade mal eine Feuerspritze wenden konnte. Außen hui, innen pfui: Die Fassaden waren schick, die Innenhöfe schlecht belüftete Schächte, in die nur wenig Licht drang. Je weiter hinten der Hinterhof, desto ärmlicher die Mieterschaft.

Teuer waren die Quartiere trotzdem, und so lebten auch dort viele Menschen auf einem Fleck. Wegen des starken Zustroms von überallher blieben die Löhne der einfachen Arbeitskräfte weiter gering. Um sich die Miete leisten zu können, teilten sich oft viele Menschen eine Wohnung, andere vermieteten ein Bett stundenweise an Schlafleute. Im äußersten Fall nahmen sie das Risiko auf sich, krank zu werden, und bezahlten etwas weniger für eine Wohnung im noch feuchten Neubau, den sie dann »trockenwohnten«. Wenn das Elend zu groß wurde, kam es zu Aufständen.

Einer der ersten, die dokumentiert wurden, waren die Blumenstraßenkrawalle im Jahr 1872, bei denen Tausende aufgebrachte Menschen sich mit Gewalt gegen die Rechtlosigkeit und Willkür auf dem Mietmarkt wehrten. Anlass war die Zwangsräumung des Tischlers Ferdinand Hartstock, dessen Wohnung teurer neu vermietet werden sollte. Die vorgeschobene Begründung für Hartstocks Kündigung war, dass er einen Schlafburschen in seiner Wohnung hatte – ohne den er sich den Mietpreis aber nicht hätte leisten können. Der Aufstand änderte nichts, er wurde nach einigen Tagen niedergeschlagen.

Im Oktober 1920 wurde per Parlamentsbeschluss durch Zusammenlegung von Städten und ländlichen Gemeinden Groß-Berlin gegründet, damit wuchs die Bevölkerung der Stadt schlagartig auf 3,8 Millionen Menschen an, nach London und New York war sie plötzlich die drittgrößte Stadt der Welt. Hunderttausende waren auf der Suche nach einer Bleibe. Und die Zwanzigerjahre waren für sie alles andere als golden.

Während die Reichen sich Villen im Grünen gönnten, war es für die Arbeiterschaft meist unmöglich, lange Wege zurückzulegen. Und so wurden Quartiere mit älteren Bauten verdichtet, wie etwa das berüchtigte Scheunenviertel. Dort gab es Kellerwohnungen, in denen die Deckenhöhe nicht mal einen Meter betrug. Das Viertel war in dieser Zeit die Heimat von Kleinkriminellen und Prostituierten, die Gosse stank wegen der Abwässer.

Ein berühmtes Beispiel, das die Armut und Wohnungsnot in Berlin schildert, ist Hans Falladas Roman *Kleiner Mann – was nun?*, der in der Zeit der Weimarer Republik spielt. Er erzählt, wie der Buchhalter Johannes Pinneberg und seine Frau Emma, genannt »Lämmchen«, für eine Arbeitsstelle nach Berlin ziehen und dort zuerst bei seiner Mutter unterkommen. Dann tun sie ein illegal vermietetes Zimmer auf, ein erbärmliches Zuhause für eine Kleinfamilie mit Kind. Beim Lesen des Romans und weil die Schauplätze um die Ecke lagen, wurde mir zum ersten Mal bewusst, dass das Leben in der glitzernden Spreemetropole für die meisten Menschen dieser Zeit eher ein täglicher Kampf gewesen sein muss.

»Die Wohnungsnot«, so der Architekt Bruno Taut, der in den Zwanzigerjahren unter anderem die Hufeisensiedlung in Britz plante, die heute UNESCO-Weltkulturerbe ist, »greift so entsetzlich an den Nerv der Völker, dass von ihrer Linderung und Beseitigung allein schon die Beseitigung der Hauptübel unseres Lebens abhängt.« Bevor in der Weimarer Republik der soziale Wohnungsbau entstand, hatte es bereits privatwirtschaftliche Ansätze für bezahlbaren Wohnraum gegeben. Einer war der Werkswohnungsbau, bei dem eine Firma ihren Angestellten Wohnungen vermietete, die sie selbst gebaut hatte, dies war häufig in Bergbauregionen wie dem Ruhrgebiet der Fall, wo 1846 die ersten Werkswohnungen von Zechen entstanden.

Aus England kam um die Jahrhundertwende das Konzept der

Gartenstadt, das erstmals in Hellerau bei Dresden umgesetzt wurde. Ihre sozialreformerische Idee – Bodenreform, ein gesundes Lebensumfeld und Gesellschaftsverbesserung – beugte sich aber im Laufe der Zeit der Realität. Auch die Politik suchte nach Lösungen. Bauordnungen wurden vereinheitlicht, neue Standards entwickelt. Über die Frage einer möglichst massenhaften Unterbringung hinaus wurde überlegt, was lebenswertes Wohnen ausmacht und wie stadtplanerisch darauf zu reagieren sei. Dass die Wohnungsnot behoben werden sollte, steht schon in der Weimarer Verfassung von 1919. Mitte der Zwanzigerjahre wurde der soziale Wohnungsbau dann in die Tat umgesetzt.

Licht, Platz, gute sanitäre Anlagen und Heizung, eine ansprechende Gestaltung und ausreichende Begrünung wurden prägende Faktoren für die nun entstehenden Projekte des sozialen und genossenschaftlichen Wohnungsbaus wie den Lindenhof, die erste kommunale Siedlung der Weimarer Republik. Andere Siedlungen in Berlin wie die Ceciliengärten gingen mit ähnlich guten Ideen an den Start: Hier sollte für städtische Mitarbeitende ein grünes, ruhiges Refugium mit niedrigen Mieten und hoher Lebensqualität entstehen. Mit den schönen Erkern und Fassadenreliefs ist der reformierte Wohnungsbau noch immer eine Augenweide. Durch den Wegfall der Sozialbindung profitieren heute allerdings immer mehr wohlhabende Menschen vom gestalterischen Niveau solcher Wohnanlagen. Die meisten sind inzwischen in Privatbesitz. Viele in der Hand der Wohnungskonzerne, um die es bei der Volksabstimmung geht.

In Städten mit unsäglich hohen Mieten gibt es dennoch weiterhin Projekte, die günstigen Wohnraum anbieten. Und das hat zumindest in einem Fall etwas mit dem Background des Gründers zu tun. 1924 bis 1929 entstand in München-Moosach die Borstei, eine »Wohnanlage des Mittelstands«, die bis heute dem günstigen und guten Wohnen verpflichtet ist. Gegründet hat sie der Architekt und Bauunternehmer Bernhard Borst, nach ihm ist sie auch benannt.

Als ich die Siedlung besuche, merke ich, wie angenehm es ist, von der lauten Straße in den Innenhof zu treten. Mit ihren Mauern und Torbögen kommt mir die Borstei vor wie eine freundliche kleine Festung. Gleich vorn am Eingang bewundere ich die Ladenpassage, in der sich Post, Bäckerei, Buchladen aneinanderreihen – das Café Borst thront ein paar Stufen über allem.

»Wir haben bald Hundertjähriges«, erzählt Andreas Rümmelein. Er ist für das kleine Borsteimuseum zuständig, zu dem ich durch das runde Haupttor an der Dachauer Straße einmal durch die Siedlung gelaufen bin.

»Wer hier einmal hingezogen ist, will nicht wieder weg«, sagt er und lächelt. »Und wer doch weggezogen ist, kommt gerne wieder zurück.« Rümmelein selbst wohnt seit den Neunzigerjahren in der Borstei, seine Frau ist sogar hier geboren. Die Kinder der beiden können hier unbeschwert aufwachsen, sagt er, man wisse halt immer, wo sie seien.

Wir spazieren durch die Anlage, deren Häuser ockerfarben und lindgrün gestrichen sind. Es gibt nur einen Balkon, der zur Zierde angebracht wurde, dafür jede Menge Grünflächen. Ich bewundere die lichtdurchfluteten Treppenhäuser, die unterschiedlichen Gärten und Innenhöfe. Mal sind Trauerweiden gepflanzt und die Fassaden mit Weinlaub begrünt, dann wieder gibt es Akazien und einen Seerosenteich. Die abwechslungsreiche Gestaltung war eines der Anliegen des Gründers.

»Kunst und Natur wirken zusammen, das sollte der Gesundheit und Erholung dienen«, sagt Rümmelein und erzählt, dass Bernhard Borst Kunstmäzen war, was unschwer an den vielen Statuen, Brunnen, Gärten und Wandgemälden zu erkennen ist, die jeden Innenhof zieren – keine Feld-Wald-und-Wiesen-Kunst: Für seine Sozialsiedlung beschäftigte er die Besten ihres Faches. Und ließ Kunstschaffende mietfrei in der Borstei wohnen. »Borst war kein Freund der Nationalsozialisten, doch er musste zulassen, dass hier ein Nazigemälde angebracht wurde«, erklärt Rümmelein, als wir an einem der Häuser vorbeikommen. »Der Zufall wollte es, dass im Zweiten Weltkrieg nur das Gebäude beschädigt wurde, wo dieses Wandgemälde angebracht war.«

Der Gründer stammte aus bescheidenen Verhältnissen. Er hatte immer davon geträumt, seiner Mutter ein Haus zu bauen und Frauen das Leben zu erleichtern. Aus diesem Grund ließ er in der Borstei einen Wäscheservice einrichten und sorgte für Handwerksdienste, die stundenweise zur Verfügung standen. Leider starb Borsts Mutter, bevor alles fertig war. »Dass es eine Siedlung für die Frauen war, sieht man auch daran«, sagt Rümmelein und zeigt auf ein Venussymbol in der Wand, das mir sonst wohl kaum aufgefallen wäre. »Dahinter ist eine Kühlkammer – und sie funktioniert noch«, ergänzt er. »So wie vieles, denn die Borstei ist einfach gut gebaut – dicke Wände, solide Qualität.«

1928 wurde hier das erste zentrale Heizkraftwerk Deutschlands zur Heizungs- und Warmwasserversorgung eingerichtet, es funktioniert bis heute. Die Wohnungen sind für damalige Verhältnisse – »und auch für heutige«, wie mir Rümmelein versichert – komfortabel gestaltet. Neben der Zentralheizung und fließend heißem Wasser – in den Zwanzigern noch eine Seltenheit – gab es Telefon, Gasherde, Parkett, ein Bad mit Waschbecken und Bidet, beheizte Garagen. Außerdem gibt es Kammern, in denen Teppiche geklopft werden können, und ebenerdige Räume zum Abstellen von Fahrrädern und Kinderwagen. Und für die Kinder Spielplätze in den Höfen.

Zu Borsts Verdiensten gehört, dass er das Gemeinschaftsleben der Siedlung förderte, es gab Faschingsfeiern, erfahre ich, und als er nach dem Zweiten Weltkrieg selbst in der Borstei wohnte, auch Sommerfeste und Gartenkonzerte.

Nicht immer erfolgt die Errichtung eines gemeinnützigen Wohnprojekts aus rein humanitären Motiven. Bestes Beispiel ist die Fuggerei in Augsburg, die älteste erhaltene Sozialsiedlung der Welt. Hier reihen sich zweistöckige Häuschen mit grünen Fensterläden und Spitzdächern aneinander, die Außenwände teils mit Wein bewachsen, im Zentrum ein runder Springbrunnen, Figuren von Hausheiligen an den Ecken. Die Siedlung wurde 1521 gestiftet, und sie trägt auch heute das Wappen der Fugger auf dem Torhaus über dem Eingang. Einziehen darf nur, wer bedürftig ist – und katholisch. Neben der Kaltmiete von einem rheinischen Gulden, heute 88 Cent pro Jahr – plus 85 Euro für die Nebenkosten – entrichten die Menschen, die dort wohnen, jeden Tag ein Vaterunser, ein Glaubensbekenntnis und ein Ave-Maria für den Stifter und seine Familie.

Vielleicht sollten die gesammelten Gebete die Sünden der Fugger ausgleichen – zu denen gehörte wie bei vielen deutschen Kaufleuten der Zeit auch das Mitmischen im Sklavenhandel. Die Fugger handelten zwar nicht direkt mit Sklaven, aber sie profitierten vom Menschenhandel. Jakob Fugger verdiente als Kaufmann, Montanunternehmer und Bankier durch die Ausbeutung von Ressourcen und Arbeitskräften so viel Geld, dass er der reichste Mann Europas war – umgerechnet soll sein Vermögen 400 Milliarden Dollar betragen haben, damit toppt er heute sogar Elon Musk.

Mit gutem Willen hätte er weit mehr als eine solch kleine Siedlung stiften können. Aber sie genügte wohl schon seinen Zwecken. Es gilt als wahrscheinlich, dass die Siedlung im Wesentlichen eine Marketingmaßnahme war, mit der Jakob Fugger sein öffentliches Ansehen aufpolieren wollte. In Tirol hatten sich nämlich schon im Jahr 1501 Bergleute gegen die Fugger aufgelehnt, und die Geldsäcke waren wegen ihrer unfairen Geschäftspraktiken und ihres übermäßigen Reichtums so unbeliebt, dass ihr Name »Fugger« für besonders geizige Menschen stand und die Leute auch »fuggern« sagten, wenn sie »betrügen« meinten. Für die Menschen, die heute in der Fuggerei leben, macht das aber vermutlich keinen Unterschied, und immerhin gibt es durch die Stiftung – die anders als die Borstei für den Zutritt aufs Gelände abkassiert – für 150 Menschen günstigen Wohnraum.

Die privaten Initiativen und das – aus meiner Sicht nur angemessene – soziale Engagement einiger begüterter Menschen sollten nicht darüber hinwegtäuschen, dass es vor allem politische Maßnahmen für eine gute und gerechte Stadtgesellschaft braucht. Wer die Wohnkrise lindern und schließlich ganz beheben will, muss politisch klug, gerecht und weitsichtig planen.

Wie das geht?

Dazu gibt es viele Ideen, vor allem, was das Mietrecht und den sozialen Wohnungsbau angeht. Es könnte etwa bundesweit die Sozialbindung verlängert werden. Bezahlbarer Wohnraum schwindet rasant: »Wir verlieren gerade am Tag 72 Sozialwohnungen, das heißt, wir verlieren jetzt pro Jahr 26 000«, erklärte der wohnungspolitische Sprecher der Grünen, Christian Kühn, im Bundestag. Dieser Wohnraum steht denen, die ihn am dringendsten brauchen, dann nicht mehr zur Verfügung. Während es 2006 noch über 2,1 Millionen Sozialwohnungen gab, waren es 2010 noch 1,5 Millionen und 2020 nur noch etwa 1,1 Millionen – und das, obwohl die Wohnungsnot stetig wächst. Würden die Wohnungen nicht aus der Sozialbindung fallen, wäre viel bezahlbarer Wohnraum dauerhaft gesichert.

In Hamburg ist dies dank zweier Initiativen nun möglich. Sie hatten in der Hansestadt Stimmen für das Volksbegehren »Keine Profite mit Boden & Miete« gesammelt und sich schlussendlich mit der rot-grünen Rathauskoalition darauf geeinigt, dass die Sozialbindung dauerhaft bestehen bleibt. Jedes Jahr sollen tausend Wohnungen gebaut werden, die auf hundert Jahre als Sozialwohnungen gesichert werden, in der Hamburger Verfassung soll stehen, dass Wohnen ein »menschliches Grundbedürfnis« ist und die »Schaffung, Erhaltung und Bereitstellung von bezahlbarem Wohnraum zu angemessenen Bedingungen« zum Staatsziel erklärt wird. Der Verkauf städtischer Wohnungen und Wohngrundstücke wird grundsätzlich ausgeschlossen, Grundstücke können künftig nur noch in Erbbaupacht vergeben werden.

Das ist ein großer Erfolg. Denn allein die Regel, dass mit Staatsgeldern errichtete Wohnungen je nach Bundesland und Förderung nach 15 bis 40 Jahren aus der Sozialbindung fallen, schafft Druck und Unsicherheit für diejenigen, die auf diesen Wohnraum wirklich angewiesen sind. So entstehen keine Sozialprojekte, sondern nur geförderte Wohnungen, die eine soziale Zwischennutzung haben.

Außerdem könnte die Wohngemeinnützigkeit wieder eingeführt werden. Das steht zwar schon im Koalitionsvertrag der Bundesregierung, aber mehr als eine Absichtserklärung ist es bisher nicht, ähnlich wie der Neubau von 400 000 neuen Wohnungen im Jahr, von denen 100 000 öffentlich gefördert sein sollten. 2022 wurde das nicht erreicht, für 2023 sieht es nicht gut aus. Und wenn regierungsseitig jemand aktiv wird wie bei der Mietpreisbremse, beim Milieuschutz und beim Vorkaufsrecht, dann sind in dem Kompromiss meist mehr Schlupflöcher als in einem Schweizer Käse.

Wie sich der Wohnmarkt langfristig entwickelt, wenn der politische Wille vorhanden ist und das Ziel konsequent verfolgt wird, ist in Österreich zu besichtigen. Dort schafft der gemeinnützige Wohnsektor in allen Bundesländern lebenswerten Wohnraum. Dieser ist ansprechend gestaltet, begrünt – und vor allem bezahlbar. Das Ziel war es, Gemeinschaft und Zusammenhalt zu fördern, und bis heute schämt sich niemand, dort zu wohnen – im Gegenteil: Vergleichbaren sozialen Wohnungsbau gibt es nirgends in Europa, das wissen die Menschen und sind stolz darauf. Allein Wien besitzt und verwaltet rund 220 000 Gemeindebauwohnungen. Geringverdienende, Auszubildende und Studierende haben so selbst in der österreichischen Hauptstadt die Chance, eine schöne und bezahlbare Wohnung zu finden. Anders als in Deutschland blieben die gemeinnützigen Wohnprojekte seit den Zwanzigerjahren in öffentlicher Hand. Wohnungsmangel gibt es nicht, die vielen geförderten Wohnungen senken den Mietenspiegel, das gemeinnützige Wohnen sorgt dafür, dass niemand verdrängt wird.

Um in den Genuss von gefördertem Wohnraum oder einer Gemeindewohnung zu kommen, braucht man ein »Wiener

Wohnticket«, eine Art Wohnberechtigungsschein, für den die Einkommensgrenze aber bei 49 000 Euro liegt. »Wir wollen so viel wie möglich Menschen die Möglichkeit geben, in den geförderten Wohnbau zu gelangen«, so Isabella Jandl, Wohnberatung Wien, gegenüber SWR2.

Wie wichtig das ist, hat in Deutschland zumindest die Stadt Ulm verstanden. Sie wappnet sich schon seit 125 Jahren gegen den Ausverkauf. 4500 Hektar Grundbesitz sind in städtischer Hand, unbebaute Flächen, die vorher der Stadt gehörten, können nicht weiterverkauft werden, alle Grundstücksgeschäfte werden zentral von der städtischen Liegenschaftsverwaltung gesteuert. So bestimmt die Stadt mit, wer was bauen darf. Und die Immobilienunternehmen legen meist noch ein paar Sozialwohnungen obendrauf, weil sie die Baugenehmigung von der Stadt dann eher bekommen. Luxuswohnungen dagegen haben eine geringere Chance, anders als in vielen anderen deutschen Städten.

Statt ständig neu bauen zu wollen, könnten die Verantwortlichen außerdem schauen, was noch ungenutzt im Wohnkleiderschrank herumhängt. Es gibt Internetportale wie den Leerstandsmelder, bei denen unvermietete Gebäude oder Wohnungen eingetragen werden können. Oft wird nicht vermietet, weil der Druck auf den Markt erhöht und später größerer Profit aus dem Verkauf geschlagen werden soll. Gesetzlich ist zwar vorgeschrieben, dass leere Wohnungen vermietet werden müssen, aber mit Tricks wird dies umgangen – etwa, indem unnötige leichte Bautätigkeiten vorgeschoben werden. Strafrechtlich verfolgt werden stattdessen nur jene, die mit Besetzungen solcher Häuser auf den Leerstand aufmerksam machen.

Man könnte auch politische Instrumente wie die Mietpreisbremse nachschärfen. Gemeinschaftliches Wohnen fördern, um der stetig wachsenden Zahl von Einpersonenhaushalten zu begegnen. Menschen unterstützen und sichtbar machen, die bereits nach sozialen Kriterien Wohnungen vergeben und deutlich unter der ortsüblichen Vergleichsmiete bleiben. Abriss grundsätzlich nicht mehr genehmigen, wenn das alte Haus noch bewohnbar ist. Luxusbauvorhaben verhindern, wenn dadurch Menschen verdrängt werden und es den Mietspiegel hochtreibt. Zudem wäre es an der Zeit, sozialverträgliche Wohnverhältnisse zum Grundrecht zu erklären, sie so festzuschreiben, wie das die Vereinten Nationen schon getan haben.

Das alles und noch viel mehr wären politische Möglichkeiten. Stattdessen werden Entscheidungen getroffen und Maßnahmen gefördert, die den Druck noch erhöhen: Pendlerpauschale, Grundsteuerneuberechnung, Eigenheimzulage für Besserverdienende. So werden Lösungen torpediert, die wir in Zeiten der Klimakrise dringend brauchen, und echte Antworten auf die Frage verhindert, wie wir den sozialen Frieden erhalten, wenn Wohnraum immer knapper wird.

Und wenn die politischen Lösungen zu lange auf sich warten lassen? Zugegeben, als Einzelperson kann ich keine Gesetze ändern. Aber ich kann auf Demos für ein Grundrecht auf bezahlbaren und guten Wohnraum eintreten, für ein Volksbegehren Stimmen sammeln, mich einer Initiative wie »Stadt von unten« anschließen oder in den Mieterschutzbund eintreten.

Als ich gerade über diese Dinge nachdenke, parkt vor der Tür ein so großer Wagen ein, dass meine Fensterscheibe zittert. Platzverteilung, fällt mir auf, findet nicht nur in der Wohnung statt, sondern auch knapp davor – auf den Straßen. Schon oft fand ich es ungerecht, dass Fahrradfahren und Fußverkehr so eingeschränkt sind und das Auto Vorfahrt hat. Ich ärgerte mich über breite Straßen, die mein Viertel zerschneiden, als wären sie breite graue Flüsse; sie machen mein direktes Umfeld zu einer Lärminsel, die von allen Seiten von fließendem und stockendem Verkehr umspült wird. Und mich wunderte, warum wir den knappen Platz in der Stadt mit Blechkisten zustellen, die den größten Teil der Zeit gar nicht bewegt werden. Und wenn, dann oft nur, um das eigene Körpergewicht zu transportieren: Zwei Tonnen Stahl für siebzig bis achtzig Kilo Mensch, ineffizienter geht es kaum.

Neulich probierte ich die Challenge aus, an einer Ampel so lange die Luft anzuhalten, bis ein Auto vorbeifährt, in dem mehr als eine Person sitzt. Es dauerte zu lange, ich japste nach Luft. Der Platz, den diese Einzelpersonen einnehmen, ließe sich durch andere Transportwege stark minimieren. Sicher sind einige aufs Auto angewiesen. Aber so viele? Ich denke erneut an Katja Diehl, die sich in ihrem Podcast seit Jahren mit Mobilität, Flächengerechtigkeit und Barrierefreiheit beschäftigt. Sie müsste mir mehr darüber erzählen können, warum wir im 21. Jahrhundert so abhängig vom Automobil sind – und wie sich das ändern lässt.

Ich erzähle ihr, wie ich neulich ein Auto betrachtete, das falsch vor dem abgesenkten Bordstein parkte. Der Mann stieg aus, stellte sich an meine Seite. Bevor ich etwas sagen konnte, begann er mir von seinem Automodell vorzuschwärmen, als könne das der einzige Grund sein, es anzuschauen.

Katja lacht. »Eigentlich hat das Auto einen zu geringen Nutzen, um es so wichtig zu nehmen. Es steht die meiste Zeit nur herum und ist eine Geldverlustmaschine. Ich glaube, wir laden es emotional auf, und dabei geht es nicht um Mobilität: Es ist ein Statussymbol, ein sicherer Raum, in dem ich einfach mal nur mit mir selbst sein kann – jenseits von Familie und anderen Dingen, die mich stressen. Es bedeutet Freiheit. Darum sollten wir ehrlich sein und in der Debatte auch sagen, das Auto ist für uns so viel mehr als nur Mobilität. Dann wäre unsere Verkehrspolitik eine andere.«

Ich frage Katja, ob eine autofreie Stadt denn automatisch gerechter ist? Schließlich habe sie selbst mal darauf aufmerksam gemacht, dass ein Parkplatz für dreißig bis fünfzig Euro im Jahr zu haben ist, ein gleich großes Zimmer in begehrten Metropolen aber das Zehnfache kostet.

»Das ist eine Frage, die ich immer wieder stelle: Warum gibt es eigentlich nicht eine Mietenpauschale statt einer Pendlerpauschale? Automobilität wird hierzulande stärker gefördert als Wohnen. Sie hat politisch einen anderen Stellenwert, dabei gibt es schon so viele Angebote im Bereich der Mikromobilität und des Carsharings.«

Vielleicht liegt es daran, dass die Beschäftigung mit dem Wohnthema meinen Gerechtigkeitssinn noch einmal geschärft hat. Jedenfalls komme ich immer stärker darauf, dass private Mobilität ein wichtiges Element bei der Frage der Verteilungsgerechtigkeit insgesamt ist, und ich wundere mich, dass dem Auto dabei so ein großer Stellenwert zukommt. Woran liegt das?

»Die Straßenverkehrsordnung räumt dem Auto Vorrang ein«, sagt Katja. »Ich verstehe ja auch, dass Leute, die sich Riesenautos hinstellen, sagen: Ist doch erlaubt. Die Privilegien haben sich im Lauf der Zeit entwickelt. Auch, dass die acht Mal mit ihrem Dodge Ram unter meinem Balkon einparken und mir morgens die Bude zudieseln. Das ist einfach erlaubt. Und da braucht es neue Regularien, weil es immer schwarze Schafe geben wird. Ich hatte bei Lesungen den Effekt, dass Leute mir sagten, sie würden ihr Auto sogar abschaffen, aber nicht als Erste. Also, wenn etwas alle machen müssen, so wie zu Beginn der Pandemie, dann geht es. Natürlich wäre es besser und ungefährlicher, ökologischer, gerechter, wenn dem Auto mehr Grenzen gesetzt würden. Es ist ganz schwierig, autofreie Zonen oder autofreies Wohnen durchzusetzen oder auch nur Parkplätze umzuwidmen. Ich würde das gerne rigoros machen wollen. Aber es gibt keine gesetzlichen Grundlagen, auf die Menschen, die das voranbringen wollen, sich beziehen können. Umso mehr wird es dann natürlich auch ausgenutzt.«

Und wie könnte sich etwas ändern?

»Wir brauchen mehr mutige Führungskräfte in Deutschland. Die Bürgermeisterinnen von Paris und Barcelona, Anne Hidalgo und Ada Colau, setzen mehr autofreien Raum in ihren Städten durch. Sie wollen ihre Städte resilient machen, denn diese heizen sich sonst auf. Unsere Führungskräfte haben zwar alle den Pariser Klimavertrag und das Klimaschutzgesetz unterschrieben, sie haben auch zur Kenntnis genommen, dass das Bundesverfassungsgericht ungewöhnlich klar geäußert hat: Ihr dürft nichts tun, was zukünftigen Generationen so sehr schadet. Aber an all das halten sie sich nicht. Würden sie das nämlich tun, müssten sie es ähnlich angehen wie die österreichische Umweltministerin Leonore Gewessler, die ich beraten darf: Sie nimmt die CO_2-Grenze sehr ernst. Alles, was sie vorhat – etwa den Bau eines Tunnels oder weniger Autoverkehr in den Städten –, betrachtet sie unter dem Aspekt: Was macht das mit unserem CO_2-Budget? Das Tempo der Veränderung kommt darüber, dass wir ernst nehmen, was wir unterschrieben haben.«

Aber wäre das sozial, wenn die Wohlhabenden sich die schönen lärmfreien Zonen schnappen und die Mieten steigen? Einige Altenheime stehen in Berlin an Riesenstraßen, denn mit denen kann man's ja machen.

»Schau dir die Superblocks von Barcelona näher an, da spielt auch Vergesellschaftung und sozialer Wohnungsbau eine Rolle. Es muss natürlich alles zusammengedacht werden, aber das zu tun, ist kein Problem, wenn der politische Wille da ist.«

Das heißt, Verkehrswende ist immer eine Wende hin zu mehr Sozialpolitik?

»Wenn man sie richtig macht, ja. Natürlich wird es konkreter, wenn wir Mobilitätswende dazu sagen, aber es geht nicht ohne Feminismus, Barrierefreiheit, Inklusion und solche Dinge.« Sie lächelt. »Und wir müssen anerkennen, dass das System falsch gebaut wurde: Die Tatsache, dass viele Leute Auto fahren, wird nämlich als Erfolg des Autos geframt. Und das ist schon das Problem, finde ich. Viele Leute können gar nicht anders unterwegs sein – sie sind mehr oder weniger gezwungen, Auto zu fahren. Dass alle Menschen, die Auto fahren, das auch wollen, ist daher eine perfide Lüge, die das Problem zur Lösung stilisiert. Und das alles, um die Schlüsselindustrie Autobau zu erhalten, während gleichzeitig die Krankenhäuser kollabieren und große Wohnungsnot herrscht. Da frage ich mich: Was ist denn jetzt wirklich systemrelevant?«

Es ist zumindest seltsam, dass wir uns so ans Automobil klammern, dass existenziellere Bedürfnisse dahinter zurücktreten – Gesundheit, sichere Wege für unsere Kinder, Finanzierung wichtiger sozialer Anliegen. Sind Quartiere besser an den Nahverkehr angebunden und lockern die Verwaltungen die Stellplatzpflicht, muss für Parkplätze weniger Boden versiegelt werden, und die Baukosten ließen sich dadurch auch senken: Wenn das Bauen auf diese Weise umweltfreundlicher und kostengünstiger wird, schafft der Verzicht aufs Auto also auch preiswertere Wohnungen und verhindert damit Verdrängung. So ist er nicht nur ein Beitrag zur Verkehrswende, sondern auch zur Wohnwende.

Wenigstens in Metropolen ist autofreies Leben einfacher umzusetzen als anderswo – immerhin ist der öffentliche Nahverkehr in der Regel besser ausgebaut, und alles, was die Menschen brauchen, ist fußläufig oder mit dem Rad zu erreichen. Doch autofreie Zonen in der Stadt einzurichten ist noch immer nicht einfach – die Straßenverkehrsordnung und eine ungesunde Fixierung aufs Automobil blockieren viele gute Ideen.

Aber es gibt Fälle, in denen sie sich durchsetzen, denke ich, als ich an einem sonnigen Morgen durch Nippes gehe, ein Kölner Viertel, in dem die Straßen schmal und ruhig sind, die meisten Häuschen nur zwei Etagen haben. Rot-weiß gestreifte Pfosten begrenzen an einer Stelle eine Fußgängerzone, daneben steht ein Schild, auf dem der Siedlungsplan abgebildet ist: Wohnblocks, die kleine Innenhöfe bilden, Wege und Eingänge, ein Park, in dessen Mitte eine Kita liegt.

Ich gehe zwischen den Pfosten hindurch und sehe in einiger Entfernung zwei Kinder mitten auf der Straße spielen. Üppige Hecken, mehrstöckige Gebäude mit begrünten Balkonen und kleinere Häuser, auch Fahrradschuppen lasse ich hinter mir. Schön zu wissen, dass hinter mir kein Auto kommen kann – und schön, auch mal keins am Wegesrand parken zu sehen. Kaum zu glauben, dass wir mitten in der Stadt sind. Schließlich gelange ich zur Mobilitätsstation, wo mich Hans-Georg Kleinmann erwartet, der sich mit anderen für diese autofreie Siedlung eingesetzt hat, eine der ersten und immer noch eine der größten bundesweit. Kleinmann trägt einen Strohhut, pinkes T-Shirt, blaue Shorts und Sandalen, seine Brille baumelt am Band um seinen Hals. Bei seinem Anblick fühle ich mich endgültig wie im Urlaub.

»Die Stadt Köln hatte uns vier Flächen angeboten, drei davon weit außerhalb«, erzählt er mir. »Es war klar, dass wir die zentrumsnahe Fläche nehmen – wir wollen ja ohne Auto leben!«

Stellwerk 60 heißt das seit dem Jahr 2006 gebaute Quartier. Es ist eine Mischung aus Eigentum und Mietwohnungen, und es gibt auch öffentlich geförderten Wohnraum. Rund 1600 Menschen leben hier in über 400 Wohneinheiten, fast alle barrierefrei – der überwiegende Teil sind Mietwohnungen, weniger als ein Fünftel Eigentum.

»Wir haben uns mit ein paar Leuten in den Neunzigern zusammengeschlossen, um unseren Traum umzusetzen«, erzählt Kleinmann. Er hat 15 Jahre später den Verein Nachbarn60 mitgegründet, der sich um die Belange in der Siedlung kümmert, und ist einer von dessen fünf Vorsitzenden.

Wollten sie die Bedingungen für alle in der Stadt verbessern?

»Ach nein«, meint er. »Das war eher ein egoistischer Grund. Wir hatten keine Vorteile vom Autoverkehr, weil wir selbst kein Auto hatten. Wir wollten einfach ein Viertel, wo wir keine Autos sehen, hören und riechen.« Etwa hundert Menschen setzten sich mit Verkehrsplanenden zusammen, »aber das Problem war, dass wir eine Mehrheit im Stadtrat brauchten. Die Grünen hatten darin damals zwanzig Prozent, das reichte nicht. Auch nicht hilfreich: Ford war der größte Arbeitgeber in Köln.«

Damals sei das Auto der Inbegriff von Wirtschaftskraft gewesen, die Bevölkerung konnte man aufteilen in pro und kontra Auto – in München und Berlin scheiterten ähnliche Projekte. »Auch die Stadt Köln glaubte nicht, dass es genügend Menschen gibt, die autofrei leben wollen. Aber eine Umfrage der Kölner Stadtverwaltung brachte über 7000 positive Rückmeldungen.«

Das war ein gewisser Durchbruch, aber es dauerte noch lange, bis die autofreie Siedlung auf dem früheren Eisenbahngelände entstand – etwa zehn Jahre. »Am Ende waren nicht mehr alle dabei, die sich dafür ausgesprochen hatten. Aber es gab keine Probleme, die Wohnungen zu vermitteln.«

Kleinmann hat früher in der Automobilindustrie gearbeitet, sodass ich angenommen hätte, dass er Autos mag. »Mein Chef hat mich damals angesprochen. ›Herr Kleinmann‹, hat er gesagt, ›hier stehen zwanzig teure schwarze Limousinen, aber alle reden nur von Ihrem Fahrrad.‹ Das hat der gar nicht verstanden.« Kleinmann lacht. »Ich bin mit dem Auto sozialisiert worden. Und ja, ich war auf der anderen Seite, aber mir wurde klar, dass es ineffizient und für die Gesellschaft auch zu teuer ist, sich mit dem Auto fortzubewegen. Das war reine Kopfsache. Das Auto lebt von starken Subventionen, deswegen kann das Individuum es sich leisten. Der Klimagedanke kam dann noch obendrauf und ist ein immer stärker werdendes zusätzliches Argument.«

Kleinmann las ein Buch darüber, was er wirklich im Leben braucht, kündigte seinen Job, da er sich ausrechnete, dass er gut über die Runden käme, wenn er etwas sparsamer lebte, und stürzte sich in den Aufbau des Vereins und den Ausbau der Mobilitätsangebote. Mit Öffis ist die Siedlung gut ans Zentrum angebunden, an ihrem Rand gibt es einige Carsharing-Angebote. Als ehemalige Nippeserin bin ich selbst früher eher mit dem Rad gefahren. Und auch für solche Mikromobilität ist gesorgt: Kleinmann zeigt mir die vereinseigene Mobilitätsstation, wo ein großes Angebot an Fahrradanhängern, Lastenrädern, Bollerwagen und sogar Kettcars darauf wartet, ausgeliehen zu werden.

»Heute finden die Leute die Vorstellung toll, ohne Auto zu leben«, sagt Kleinmann. »Als wir die Sied*u*ng planten, dachten Stadt und Investoren, da will doch keiner wohnen.« Es kämen Menschen aus der Umgebung, aus anderen Gegenden Deutschlands und sogar aus dem Ausland, vor allem aus den Vereinigten Staaten und aus Japan, die sich anschauten, wie es in Köln funktioniert hat. »In der Schweiz wird gerade eine autofreie Siedlung nach der anderen angelegt, wie am Fließband geht das da.«

Wird sich die Idee weiter verbreiten?

»Das klappt natürlich nicht von heut auf morgen, aber das Bewusstsein verändert sich.«

Eine hübsche Frau mit mittellangen dunkelbraunen Haaren, etwas jünger als ich, schlendert vorüber. Herr Kleinmann, mit dem ich mich auf der Bank vor der Mobilitätsstation unterhalte, stellt sie mir als Kathrin Schmitt vor. Sie wohnt mit Mann und Kind schon länger in der Siedlung. Früher war sie Musikerin, heute arbeitet sie als Lehrerin. Ursprünglich aus Nordhessen, haben sie und ihr Mann die Wohnung im Stellwerk 60 ganz einfach über ein Immobilienportal gefunden. »Da dachten wir: Ach, wie toll, autofrei!«

Kathrin Schmitt erzählt, wie sehr sie es genießt, in Innenstadtnähe einen Ort gefunden zu haben, wo sie ohne Auto gut leben und auch ihr Kind auf den Wegen spielen lassen kann. »Und ich finde es toll, dass man mit so vielen Menschen in Kontakt kommt«, sagt sie. »Es gibt verschiedene Gruppen, die sich etwa um den Garten und die Bäume auf dem Gelände kümmern. Wir veranstalten Flohmärkte und Feste, Kleidertausch und leihen uns gegenseitig Dinge aus. Und wir laufen uns hier öfter über den Weg, als das in einer anderen Siedlung der Fall wäre, wo jeder sein Auto vor der Tür stehen hat. Abends hören wir statt dem Stadtlärm die Vögel zwitschern, das ist echte Lebensqualität.« Einige, die sich im Lauf der Zeit ein Haus irgendwo auf dem Land gekauft hätten, seien trotz horrender Mieterhöhung dann doch in die Siedlung zurückgekommen.

»Unsere Tochter ist neun Jahre alt, sie war schon mit vier Jahren daran gewöhnt, allein zum Kiosk zu gehen, um Brötchen zu holen. Das hätte ich nie zugelassen, wenn wir in einem anderen Veedel wohnen würden. Sie hat keine Lust auf Autofahren – wenn sie bei den Großeltern ist, weigert sie sich fast, ins Auto zu steigen, sie ist es nicht gewohnt.« Ihrem Kind hat Kathrin Schmitt eingeschärft, besonders aufmerksam auf den Straßenverkehr zu achten, wenn es den geschützten Bereich der Siedlungswege verlässt. »Da fällt mir am meisten auf, wie sehr wir uns an die Autofreiheit gewöhnt haben.«

Es habe ihr noch nie jemand gesagt, dass er sich nicht vorstellen könne, selbst so zu leben. Das Thema Einkäufe würde immer angesprochen, aber da miete sie sich einfach ein Lastenrad, wenn es mal mehr würde. Freundinnen wohnen alle in der Nähe, nur für Ausflüge in die Eifel fehle das Auto ein wenig. »Da haben wir uns ein bisschen eingeschränkt, aber ansonsten nicht.«

Zwanzig Prozent der Menschen, die in der Siedlung wohnen, dürfen ein Auto haben, und dass es überhaupt so viele sind, liegt an den Vorgaben der Stadt, wirft Kleinmann ein. In angrenzenden Vierteln würden sich einige darüber aufregen, dass die autofreie Siedlung Parkplätze belege, etwa wenn Gäste in den umliegenden Straßen parken – und ja, es gebe auch im Stellwerk 60 Leute, die sich nicht an das Gebot der Autofreiheit hielten und sich trotzdem eines anschafften oder den Besitz ihres Wagens beim Einzug verheimlichten. Dagegen könne und wolle der Verein aber aus Datenschutzgründen selbst nichts unternehmen, das könne nur die Stadt verhindern. Um der Siedlung eigenen Parkraum zu bieten, gibt es eine Quartiersgarage – ein großer weißer Turm ein Stückchen entfernt von der Mobilitätsstation.

Dieses Quartierskonzept – Fußgängerzone plus Garagen an deren Rand – ist für Kleinmann ein gutes Modell, um Siedlungen immer weiter vom Autoverkehr zu befreien. »Das Auto ist von seinem Thron gestoßen worden.« Er setzt darauf, dass jedes Stück autofreier Raum die Sehnsucht nach einer Welt ohne Lärm und Abgase nährt. »Die Aufenthaltsqualität bei uns ist so viel höher als in anderen Vierteln.« Eine autofreie Siedlung stoße die nächste an. »Es ist ein kleines Wunder, dass dieser Ort hier entstanden ist.«

Was in Deutschland ein Wunder ist, ist in anderen Ländern schon Programm. Aber dafür braucht es – wie beim Wohnraum, damit er auch für niedrige Einkommensklassen dauerhaft bezahlbar und sozial bleibt – den politischen Willen. Wie es sich anfühlt, wenn die Veränderung bereits eingetreten ist, ist zu besichtigen, nicht nur in Rotterdam – von dessen Radwegen ich in Berlin nur träumen kann –, auch Kopenhagen geht schon den ganzen Weg zur grünen Metropole. Es wird konsequent nachhaltig gebaut, Fußverkehr und Radfahrende werden bevorzugt, Plätze wurden vom puren Parkspot umgewidmet zu aufenthaltsfreundlichen Treffpunkten und Parklandschaften. Es gibt ein kluges Abflusssystem für Starkregen, der wegen des Klimawandels immer heftiger wird. Statt Autoverkehr werden Menschen in den Mittelpunkt aller stadtplanerischen Überlegungen gestellt – das ist überall zu spüren. Und es fühlt sich gut an!

Europaweit machen sich auch andere Städte schon auf den Weg: Es gibt die verkehrsberuhigten Superblocks von Barcelona, von denen Katja Diehl sprach, die grüne Infrastruktur von Valencia, die 15-Minuten-Stadt Paris – all das sind gute Vorbilder, die eine enorme Wirkung entfalten. Wie schnell sich eine Stadt zum Positiven verändert, hängt aber vor allem am Einsatz politischer Persönlichkeiten – der Wandel muss gewollt sein.

Bis sich im Autoland Deutschland etwas verändert, kann es dauern. Und so leben wir – bis auf hart erkämpfte Ausnahmen wie manche Kiezblocks in Berlin – immer noch mit einem Verkehrskonzept aus dem letzten Jahrhundert. Das ist auch der Grund, warum ich hin- und hergerissen bin zwischen dem Wunsch, etwas vor Ort zu verändern, und dem Impuls, ins Grüne zu flüchten. Unabhängiger vom großen Ganzen zu werden, mich selbst zu versorgen, nicht mehr jeden Zentimeter Weg dem Straßenverkehr abzutrotzen. Ich mag Städte, aber zwischendurch muss ich raus, um die Perspektive zu verändern. Am besten ohne viel Krempel. Wie das geht, damit kenne ich mich ja schon ganz gut aus.

Was ich meinem früheren Ich gern vor der Wohnungssuche sagen würde

Wer akut vom Miet-Aus bedroht ist, weiß, wie schrecklich sich das anfühlt. Besonders, wenn das Gegenüber kein Mensch ist, sondern nur eine anonyme Gebäudeverwaltung, eine Immobiliengesellschaft oder ein Konzern. Nun beginnt die Suche auf dem Wohnungsmarkt erneut, und das ist vielen ein Graus. Wann immer ich selbst Wohnungen suchte, fühlte ich mich schnell ausgelaugt und unruhig. Du auch?

Damit es dir und uns allen besser geht, findest du hier einiges, was dir den Rücken stärkt.

Such dich nicht schlapp. Besser, du sparst dir manche Wohnungsbesichtigungen einfach von vornherein. Achte auf dich! Du brauchst schon so viel Mut und auch Kraft für die Suche. Wenn die Anzeige schon von Buzzwords für beknackte Butzen wimmelt, kannst du dir den Besuch meist sparen – es sei denn, du hast gar keine Ansprüche mehr.

»Liebhaberobjekt« bedeutet, dass harte Renovierungsmaßnahmen fällig sein dürften. »Lichtdurchflutet« ist gern alles, was überhaupt ein Fenster aufweist – besonders hell muss es dafür nicht sein. »Großzügig« und »gut geschnitten« – das steht im Grunde in jeder Wohnungsanzeige und bedeutet: nichts. »Gut erhalten« steht für »hat lange keine Handwerkskräfte gesehen«. Ein »individueller« oder »origineller« Grundriss ist eine Umschreibung dafür, dass die Wohnung verschachtelt oder verbaut ist. »Aufwendige und luxuriöse Sanierung« kann alles heißen, wird sich aber auf jeden Fall im Preis niederschlagen. »Zentrale Lage« mit »guter Anbindung« heißt übersetzt, dass die Wohnung mitten zwischen großen Verkehrsadern liegt. »Nur wenige Minuten von der City entfernt« bedeutet dagegen meist eher, die Wohnung ist ganz schön abgelegen – überleg mal, wie weit du mit dem Auto kommst, wenn du ein paar Minuten über die Bundesstraße fährst.

Wenn die »Einkaufsmöglichkeiten direkt vor der Tür« sind, kann es sehr gut sein, dass dein Balkon einen tollen Blick auf den Parkplatz vom Supermarkt bietet. Eine »gefragte Lage« könnte sich bald dazu entwickeln, muss es aber nicht, eine »aufstrebende Wohngegend« ist oft verlottert. Hat die Bude ein »seriöses Umfeld«, hast du vor der Tür nur Büros, Versicherungen und Banken. Mit »familienfreundlich« ist nicht gemeint, dass Schule oder Sportverein in der Nähe sind, es bedeutet schlicht: lärmig. Aufpassen solltest du, wenn etwas ganz offensichtlich nicht zusammenpasst – wenn die Wohnung etwa zentral und ruhig sein soll. Und Finger weg von Anzeigen, die Zeitdruck aufbauen, da ist auf jeden Fall ein Haken dran! Wenn du dir unsicher bist, frag am besten genau nach, dann weißt du, ob die Besichtigung sich lohnt.

Rechtliches Back-up. Manchmal brauchst du harte Bandagen und Backgroundwissen. Aber immer noch sind nicht alle, die eine Wohnung mieten, auch im Mieterschutzbund. Wie ist es mit dir? Die Mitgliedschaft kostet nicht viel: zwanzig Euro einmalig für die Aufnahme und achtzig Euro Jahresbeitrag. Dafür bekommst du jederzeit kompetente und umfassende Rechtsberatung – und Mietrechtsschutz, wenn du ihn brauchst.

Ich habe mich so schon einmal erfolgreich gegen eine Mieterhöhung gewehrt, weil unser Viertel sich im Lauf der Zeit angeblich in ein »modernes Villenviertel« verwandelt hätte – wir wohnten aber nach wie vor zwischen einer schmuddeligen dreispurigen Straße und den Bahngleisen. Vor Gericht bekamen wir recht. Es stellte sich sogar heraus, dass die Wohnung zu teuer vermietet worden war, denn es stand eine größere Quadratmeterzahl im Vertrag, als fürs Gericht nachgemessen wurde.

Sinnvoll für alle: Werde Mitglied bei der Mietergewerkschaft https://mietergewerkschaft.de oder https://mg-berlin.org – bisher gibt es so etwas nur in Berlin und Frankfurt, aber du kannst sie auch in deiner Stadt gründen. Eine Mietergewerkschaft soll – anders als ein Mieterverein – zwischen Mietenden und Vermietenden verhandeln, dabei geht es um grundsätzliche Mietbedingungen. Werden diese fair ausgehandelt wie Tarife, kommt dies hinterher langfristig allen zugute.

Warum nicht tauschen? Du kannst versuchen, auf Plattformen wie https://www.wohnungstauschduesseldorf.de deine jetzige Wohnung gegen eine größere oder kleinere dauerhaft zu tauschen. Dieses Portal ist kostenlos, das Wohnungsamt hilft bei der Suche. In Freiburg hilft die Stadt finanziell beim Umzug, wenn jemand aus einer größeren Wohnung in eine kleinere umziehen möchte: https://www.wohnungstausch.freiburg.de. Die städtische Wohnungsbaugesellschaft GWG in München hilft ebenfalls beim Wohnungstausch, in Berlin gibt es ein ähnliches Angebot für Mieterinnen und Mieter der landeseigenen Wohnungsbaugesellschaften: https://inberlinwohnen.de/wohnungstausch. Auch auf Immobilienportalen findest du oft Anzeigen zum Wohnungstausch.

Zwischendrin, aber schon mal da. Wenn du nichts Festes findest, such etwas zur Zwischenmiete. Am besten gibst du eine Anzeige auf, die dich und das, was du suchst, gut beschreibt. Ein gutes Portal dafür ist https://www.wg-gesucht.de – dort habe ich schon oft etwas gefunden. In einigen Fällen hätte ich dort sogar länger wohnen oder die Wohnung übernehmen können.

Gangs of Gerechtigkeit. Gründe eine Initiative mit den Menschen aus deinem Haus. Oder such dir Organisationen, die schon jetzt für die Verkehrswende eintreten und Städten grüne Ecken schenken. Zum Beispiel die Naturfreunde – es gibt viele Ortsgruppen, die sich mit der verkehrsgerechten Stadt befassen, gemeinsam Parklets bauen, Urban-Gardening-Projekte ins Leben rufen und sich für Artenschutz bei Bauvorhaben einsetzen. Besuche Veranstaltungen zur klimafreundlichen Stadtgestaltung und schau dich in deiner Stadt um, ob es Initiativen gibt, die sich dem Thema Bürgerenergie widmen oder Flächen entsiegeln.

Zu den Initiativen, denen du dich anschließen kannst, gehört auch Changing Cities (https://changing-cities.org), die Menschen dort setzen sich für bessere, lebenswertere Städte ein, Ideen für nachhaltige Mobilität findest du auch auf dieser Seite: https://www.strasse-zurueckerobern.de. Für die Rechte von allen, die gern zu Fuß unterwegs sind und sicher ankommen möchten, engagiert sich der Fuß e. V. (https://fuss-ev.de). Radfans finden bei https://www.pro-fahrrad.de und etlichen Initiativen vor Ort Anschluss. Und es gibt viele weitere, die für verkehrsberuhigte Zonen, Urban Gardening und besser ausgebauten, günstigen öffentlichen Nahverkehr eintreten.

Wenn du es vor deiner Haustür ruhiger haben willst: Sprich doch mal mit den Menschen in deinem Haus oder in deiner Straße, was ihr gemeinsam auf die Beine stellen könnt. Du bist nicht allein! Eine Verbündete hast du in jedem Fall: Katja Diehl, die zu Vorträgen oder Lesungen sicher auch in deine Stadt kommt – mit jeder Menge Verkehrswendetipps im Gepäck. Falls du nicht warten magst: Die Mobilitätsexpertin bietet viele Infos auf ihrer Website an, sie hat auch einen wöchentlichen Newsletter – und du kannst sie unterstützen und so ihrer wichtigen öffentlichkeitswirksamen Arbeit für die Verkehrswende einen zusätzlichen Schub geben. Mehr unter: https://katja-diehl.de

Platz doch einfach!

Mit wenig Krempel ins Tiny House

Daa-da-dipdip-da-da-da-dap-dap, erklingt es aus dem Röhrenfernseher. Auf dem Bildschirm ist eine gezeichnete Straßenoberfläche zu sehen. Der Asphalt stülpt sich an einer Stelle aus, die Spitze bricht auf, Bröckchen prasseln auf den Grund. Gleichzeitig wölben sich die ersten gezackten Blätter heraus, ein Blütenstängel schiebt sich in wenigen Sekunden empor, bis eine leuchtend gelbe Blume mitten auf der Fahrbahn steht.

Ich bin sechs Jahre alt und sitze mit meiner kleinen Schwester auf dem orangefarbenen Cordsofa in unserem Wohnzimmer. Gebannt verfolgen wir das Geschehen auf der Mattscheibe.

»Heute muss ich umziehen«, erklingt eine sonore Stimme. Damit beginnt im März 1981 eine der erfolgreichsten Kinderserien im deutschen Fernsehen: *Löwenzahn*. Moderiert wird sie von einem Mann mit ausgeprägter Stirnglatze, Schnauzbart, Nickelbrille und Jeanslatzhose, der mir aus der Vorgängersendung *Pusteblume* vertraut ist – Peter Lustig.

In dieser ersten Folge deckt Peter den Kaffeetisch im Garten, seine Freundin Trude kommt zu Besuch. Er ärgert sich über den Lärm der Flieger, die neuerdings über sein Grundstück hinwegbrettern, seit in der Nähe ein Flughafen eröffnet wurde.

»Die Flugzeuge da oben«, erklärt er Trude, »das halt ich nicht aus!«

Da er am Flugverkehr nichts ändern kann, beschließt Peter, aus seinem Haus auszuziehen. Seine erste Idee: ein Hausboot! Aber das kommt ihm wenig verlockend vor, als er darüber nachdenkt, was alles auf Flüssen transportiert wird und wie viele Fabriken am Ufer das Wasser verschmutzen. Auch ein moderner Wohnwagen fällt hinten runter, zu teuer, nicht gemütlich genug. Schließlich entscheidet sich Peter für einen Bauwagen, den er nach Lust und Laune gestalten und hinstellen kann, wo immer er will. Wehmut ergreift ihn kurz beim Abschied von seinem alten Haus, und auch ich wundere mich zunächst, dass er es verlässt.

Schon wenige Folgen später kann ich mir Peter jedoch gar nicht mehr woanders vorstellen als in dem blauen Bauwagen. Noch heute sehe ich vor meinem inneren Auge die Außentreppe aus alten Stühlen, die rosafarbene Dachterrasse und die selbst gebastelte sprechende Ukulele Klaus-Dieter. Der Bauwagen, der mich durch meine Kinderjahre begleitete, ist eine Legende, er steht inzwischen im Filmpark Babelsberg.

Der Beginn der Fernsehserie *Löwenzahn* kommt mir in den Sinn, als ich über weitere Wohnexperimente nachdenke. Immerhin war auch Peter Lustig auf der Suche nach einem neuen Zuhause. Und er hat sich genauso viele Gedanken gemacht wie ich.

Mein Experimentierhunger ist groß, aber wegen der pandemischen Lage bekomme ich bei Gemeinschaftsprojekten immer wieder eine Absage. Wie wäre es stattdessen damit, im Bauwagen zu leben? Vielleicht würde ich schon längst in einem wohnen, wenn ich so erfinderisch wäre wie der Held meiner Kindertage. Doch ich habe zwei linke Hände und leider auch keine Freundin wie Trude, die mich einfach in ihrem Garten wohnen lassen würde. Also schaue ich mich nach anderen Einzelwohnformen um, in denen der Platz begrenzt ist, aber die Gestaltungsmöglichkeiten groß wären.

Frank Odenthal, ein Journalist, den ich vor Jahren bei einer Umweltaktion kennengelernt habe, erzählt mir, dass er vor einigen Jahren beschloss, künftig auf einem Segelboot zu wohnen. »Ohne Not hätte ich das nicht versucht«, sagt er, als ich ihn anrufe, um seinen Erfahrungsschatz anzuzapfen. Seine Frau und er hätten sich damals getrennt, sie wohnte mit den Kindern in Lörrach, wegen der Nähe zur Schweizer Grenze eins der teuersten Pflaster Deutschlands. »Auf dem Boot war weniger Platz, aber ich hätte meine Kosten reduzieren können.«

Frank, der als leidenschaftlicher Segler schon viel Zeit auf dem Wasser verbracht hat, beschloss, sich eine kleine Jacht zu kaufen und in einer Marina am Rhein dauerhaft anzulegen – auf der französischen Seite hätte er monatlich nur knapp hundert Euro Miete gezahlt. Warum wohnt er da nicht?

»Ich bin das damals etwas blauäugig angegangen.« Er lacht. »Das Boot habe ich günstig in Holland gekauft, wo es einen guten Markt für gebrauchte Jachten gibt. 2000 Euro hat es gekostet, viel weniger als in Deutschland.« Der Plan war, von den Niederlanden aus auf dem Rhein und der Maas durch die französischen Kanäle Richtung Basel zu gondeln. »Ende August bin ich losgefahren, erst im Sommerwetter, aber dann wurde es herbstlich. Eines Morgens herrschte dichter Nebel und das Boot hatte kein Radar – bei dem Berufsverkehr auf der Maas ein Himmelfahrtskommando.«

Weil das Wetter ihm weiter einen Strich durch die Rechnung machte, gab er den Plan kurzfristig auf, verkaufte das Boot bei nächster Gelegenheit und mietete sich eine günstige Wohnung im Schwarzwald, etwas weiter weg von seinen Kindern, aber erreichbar. »Mir allein hätte der Platz gereicht, mit den Kids wäre es auf dem Boot sicher schwierig gewesen«, sagt er heute. »Aber wenn sie groß sind, ziehe ich das durch. Und wenn mich ein Liegeplatz zu langweilen beginnt, dann: Leinen los!«

Segeln muss ich nicht unbedingt, aber auf dem Wasser zu leben kann ich mir gut vorstellen. Wenn ich ein Boot hätte, könnte ich ja vielleicht sogar in Berlin vor Anker liegen? In der Stadt und drum herum gibt es viel Wasser, allein im Stadtgebiet fünfzig Seen, drei Flüsse, acht Kanäle. Und an der Rummelsburger Bucht in der Nähe vom Ostkreuz sehen die Boote sehr gemütlich aus.

Ich miete mir probeweise ein Hausboot, das an einem kleinen Steg in Brandenburg vor sich hin dümpelt. Das Wasser wirkt beruhigend, die Umgebung ist schön, aber auf die Dauer nervt mich das leichte Schwanken, genau wie die dicken Silberfische, die das Boot mit mir teilen. Außerdem erfahre ich, dass ein Hausboot keineswegs billig ist – neu kann es eine Viertelmillion kosten, die ich nicht mal eben so herumliegen habe. Ohne handwerkliche Fähigkeiten wird es schwierig, sich ein Boot günstiger zurechtzubasteln. Dazu kommen die Liegegebühren, die an jedem Ort unterschiedlich sind. Würde ich wirklich an der Rummelsburger Bucht einen Platz finden, müsste ich mit rund 300 Euro monatlich rechnen, habe dann aber noch kein Trinkwasser. Und überhaupt soll der Rummelsburger See bald saniert werden, da die Sedimente mit Schadstoffen wie Schwermetallen aus der industriellen Nutzung belastet sind.

Ich ziehe ohne Reue weiter und quartiere mich im Andenken an meine Oma, die ihr Waldhäuschen so liebte, für eine Weile in einer Waldhütte im Erzgebirge ein. Immerhin hat der Dichter Henry David Thoreau bei einem ähnlichen Wohnexperiment einst tiefe Einblicke in das Wesen des Menschen und die Geheimnisse der Natur gewonnen. Er schrieb sie auf und landete mit seinem Blockhütten-Besinnungsbuch *Walden* zumindest posthum einen Bestseller. Mich beeindruckt, wie genügsam er in diesem kleinen selbst gebauten Haus gelebt hat. »Überflüssiger Reichtum bringt nur überflüssige Dinge ein«, fand Thoreau. »Für das, was der Seele nottut, ist kein Geld erforderlich.«

Meine eigene Zeit im Wald ist leider nur insofern bemerkenswert, als ich mich in der Einöde unendlich langweile, wenn mein Gehirn nicht gerade damit beschäftigt ist, alle Horrorfilme durchzuspielen, die ich jemals gesehen habe – von *Blair Witch Project* über *The Forest* bis zu *Knock at the Cabin*. Genau, wie ich vermutet hatte. Wie haben Thoreau und meine Oma das ausgehalten? *Allein* zu wohnen ist zwar kein Problem für mich, aber mir wird klar, dass *allein im Wald* zu wohnen das nächste Level ist. Natur hin oder her – ich brauche mindestens einen lebhaften Ort in der Nähe, ob es nun ein Dorf ist oder eine Bude voll netter Leute.

Auf sich gestellt zu leben und trotzdem gesellig zu sein, das kann meine Freundin Petra ganz besonders gut. Ihr würde ich auch zutrauen, Boot, Waldhütte oder Bauwagen gemütlich zu gestalten – ihr Talent hat sie bei verschiedenen Renovierungsarbeiten bewiesen. Weil ich sie wegen der Pandemie lange nicht besucht habe, mache ich mich auf den Weg zu ihr. Die Anreise dauert etwa sieben Stunden, und im Hochsommer mit Atemmaske ist das in öffentlichen Verkehrsmitteln nicht die angenehmste Erfahrung.

Petra holt mich von der Haltestelle ab. Kaum hat der Bus mich ausgespuckt, reiße ich mir die Maske vom Gesicht, wir fallen uns in die Arme.

Einige Tage später sitzen wir auf ihrer Terrasse, die einen Ausblick auf die umliegenden Wälder erlaubt. Jedenfalls war das bisher der Fall. Borkenkäferlarven fressen sich gerade durch die Fichtenforste – Monokulturen, die für diese Gegend typisch sind. Viele der spitzen Baumkronen sind graubraun, an vielen Orten sind die Harvester unterwegs und rupfen die Bäume ab, als wären es Grashalme. Das Geräusch der Sägen und der krachend fallenden Fichten begleitet uns von früh bis spät, und das Wäldchen am Hang gegenüber lichtet sich.

»Das geht so schnell, ich mag gar nicht hinsehen.« Petra wendet sich von dem kahl gewordenen Hügel ab, zieht die Schultern hoch und steht auf. »Wollen wir was essen?«

Wir dürfen in Nachbars Garten Zucchini, Gurken und Tomaten ernten und brutzeln uns eine Gemüsepfanne. Ich bediene mich großzügig im Kräutergarten im Hof mit Schnittlauch, Petersilie und Zitronenthymian für obendrauf. Kurz darauf sitzen wir an ihrem Küchentisch, und sie erzählt mir, wie sie dieses alte Fachwerkhaus vor zwanzig Jahren entdeckten. Der Makler hatte es erst jemand anderem versprochen, sie glaubten schon, dass sie weitersuchen müssten. Im Urlaub in Griechenland sprachen sie und ihr Mann die ganze Zeit davon, was für ein besonderer Ort es gewesen war. Als sie zurückkamen, blinkte der Anrufbeantworter: Das Haus wäre wieder frei, ob sie es noch kaufen wollten?

Acht Jahre lang haben sie das Gebäude grundsaniert, es so wiederaufgebaut, wie es war – zumeist mit ihren eigenen Händen und mit ökologischen Baustoffen, die das Haus weiter gut atmen lassen. »Was für eine Arbeit das war, kannst du dir nicht vorstellen«, sagt Petra. »Als wir die Tapeten runterrissen, kamen uns die Ausfachungen fast entgegen.«

»Hast du je bereut, dir die viele Arbeit aufgehalst zu haben?«

Sie schüttelt den Kopf. »Ich wusste immer, wie es aussehen wird, und das hat mir Kraft gegeben.« Ihr Blick gleitet über die unebenen Wände, den Dielenfußboden, bleibt an der Wendeltreppe hängen. »Oft genug hatte ich das Gefühl, ich kann nicht mehr, aber es hat sich gelohnt. Mir geht jedes Mal das Herz auf, wenn ich von einer Reise zurückkomme.«

Sie hat sich diesen Ort geschaffen und ihn erhalten, nicht nur für sich, sondern auch für die Generationen, die nach ihr kommen. »Alle, die vor mir darin gewohnt haben, sind ein Teil des Hauses, und jetzt bin ich das auch.«

Vielleicht geht es im Leben darum, so etwas zu hinterlassen – einen Hof auszubauen wie Petra oder eine Hütte selbst zu zimmern wie Thoreau.

»Und vermisst du die Stadt nicht?« Ich erzähle ihr von meiner Erfahrung in der Waldhütte und davon, wie schwer es mir fiel, dort zu leben.

Sie nickt. »Einsamkeit kann nicht jeder aushalten, mir gefällt der Gegensatz. Wenn ich in die Stadt fahre, freue ich mich auf den Trubel. Und wenn ich wieder zurück auf dem Land bin, dann schöpfe ich hier Kraft, aus der Stille und aus der Natur. Auf dem Hof und in der Nähe wohnen zwar nicht viele Menschen, aber wir mögen uns.«

In den kommenden Tagen verstehe ich, was sie meint. Wir wandern durch die entwaldete Landschaft, an der Talsperre, durch Felder und kleine Weiler, an Flussläufen entlang – im Laufe der Jahre und Jahrzehnte wird in dieser hügeligen Landschaft hoffentlich wieder richtiger Mischwald entstehen, wenn die Menschen es zulassen. In Petras Gegenwart denke ich weder an Geister oder Dämonen noch an Serienkiller, im Gegenteil – ich fühle, wie es in mir ruhig wird. Der Bauer, der um die Ecke wohnt, grüßt freundlich, und das junge Paar von nebenan bleibt oft für sich, aber auf einen Schwatz haben beide Zeit, und ihre kleine Tochter bringt auch Leben in die Bude.

Als ich zurückfahre, bin ich vollgetankt mit frischer Luft und guter Laune. Und ich bin überzeugt, dass ich es erneut mit dem Alleinleben probieren möchte. Eben nur: in Gesellschaft.

Wie? Genau wie Petra und wie Peter Lustig. Ich suche mir vier Wände im Grünen, wo ich für mich bin, aber dennoch Anschluss habe – an ein Dorf oder eine Gemeinschaft. Einen Bauwagen, ein Baumhaus, eine Erdhöhle oder ein Tiny House. Letzteres habe ich vor Jahren schon einmal probiert, und zwar in Lilleby, einem kleinen Tiny-House-Dorf, das an einem idyllischen Fleck zwischen Mölln und Ratzeburg liegt, im Naturpark Lauenburgische Seen. Gegründet hat es Oliver Victor. Er betreibt unweit davon die Erlebnisbahn, wo Gäste in fantasievoll ausgebauten Eisenbahnwaggons schlafen und allerlei Touren in die Umgebung unternehmen können. Mit dem Platz im Kleinsthäuschen kam ich gut zurecht, und gefallen hat es mir dort auch. Damals zog es mich jedoch in meine Wahlheimat Berlin zurück. Ob es mir jetzt anders ginge?

Auf kleinem Platz mit wenig Sachen und trickreichem Stauraum zu wohnen kommt zunehmend in Mode. In Zeitschriften und auf Social-Media-Seiten sehe ich immer öfter Bilder von Minihäusern, die an idyllischen Orten stehen – an einer Klippe, vor einem Bergpanorama, mitten im Wald. Wäre das Wohnen in einem so kleinen Haus jetzt etwas für mich? Würde ich mir ein Tiny House leisten können? Und ist es so ökologisch, wie es immer heißt?

Der Trend entstand in den USA, wo es einfacher als in Deutschland ist, sein Häuschen in die Landschaft zu stellen. Durch die Finanzkrise nach der Jahrtausendwende konnten plötzlich viele Menschen die Raten für ihre Hauskredite nicht mehr zahlen. Einige zimmerten sich ihren Wohnraum notgedrungen auf Anhängern zusammen und schwärmten von ihrer neuen Freiheit. Manche dieser Unterkünfte waren so fantasievoll und schön, dass die Bewegung der Tiny-House-Fans wuchs und die Minihäuschen Marke Eigenbau schließlich auch jenseits des Atlantiks immer mehr Menschen für einen minimalistischen Lebensstil begeisterten. Für einige wurde ihr Tiny House tatsächlich zum festen Wohnsitz, andere erfüllten sich damit den Traum vom Ferienhaus oder vom mobilen Büro im Grünen. Und so stehen manche der Häuschen auf Campingplätzen, andere in Hofgemeinschaften, wieder andere im Garten der Schwiegereltern oder einer Freundin – im Grunde wie Peter bei Trude.

Oliver, der mit der Gründung von Lilleby Neuland beschritten hat, sagt, dass es stetig mehr Menschen gibt, die sich mit den Vorschriften und mit dem Bauen auskennen. Früher war das mit mühseliger Recherche verbunden. Inzwischen ist ein Tiny House keine Besonderheit mehr – hierzulande bauen oder kaufen sich alle möglichen Leute eines. Fans fachsimpeln in Facebook-Gruppen über die Konstruktion und die Stellplätze, und das Kleinstwohnen scheint für viele Aspekte unserer Zeit die Lösung zu sein: die Tatsache, dass es zunehmend andere Lebensmodelle gibt als die Kleinfamilie, die enormen Mietpreise pro Quadratmeter, die Tatsache, dass wir heute immer flexibler und mobiler sind, viele häufig den Wohnort wechseln und immer mehr Jobs ohne Firmenbüroplatz ausgeübt werden können.

Olivers Lilleby liegt auf einem stillgelegten Bahngelände. Für mobile Büros oder Feriendomizile ist es nichts – er wollte, dass hier eine Gemeinschaft entsteht. Dafür hat er den Rahmen geschaffen: Wer in Lilleby wohnt, kann sich im Haus anmelden, das früher der Bahnwärterei gehört hat. Dort gibt es Briefkästen, Stauraum, einige Gästezimmer und einen Co-Working-Space.

Eines Tages soll es noch ein rundes Seminarhäuschen geben. Der Strom kommt teils aus einer Solaranlage, die auf dem Dach eines der Häuschen angebracht ist, weitere sind geplant – der Traum ist, dass sich die Siedlung eines Tages selbst versorgt.

Einige der Häuser wurden fertig angeliefert, aber die meisten Menschen, die hier leben, haben ihres selbst geplant und gebaut. Es gibt größere und kleinere, sie haben Spitzdächer oder Pultdächer, einige sind bunt, andere naturholzfarben, manche sehr fantasievoll gestaltet. »Viele haben länger an ihrem Haus gebaut als vorgesehen«, hat mir Olli einmal erklärt. »Das liegt daran, dass es eben keine Profis sind – und bei einigen auch daran, dass sie viele Sonderwünsche haben, die dann doch nicht so einfach umzusetzen sind wie anfänglich gedacht.«

Und so baut ein Paar seit zweieinhalb Jahren an seinem Heim, weil die beiden schon einige Male in eine bautechnische Sackgasse geraten sind. Olli hat ihnen Ratschläge gegeben, etwa, die Ausbauten an den Enden des Wagens wegzulassen, weil es schwierig zu isolieren sei, aber sie nahmen das in Kauf, weil sie den Platz unbedingt nutzen wollten.

Ich bin zwischendurch gerne zu Besuch in Lilleby, um die Fortschritte zu sehen, und ich mag die Community, in der viele unterschiedliche Menschen leben. Außerdem unterhalte ich mich gern mit Olli, denn der hat jede Menge gute Ideen. Und setzt das, was ihn gerade fasziniert, oft direkt auf seinem großen Gelände um. So hatte er den Einfall, ein Tiny House auf Schienen zu stellen. Es ist ein gemütliches Hutzelhäuschen geworden, mit bewusst schiefen Fenstern und einem Special: Der obere Teil lässt sich öffnen, um unter den Sternen zu schlafen. Sollte es mitten in der Nacht beginnen zu regnen, fährt das Dach, das mit einem Sensor ausgerüstet ist, automatisch wieder zu. Eine Spielerei, aber eine schöne, finde ich.

Versetzbar ist dieses Haus wegen der Schienen nicht so einfach, und auch andere Kleinsthäuser sind längst nicht so flexibel, wie es sich manche vorstellen mögen: Sie sind unterschiedlich groß, die meisten etwa zwanzig bis vierzig Quadratmeter, oft mit mehreren Ebenen. Viele Tinyhäuser sind so geräumig, dass sie als Schwertransport von A nach B bewegt werden müssen. Olli hat in einigen Fällen den Bauer von nebenan gebeten, sie mit dem Trecker zu schleppen.

Meist ist auch etliches an Verwaltungsaufwand zu leisten, um sein Häuschen an einen Ort stellen zu dürfen, und die Kosten für Genehmigung und Erschließung sind hoch. Wie hoch, das hängt von Bebauungsplänen, Flächennutzungsvorschriften und den Vorgaben des Bauamtes ab. Der Traum vom Tiny House ist also nicht mal eben in die Tat umgesetzt.

Für mich ist der Zeitpunkt gekommen, dieses Konzept an einem anderen Ort erneut auf Herz und Nieren zu testen. Eines Tages im Spätsommer erzählt mir eine Kollegin von einem befreundeten Paar, das auf seinem Hof in Mecklenburg-Vorpommern ein Tiny House vermietet. Es sei sehr gemütlich, Natty und Boris setzten größtenteils auf Selbstversorgung. Das ist anders als in Lilleby, und der Ort ist mit dem Zug von Berlin aus gut erreichbar. Mein Interesse ist geweckt, und ich vereinbare mit ihnen, dass ich eine Weile auf ihrem Grundstück unterkomme.

»Und was, wenn du nicht klarkommst mit den beiden?« Rodrigo ist wachsam, seit wir zusammen im Haus am Deich waren und die Druidin getroffen haben.

Ich zucke mit den Schultern. »Na, dann komme ich früher wieder zurück.«

Diesmal wohnt niemand über mir, ich bin im hinteren Teil des Gartens für mich allein. Und wenn ich Gesellschaft suche, dann finde ich sie nicht nur im Haupthaus, sondern auch im Dorf. Mein Klapprad nehme ich mit, um mobil zu sein, und weil das Häuschen nicht so groß ist, passen die nötigsten Sachen in meinen Rucksack.

Von der Bahn ist es nicht weit, ich fahre ein Stück die Straße entlang, dann einen sandigen Feldweg, an dessen Ende ich an ein Hoftor gelange. Es ist sommerlich warm mit dieser ersten Ahnung von Herbst. Der Wind rauscht in den Pappeln und Weiden, und als ich das Tor aufhake und mein Rad über den Hof schiebe, komme ich auf ein großes Gehöft aus roten Ziegeln zu und sehe auch schon das Tiny House, das mein Zuhause für die nächste Zeit sein wird. Es schmiegt sich in eine große Brombeerhecke, vor dem Eingang steht eine kleine Bank, darüber ist ein Sonnensegel angebracht.

Eine Frau in einem roten Neckholder-Kleid kommt mir entgegen, sie trägt eine von diesen Klappboxen aus Plastik, in der Mangold, Tomaten und ein Salatkopf liegen, soweit ich das erkennen kann.

»Anne?«, fragt sie. »Schön, dass du da bist, ich bin Natty.«

Sie holt schnell den Schlüssel aus dem Haupthaus, dann zeigt sie mir mein neues Domizil. Es ist klein, aber fein, innen tutti kompletti mit einer kleinen Empore, auf der ich schlafe und unter der sich eine Sitzecke befindet. Ein kleiner Schreibtisch steht vor dem Fenster, schräg gegenüber ist eine Miniküche, am Ende das Badezimmer. »Das haben wir selbst ausgebaut«, erzählt sie, »ich hoffe, du fühlst dich wohl.«

Sie lässt mich allein, damit ich mich kurz frisch machen kann. Im Bad benetze ich mein Gesicht nach der langen Reise mit Wasser. Als ich hochkomme, stoße ich mir in dem engen Raum den Kopf am Schränkchen über dem Waschbecken. Autsch! Das ist der Nachteil, wenn alles so klein ist.

Ich reibe mir den Hinterkopf, dann gehe ich in den Garten, Natty will mir den Hof zeigen. »Wir sind hier fast ganz autark.« Sie weist zum Dach. »Fotovoltaik produziert den meisten Strom. Das Haus hat einen Holzpelletofen und ist gut isoliert. Hinter dem Haus gibt es eine Zisterne, das Brauchwasser verwenden wir auch für die Toilette, und wir haben einen eigenen Brunnen fürs Trinkwasser.«

»Habt ihr den einfach so gebohrt?«

Sie lacht. »Es gab schon früher einen Brunnen, der aber zugeschüttet war, als wir einzogen.« Sie erzählt, dass sie das Gebäude vor zehn Jahren gekauft und den Brunnen gereinigt und instand gesetzt haben. »Das darf man aber nicht einfach so, wir haben das bei der Wasserbehörde angemeldet.«

Wir gehen gemeinsam durch den Garten. Überall summt und brummt es, ich sehe zwei große Libellen und höre Grillen singen. Natty zeigt mir die Hochbeete und die Nutzpflanzen darin, die für meine Begriffe alle nach Kraut und Rüben aussehen. Alles scheint durcheinanderzuwachsen, ein wenig verwildert zu sein. Nicht wie die ordentlichen Beete und Sträucher, die ich aus dem Garten meiner Eltern kenne. Dort stehen Johannisbeeren und Stachelbeersträucher in Reih und Glied, in einem Beet wachsen die Erdbeeren und neben dem Komposthaufen Kürbis und Bohnen. Es gibt zwar auch eine Kräuterspirale, genau wie hier, aber sonst sieht es bei ihnen viel aufgeräumter aus als in Nattys Garten.

»Hast du schon mal von Permakultur gehört?«, fragt sie mich. Nur von Permafrost. »Hat das was mit dem Boden zu tun?«

»Nicht ganz.« Sie lächelt. »Es ist eine Anbauart, bei der verschiedene Pflanzen sich gegenseitig schützen. Bill Mollison, der die Permakultur entwickelt hat, ist Träger des Alternativen Nobelpreises. Er hat einmal gesagt, Permakultur sei ein Tanz mit der Natur, bei dem die Natur führt. Einfach gesagt arbeiten wir mit der Natur, nicht gegen sie – das heißt, wir unterstützen die Kreisläufe, die es gibt, und versuchen nicht, künstlich was zu unterdrücken. Im Permakulturgarten ist alles miteinander verbunden und findet auf die eine oder andere Weise wieder Verwendung. Wir achten darauf, dass die Fruchtfolge so abläuft, dass die Erde wieder mit Nährstoffen versorgt wird. Und wir schützen unsere Nützlinge, guck mal hier«, sie deutet auf kleine bräunliche Krabbler, die ein orangefarbenes Muster auf ihrem Rücken tragen und sich so zackig mit ihren sechs eckigen Beinen über den Stängel einer Mohnpflanze schieben, als wären sie Transformers und würden sich jeden Moment in Sci-Fi-Maschinenwesen verwandeln. Niedlich, aber auch wie vom anderen Stern.

»Bald sind das Marienkäferchen«, sagt Natty, »die Larven hier ernähren sich am liebsten von Blattläusen. Die Marienkäfer kannst du mit bestimmten Pflanzen anlocken, etwa mit Fenchel, Minze, Kümmel, Kamille oder Schnittlauch.«

Sie zeigt mir auch die Ecke, wo sich der Igel eingenistet hat, der sie von den Nacktschnecken befreit. Trockenmauern, Steinhaufen und Nisthilfen locken andere Tiere an und sind ideal für Wildpflanzen.

»Wir verwenden alles wieder.« Natty weist auf ein Beet, das etwas höher angelegt und von einem Mäuerchen aus groben Feldsteinen umgeben ist. »Die Steine haben wir gefunden, als wir dort vorne den Boden umgegraben haben.« Sie deutet hinüber zu einem Beet, in dem Kohlköpfe wachsen, dann auf einige Kisten, in denen Salat gedeiht. »Und das war unser Holzzaun, bevor wir den Garten richtig angelegt hatten.«

Klematis ranken sich auch an der Seite meines Tiny House empor, und auf der anderen Seite ist eine Rankhilfe für Hopfen angebracht. »Beides zieht viele Bienen an«, sagt Natty.

Zusammen mit ihrem Freund Boris wohnt sie im Haupthaus, er ist im Moment nicht da, weil er auf den Markt gefahren ist. »Wir versuchen uns weitgehend selbst zu versorgen«, erklärt sie. »Es gibt einen Bokashi-Komposter, wir machen Aufstriche und Marmeladen, backen unser Brot selbst, ziehen Sprossen und züchten Kombucha. Einige Sachen, die wir nicht anbauen, müssen wir zukaufen: Kaffeebohnen, Nudeln, Reis. Und ab und an Eiscreme.« Sie grinst.

»Habt ihr auch ein Insektenhotel?« Das kenne ich von meinen Eltern, es besteht aus vielen kleinen Röhrchen, in denen Wildbienen und andere Krabbler Unterschlupf finden.

Natty schüttelt den Kopf. »Hier gibt es schon so viel natürlichen Unterschlupf, da ist es überflüssig.«

Sie lädt mich spontan zum Essen ein, und Boris, der kurz darauf zurückkehrt, setzt sich zu uns, nachdem er seine Einkäufe in der Vorratskammer verstaut hat. Wir sitzen auf der windgeschützten Terrasse vor der Küche an einem Holztisch. Es gibt den Salat, den Natty vorhin gepflückt und in den sie essbare Blüten eingestreut hat, einen Auflauf mit einigen Scheiben selbst gemachtem Landbrot mit dicker Kruste, dazu ein Pesto, das wir darauf streichen. Ich erfahre, dass das Tiny House, in dem ich wohnen werde, rund 30 000 Euro gekostet hat, »aber nur, weil wir so vieles selbst gebaut haben«, wie Boris verrät. Da ich unerfahren in solchen Dingen bin, würde es für mich – wie beim Hausboot – wohl ein Stück teurer.

Zum Dank fürs Essen helfe ich im Garten beim Mulchen der Tomaten, dann gehe ich in mein Häuschen, packe aus und richte mir meinen Arbeitsplatz ein. Ich erledige allerhand Bürokram und komme mit Blick auf den Permakulturgarten dabei gut voran. In Gedenken an den Standort des *Löwenzahn*-Bauwagens taufe ich meine neue Heimat »Trudes Garten«, selbst wenn es Nattys ist.

Am Abend fühle ich mich schon heimisch, gehe barfuß ins Bad und putze mir die Zähne. Ich spüle aus – und knalle wieder mit dem Kopf gegen das Spiegelschränkchen. Mist, das muss ich mir wirklich merken.

In den nächsten Tagen stelle ich immer wieder erstaunt fest, wie viel erfindungsreiche Sachen das Tiny House bietet, ähnlich wie Peter Lustigs Bauwagen – viele Dinge haben zwei oder mehr Verwendungen. Die Stufen, die hinauf zur Empore führen, sind gleichzeitig Schubladen. Den Esstisch neben der Küche kann ich hochklappen, er ist an der Wand befestigt und das einzelne Bein schwenkbar. In Regalen stehen Gläser mit getrockneten Bohnen und Nudeln, von der Decke hängen Kräutersträußchen, an der Wand gegenüber der schmalen Küchenzeile baumeln zwei Pfannen. Auch unter der Sitzbank, die an der anderen Seite angebracht ist, befindet sich eine Kiste, in die ich meinen Rucksack stecke. Und selbst den Boden kann ich teilweise hochklappen und könnte etwas darunter lagern, aber mir fällt gerade nicht ein, was. Wenn ich hier dauerhaft einzöge, wäre es wahrscheinlich praktisch für Sachen, die ich das halbe Jahr über nicht benutze, wie Winterklamotten.

Wer braucht schon mehr Raum, wenn alles so gut verstaut ist? Mir wird bewusst, welche Gerechtigkeitsfrage es ist, wie viel Raum eine einzelne Person einnehmen kann. Der Platz, den wir uns zugestehen, ist seit der Gründung der Bundesrepublik immer weiter angewachsen. Noch Mitte der Sechzigerjahre waren es rund 22 Quadratmeter pro Kopf, doch die Wohnfläche ist stetig gestiegen – inzwischen bewohnt jeder von uns im Schnitt fast 48 Quadratmeter. Diese Durchschnittswerte, hat mir Luisa bei unserer Sammelaktion für Deutsche Wohnen & Co enteignen erklärt, sind aber eigentlich Quatsch, weil sie nie abbilden, dass reiche Menschen sich viel mehr vom Kuchen nehmen als etwa jene, die wenig verdienen, aus einem anderen Land geflüchtet sind oder Sozialhilfe erhalten. Dass jemand in einer Großstadt allein auf 100 Quadratmetern wohnt, verrechnet sich mit der Großfamilie, die sich 53 Quadratmeter teilt. Auf dem Land haben die Menschen außerdem durchschnittlich mehr Wohnfläche zur Verfügung. Und auch Ost und West sind unterschiedlich. Zur Zeit des Mauerfalls hatten Menschen in Ostdeutschland rund 28 Quadratmeter pro Person zur Verfügung, in Westdeutschland hingegen beinahe 35 Quadratmeter – zwei Jahrzehnte nach der deutschen Wiedervereinigung waren es im Westen laut Statistischem Bundesamt noch immer sechs Quadratmeter mehr als im Osten. Und: »Je älter jemand ist«, so der Informationsdienst des Instituts der deutschen Wirtschaft, »desto größer ist in der Regel die Wohnung oder das Haus, das die Person bewohnt.«

Fakt ist, all diese Räume müssen beheizt und beleuchtet werden. Und da für Heizung und Strom immer noch oft fossile Brennstoffe verwendet werden, ist das ein großes Problem. Laut Statista werden drei Viertel aller Wohnungen in Deutschland mit Gas oder Öl beheizt. Und wer wohlhabend ist, hat meist eine größere Wohnung, verbraucht also auch mehr Energie und erzeugt mehr Emissionen. Was, wenn ich künftig auf weniger Platz lebte?

Rodrigos Wohnung ist achtzig Quadratmeter groß, ich habe also vierzig Quadratmeter zur Verfügung. Meine energetische Bilanz wäre sicher besser, wenn ich das reduziere.

In den nächsten Tagen spüre ich, wie gut mir meine neue Umgebung tut. Würde ich von hier aus verreisen, ließe sich das durch die Anbindung besser bewerkstelligen als in Eiderstedt. Das Zusammenleben auf dem Hofgelände ist entspannt, ab und an fahre ich mit dem Rad ins Dorf – meist, wenn mich der Appetit auf Süßes treibt. Ansonsten wächst fast alles um mich herum, und gerade zu dieser Jahreszeit lebe ich wie im Schlaraffenland.

Ich dürfe alles essen, was mir in die Finger kommt, sagt Natty, der Garten werfe ohnehin mehr ab, als sie verbrauchen können. Rund um mich her sind die Büsche voller Beeren, und aus dem Haus zu gehen und sich zu bedienen fühlt sich luxuriös an. So unabhängig vom Angebot im Discounter oder auf dem Markt zu leben wäre etwas für mich. Abgesehen von meinen regelmäßigen Zusammenstößen mit dem Badezimmerschrank könnte ich gut so leben.

»Zu dieser Zeit wächst und gedeiht natürlich alles«, sagt Natty. »Für den Winter wecken wir viel ein, zum Beispiel Gurken, wir fermentieren aber auch Kohl und andere Gemüse, von denen wir zu viel haben, um sie im Sommer ganz aufzuessen.«

Im Schuppen gibt es Maschendrahtgitter, auf denen sie die Walnüsse trocknet, die im Herbst vom Baum fallen. Und in einem Erdhäuschen lagern sie alles, was kühl bleiben muss – Äpfel für den Winter und Öl in einer großen Karaffe.

Alles zu verarbeiten, was Trudes Garten hergibt, ist ein Fulltime-Job, sehr oft sehe ich Natty in der Küche stehen. Selbstversorgung ist toll, aber um das zu leisten, müsste ich meinen Tagesablauf umstellen: früher aufstehen, später ins Bett, damit ich zwischen der vielen Gartenarbeit noch schreiben kann. Ab und zu helfe ich mit und merke dann, wie müde ich am Abend bin.

Autarkie ist schon ein großes Thema für Natty und Boris, und sie versuchen alles so gut anzugehen wie möglich. Was die beiden neben Gemüse und Obst noch brauchen, kaufen sie in Großpackungen, oft im Unverpacktladen in der nächsten Stadt.

Auch energetisch sind meine Gastgeberin und ihr Partner recht autark, sie haben ein Windrad aufgestellt, bekommen ihre Solarenergie vom Dach. Zusätzlich wird mit Holzpellets geheizt, weil sie anfangs glaubten, dass es weniger Emissionen verursachen würde.

»Als das Heizen mit Pellets aufkam, galt es als besonders umweltfreundlich«, erklärt mir Boris, »aber inzwischen wird die Hälfte des in Deutschland abgebauten Holzes energetisch verwendet, eine enorme Menge. Durch das Heizen mit den Pellets werden natürlich auch Treibhausgase ausgestoßen, und bis neue Bäume nachgewachsen sind, die diese Emissionen aus der Atmosphäre holen, dauert es dreißig, vierzig Jahre. Heute würden wir uns eher gegen eine solche Heizung entscheiden.«

Mir scheint, dass wir Menschen uns ständig mit viel Mühe neue Auswege suchen, die nicht besonders gut durchdacht sind. Wer sich – wie Natty und Boris – in bester Absicht auf diese Auswege verlässt, ist angeschmiert, weil es selten echte Lösungen sind, sondern oft nur schöngerechnete Hirngespinste.

Auch das Tiny House kommt mir ein wenig vor wie eine Mogelpackung, denn der Strom läuft im Sommer zwar über Solarkraft, davon gibt es im Winter aber weniger. Außerdem hat das Haus schon einige Jahre auf dem Buckel, und Natty meint, es würde vielleicht dreißig Jahre halten und dann grundsaniert werden müssen. Um es zu bauen, haben sie damals einfach alles genommen, was sie finden konnten, und viele dieser Werkstoffe sind nicht umweltfreundlich. Alles ist verleimt und zusammengenagelt, zur Dämmung haben sie Mineralwolle verwendet, weil diese am günstigsten war. Leider wird sie mit hohem Energieaufwand hergestellt und ist auch schlecht recycelbar.

Die Österreicherin Theresa Mai geht diese Fragen anders an, ihr Unternehmen Wohnwagon produziert nachhaltige Tiny Houses. Bei Wohnwagon bewegen sich die Projekte zwischen 130 000 und 250 000 Euro, je nach Größe und Ausstattung sowie Autarkiegrad. »Dafür schafft man aber langfristige Werte für viele Jahrzehnte«, sagt Theresa.

Die Häuschen sind mit Schafwolle gedämmt, es gibt eine Trenntoilette, und die runden Fassaden sind so aus Holz gefertigt, dass einzelne Latten ganz einfach ersetzt werden können. Alles besteht aus langlebigen Materialien und ist leicht auseinanderzubauen, sodass sich einzelne Schwachstellen auch nach Jahren noch leicht und umweltfreundlich austauschen und reparieren lassen. Einige Stufen führen hinauf zum Eingang, die großzügigen Türflügel und die Bullaugenfenster im hinteren Bereich geben den Wagons ein freundliches Antlitz.

Theresa ist eine schlanke Frau mit halblangen dunkelblonden Haaren und wachen Augen. Gutenstein, wo sie wohnt und wo Gäste ihre Wohnwagons ausprobieren können, liegt südwestlich von Wien. Ein beschauliches Örtchen, in dessen Mitte eine weiß gestrichene Kirche mit Marterl und spitzem grauem Turmdach steht. Der Ort ist von grünen Wiesen und bewaldeten Bergen umgeben und erinnert mich an das Bilderbuchösterreich aus den Urlauben meiner Kindheit.

»Lebst du gern auf dem Land?« Das will ich wissen, weil mich die Stadt-Land-Frage immer noch umtreibt.

»Ich habe lange in Wien gewohnt, während des Studiums«, erzählt Theresa. »Aber ich kann mir nicht mehr vorstellen, in die Stadt zu ziehen, mir gefällt es hier.« Sie komme hier gut zurecht, »sogar ohne eigenes Auto – wir haben einen Carpool-Firmenwagen, es gibt eine Zugstation, so ist alles gut erreichbar.«

Bei ihren Wohnwagons spielt der Gedanke des autarken Lebens eine große Rolle, die aufwendigsten Modelle sind mit Solarkraft, Holzheizung und Wasser-Kreislaufsystemen mit Grünkläranlagen ausgestattet. »Seit Beginn der Pandemie ist die Nachfrage bei uns komplett durch die Decke gegangen. Die Leute spüren verstärkt den Wunsch, unabhängig zu sein und in der Natur zu leben«, sagt Theresa und erzählt mir, mit welchen Wünschen die

Menschen zu ihr kommen. »Für uns geht es darum, langfristige Werte zu schaffen. Wir haben so viel billige Wohnkultur erlebt – aber wer billig baut, wird das vielleicht bereuen.« Gerade bei Tiny Houses werde sehr auf den Preis geachtet, und das sei schlecht für die Umwelt. »Da ist viel unterwegs, das nicht für ganzjähriges Wohnen geeignet ist.« Das habe sie anders machen wollen.

Siebzig Prozent der Leute lebten mit den Tiny Houses nicht auf der grünen Wiese, sondern in kleinen Gemeinschaften. Ginge das auch in der Stadt – oder nur dann, wenn man auf dem Land baut, so wie in Gutenstein?

»Tiny Houses sind sicher eher für ein Wohnen auf dem Land geeignet«, sagt Theresa. »Auch auf dem Land ist es wichtig, dass wir verdichteter bauen, Leerstände nutzen und vor allem nachverdichten, um nicht weiter so viel Fläche zu versiegeln. Mit Tiny Houses wird das möglich.«

Weil mich der Gedanke nicht loslässt, schaue ich so bald wie möglich gezielt nach Stadtprojekten in Deutschland – vielleicht geht es ja hierzulande? Und in der Tat, Städte und Dörfer, die das Problem der Wohnungsnot sehen, sind inzwischen offener dafür, Stellplätze zu genehmigen oder eigene Vorschläge für Tiny-House-Siedlungen zu entwickeln.

In Berlin wurde das Aufstellen von Winzhäusern an der Bethanienkirche in Weißensee vom Eigentümer genehmigt – wenn auch nur als Zwischennutzung. Dort gründete die Künstlerin Pia Grüter zusammen mit anderen die »Insel Weißensee« samt Hochbeeten, Büchertauschregal, Kunst, Kultur und nachbarschaftlichem Austausch mit Workshops und Events. In Schorndorf bei Stuttgart stellte die Stadt Grünflächen parzellenweise zur Verfügung – erstmals durfte dort auch der Wohnsitz angemeldet werden. Die Städte Bremerhaven und Dortmund planen ebenfalls Tiny-House-Siedlungen. Schon 2020 gestartet ist das Projekt »Tiny PopUp München«, erst im Stadtteil Pasing, inzwischen in Pullach: Dort wird in der teuersten Stadt der Republik bezahlbares und flexibles Wohnen getestet. Der Gedanke dahinter:

Städtischer Raum lässt sich durch das Kleinstwohnen einfach nachverdichten, indem Stellflächen in Gärten, auf Industriebrachland oder sogar auf einem Flachdach eingerichtet werden. Ungenutzte Flächen, die zu klein für den klassischen Hausbau sind, könnten verpachtet werden, um solche Zwischenwohnorte zu schaffen.

Ein umweltfreundliches Kleinsthäuschen im Stadtgebiet, das wäre was für mich. Aber was, wenn ich mir ein hochwertig gebautes Tiny House nicht leisten kann? Müsste ich dann in einen umgebauten Müllcontainer ziehen? Den hat der Künstler Harrison Marshall auf einer Brachfläche unweit der Tower Bridge in London aufgestellt, weil er zu einem vernünftigen Preis keine Wohnung fand. Gemütlich sieht der Container aus, und der Stellplatz ist zentral – aber ein Badezimmer hat das Ding nicht.

Vielleicht sollte ich es mir einfach zutrauen, selbst etwas zu bauen, und nicht ständig behaupten, ich könne es nicht. Andere sind doch auch nicht so zimperlich.

Es gebe einen unglaublichen Boom fürs Selberbauen, sagt Theresa, und das würde auch innerlich bei jedem etwas bewirken, der es ausprobiert. »Wir leben ja in einer starken Konsumwelt. Etwas aufzubauen und das zu schaffen vermittelt ein Gefühl von Selbstwirksamkeit. Früher haben die Leute ihr Haus ja auch selbst gebaut, mit der Hilfe des ganzen Dorfes.« Es sei auch gut, wenn die Leute beim Selbstbauen erlebten, wie viel Arbeit das sei und wie viel Können einfließe. »Da entsteht wieder Wertschätzung fürs Handwerk.«

Viele seien sich auch unsicher, wo sie ihr Häuschen hinterher abstellen könnten, aber solange die Bauvorschriften eingehalten werden, sei das eigentlich kein Problem, und nicht nur in Österreich. Die Häuser ließen sich auf einem gepachteten oder eigenen Grundstück abstellen. Wenn an Sonnenstrom-Versorgung gedacht sei, fielen monatlich auch nur geringe Fixkosten an.

»Klimawandel und Umweltschutz sind große Themen für viele«, sagt Theresa. »Und die Menschen wollen von wirtschaftlichen Krisen unabhängiger sein.« Das hieße aber nicht, dass wir auf uns allein gestellt am ehesten weiterkämen. Am besten funktioniere autarkes Leben in Gemeinschaften. Zusammen zu planen und umzusetzen sei kostengünstiger für alle. Je nach Projekt betreffe das die Fotovoltaikanlage, die Heizung, Abwasserreinigung oder Regenwasserzisterne.

»Und glaubst du, dass das eine Wohnform für eine Mehrheit der Menschen ist?«, will ich wissen.

»Ich glaube eher, es ist im Spektrum des Wohnens eine von vielen Möglichkeiten«, sagt Theresa. »Momentan fristet es noch ein Pionierdasein, aber es wird immer mehr eine ernst zu nehmende Wohnform, das Thema wird erwachsen.« Derzeit wendeten sie sich vermehrt der Nachverdichtung zu. Sie zeigt mir Pläne zu einem abbruchreifen Vierkanthof, für den sie ein Konzept erstellt hat – Modulhäuser, Wohneinheiten und Tinyhäuser, die zusammen eine kleine Siedlung ergeben. »Wenn man zu mehreren ist, dann kann man diese Infrastruktur leisten.« Es gibt einen kleinen Teich auf dem Grundstück, eine Sauna, Werkstatt und Gemeinschaftsküche. Den Garten könnten sich die Menschen teilen. »Das hat großes Potenzial.« Theresas Augen leuchten. »Wir Menschen sind ja immer noch Herdentiere. Diese starke Individualisierung, das ist nur für wenige wirklich richtig. Kooperation und Zusammenleben, das ist die Zukunft.«

Im Tiny House zu wohnen hat viele Vorteile, finde ich. In der Stadt kann ich es mir gut vorstellen, auch an einem Ort wie Trudes Garten, denn die Idee der Permakultur leuchtet mir ein, und die lockere Gemeinschaft tut mir im Gegensatz zum einsamen Waldleben gut.

Zurück in Berlin bewundert Rodrigo ausgiebig die Beule, die ich mir durch das stete Zusammenstoßen mit dem Badezimmerschränkchen zugezogen habe. Kurz darauf ruft meine Schwester an, um sich nach den Erlebnissen im Tiny House zu erkundigen. Ich erzähle ihr, dass es sich anfühlte, als würde ich im Bauwagen aus der Serie *Löwenzahn* leben.

»Wundert mich nicht.« Sie lacht. »Du warst immer schon der größte Peter-Lustig-Fan.«

Stimmt, und obwohl ich ihn nicht persönlich kannte, war ich traurig, als der langjährige *Löwenzahn*-Moderator 2016 verstarb. Gerade heute vermisse ich manchmal seine ruhige Stimme, seine Sicht auf die Welt. Peter Lustig hat nicht nur in Berlin und einige Zeit tatsächlich im Bauwagen gewohnt, sondern auch auf Mallorca und zuletzt in einem reetgedeckten Haus bei Husum. Was hat ihn immer wieder an andere Orte gezogen?

»Neugierde, auf jeden Fall«, sagt er in einem seiner letzten Interviews. »Was Neues sehen, was Neues erleben, oder was Neues anfangen, nech. Es gibt ja auch in verschiedenen Lebensabschnitten Phasen, wo man sagt: Jetzt ist genug mit dem alten Zeug, ich mach jetzt was ganz Neues.«

Durch die Wohnexperimente fühle ich mich ihm auf seltsame Weise verbunden. Fragen zu stellen, statt immer alles besser zu wissen, das habe ich von ihm gelernt. Er hat mein Verständnis dafür geweckt, dass wir respektvoll und gut mit allem umgehen sollten, was uns umgibt.

Rückblickend hätte ich als Mädchen natürlich lieber mehr weibliche Vorbilder gehabt. Aber ich bin in den Achtzigerjahren groß geworden. Es gab damals weniger Möglichkeiten, mich an tollen Frauen zu orientieren, da haben es meine Nichten heute sicher einfacher. In den Achtzigern dienten Frauen im Fernsehen meist nur als hübsche Klamottenständer, die Welt meiner Kindheit war bis auf wenige Ausnahmen: männlich. Dennoch würde ich Peter Lustig als Vorbild nicht missen wollen.

Und plötzlich habe ich eine Idee.

Irgendwo habe ich mal gelesen, dass das fiktive Bärstadt, wo *Löwenzahn* spielt, eigentlich Berlin sein soll. Peter Lustig verband viel mit der Stadt, das hat er oft gesagt – unter anderem hatte er die Tonaufnahmen bei der berühmten »Ich-bin-ein-Berliner«-Rede von John F. Kennedy überwacht. Und die Drehorte von *Löwenzahn* liegen in und um Berlin verstreut. Zuletzt, so erfuhr ich dann im Internet, hatte mein Lieblingsmoderator in Charlottenburg am Adenauerplatz gewohnt, gar nicht so weit von Rodrigos Wohnung entfernt.

Wie wäre es, wenn ich eine Gedenkplakette vorschlage? Immerhin haben all die klugen Gedanken und Fragen, die in *Löwenzahn* vorkommen, meine Weltsicht mitgeprägt.

Gedacht, getan. Ich stelle den Antrag auf eine erweiterte Melderegisterauskunft beim Bezirksamt, um zu erfragen, in welchem Haus am Adenauerplatz Peter Lustig genau gewohnt hat. Als die Antwort eintrifft, fülle ich ein Formular im Internet aus, in dem ich angeben muss, für wen die Plakette ist, wo sie angebracht werden soll – und warum. Kurz darauf bekomme ich eine freundliche Nachricht von einer Dame, die mir schreibt, dass sie die Idee schön findet und meinen Antrag gern in die nächste Sitzung des Historischen Beirats mitnimmt.

Ich klappe meinen Laptop zu und seufze tief. Denn mir wird plötzlich etwas klar. Auch wenn ich noch nicht alle Experimente gemacht habe, fühle ich mich irgendwie leichter. Orte zu besuchen, die mir einen anderen Blick auf die Welt vermitteln, und neue Erfahrungen zu sammeln ist ein Geschenk, wertvoller als alles Hab und Gut, das ich jemals in einer Wohnung verwahrt habe.

Früher hielt ich die Situation für aussichtslos: Ich starrte die Wohnungsanzeigen auf den einschlägigen Portalen an wie das Kaninchen die Schlange, fühlte mich ausgeliefert. Durch die bewusste Suche ist mein Blick nun eher auf die Chancen und Möglichkeiten gerichtet: sich selbst versorgen, energieautark leben, selbstwirksam sein, gemeinschaftlich handeln.

Obwohl ich schon vorher wusste, dass ich keinen Luxus brauche, um mich wohlzufühlen, ist mir nach dem Tiny-House-Experiment aber klar: Es darf keine billige Lösung sein, und es gibt viel zu bedenken. Immerhin bin ich auch verantwortlich für meine Mitwelt. Und so spielen Energieversorgung, Baumaterialien und Produktion eine wichtige Rolle. Ich will ja nicht kurzfristig mein Wohnproblem überbrücken, sondern eine Bleibe finden, mit der ich auch stimmig bin. Aber ich habe leider keine 130 000 Euro auf der hohen Kante, selbst wenn ein nachhaltig gebautes Häuschen das wert sein mag.

Und da ich leider keine reiche Erbtante in Amerika habe, wird eine Frage immer dringender: Woher zur Hölle soll ich den Zaster für ein gutes und umweltgerechtes Zuhause nehmen?

Wie du platzsparend wohnst und den richtigen Ort dafür findest

Ich könnte mir durchaus vorstellen, im Tiny House zu wohnen, aber momentan fehlt mir das Geld, um eins zu kaufen – es selbst zu bauen wäre ein Projekt, für das ich momentan weder a) die Zeit noch b) das handwerkliche Geschick besitze. Falls ich das Geld zusammenkratzen könnte, würde ich mir vermutlich am ehesten einen Stellplatz in Stadtnähe suchen.

Und wie ist es mit dir?

Der Preis ist heiß. Ein Haus wie das, was Oliver in Lilleby verkauft, kostet 52 000 Euro, manche sind schon günstiger zu haben – aber das kommt auf Komfort und Qualität an. Wie hochwertig die Baustoffe und die Verarbeitung sind, entscheidet darüber, wie lange dein Tiny House verwendbar ist – wer billig baut, baut doppelt. Was hast du davon, wenn du für 30 000 Euro ein Haus kaufst, das du nach wenigen Jahrzehnten wegwerfen kannst? Hier lohnt es sich auch darauf zu achten, wo dein Haus stehen soll. Wenn es ein feuchtkaltes Klima ist – wie schnell verwittern die Baustoffe, die du verwendest? Je länger die Butze genutzt werden kann – im besten Fall kannst du sie sogar vererben –, desto besser die Umweltbilanz.

Kleines Haus, große Vorschriften. Du willst minimalistisch im Tiny House wohnen, weißt nur nicht, wie und wo? Grundsätzlich wird zwischen einer »baulichen Anlage« und einem Haus auf Rädern unterschieden. Ein Tiny House auf einem Fahrgestell wird als Wohnmobil gewertet und unterliegt nicht dem Baurecht. Alles andere gilt als »bauliche Anlage«. In Deutschland gibt es die Regel, dass standortgebundene Tiny Houses an die Infrastruktur angeschlossen sein müssen – also an Strom, Wasser, Straße und Kanalisation. Es ist dabei egal, ob du all das auch nutzt oder autark bist.

Mach dich außerdem mit den Bauvorschriften und Genehmigungsverfahren vertraut. In der Stadt etwa dürfen Tiny Houses nur auf Grundstücken mit bereits existierendem Baurecht stehen, Auskunft dazu erteilt die Baugenehmigungsbehörde. Politik und Verwaltungen sind für neue Wohnformen inzwischen offener als früher, und es lohnt, sie ins Boot – oder eher ins Haus – zu holen. Erkläre, warum die Wohnform für dich vorteilhaft erscheint, und betone, wie gut es auch für die Stadt ist, wenn sie es dir genehmigen: Es muss nichts versiegelt werden, der Bauprozess findet andernorts statt, ohne die Nachbarn zu belästigen, es ist umweltfreundlich und sichert bezahlbaren Wohnraum. Viele Städte schmücken sich gern mit solchen Projekten.

Ein Haus lässt sich entweder auf einem Campingplatz, auf einem Grundstück, das dafür ausgewiesen ist, oder in einer Siedlung aufstellen. Möglichkeiten in deiner Nähe findest du auch hier: https://www.tiny-houses.online

Kabäuschen ohne Krempel. Wer ohnehin wenig Zeug sein Eigen nennt, wird wohl kein Problem haben, ins Tiny House zu ziehen. Aber wenn die Schränke schon in deiner jetzigen Wohnung überquellen, dann ist es vermutlich nicht die richtige Wohnform für dich. Könntest du dir vorstellen, nur zwanzig, dreißig Quadratmeter Fläche zu nutzen? Zwar gibt es viele tolle Ideen für Stauräume, wie unter meiner Treppe in Nattys Tiny House. Aber je mehr Dinge du dort unterbringen musst, umso ungemütlicher und rumpeliger wird es auch. Und du willst ja schließlich nicht Mamas Dachboden zustellen oder extra einen Storage Space anmieten, nur damit du in deinem Winz-Zuhause nicht vor lauter Sachen durchdrehst.

Heizen für die nächste Generation. Tinyhäuser haben viel Außenfläche, das heißt tendenziell: viel Wärmeverlust im Winter, viel Sonnenangriffsfläche im Sommer. Wenig nachhaltig ist es, wenn je nachdem viel geheizt oder gekühlt werden muss. Um dieser Falle zu entgehen, mach dir Gedanken über Standort, Heizquelle, Lüftung und Dämmung! Das könnte auch der Grund sein, warum du dein Tiny House nicht auf Räder stellen wirst – denn dann hätte es begrenzte Außenmaße, sodass Dämmung nur in gewissem Umfang möglich ist. Ist es eine Immobilie, also auf kleinem Grund gebaut, aber ohne Räder, kann ausreichend gedämmt werden, und du kannst auch überlegen, ob du das Dach begrünst oder eine fest im Boden verankerte Fotovoltaikanlage anbringst.

Prinzip Selbsthilfe

*Zusammen an einem
zukunftstauglichen Zuhause basteln*

Hat Hollywood schon angeklopft? Das sieht aus wie das perfekte Filmsetting für ein Happy End.« Mein Blick schweift über die Hausdächer. Der ganze Münchner Osten ist in rotgoldenes Licht getaucht; es spiegelt sich in den Fensterscheiben der Gebäude und lässt das Herbstlaub der Bäume schimmern. Die Dachterrasse, zu der wir übers Treppenhaus gelangt sind, ist großzügig geschnitten, hohe Sonnenblumen stehen in Blumenkästen, und die Gartenstühle sehen so gemütlich aus, dass ich mich am liebsten einfach auf einem ausstrecken würde. Die Terrasse bietet viel Platz, sie ist nach oben offen, in den orangefarbenen Wänden sind unverglaste Aussparungen, sodass es windstill ist, aber dennoch luftig. Ich trage keine Jacke, es ist mit 24 Grad zu warm für Ende Oktober.

Bettina Brömme, die mir schon früher von ihrem Zuhause vorgeschwärmt hat, lacht, als sie meine Bemerkung über den Sonnenuntergang hört. Mit Happy Ends kennt sie sich aus. Sie schreibt nämlich selbst ganz wunderbare. Das weiß ich so genau, weil ich früher im Verlag ihre Liebesromane betreut habe.

»Wir haben hier oben gerade in der Pandemie viele schöne Abende verbracht, weil die Hausgemeinschaft sich nicht drinnen treffen konnte«, erzählt Tina. »Auf der Dachterrasse werden besondere Anlässe gefeiert, es finden Kulturveranstaltungen statt – Lesungen, Musik, Kabarett oder auch mal eine Witze-Olympiade –, und natürlich begrüßen wir hier oben auch das neue Jahr.«

Meine Suche nach einem bezahlbaren Zuhause hat mich erneut nach München geführt – ausgerechnet. Die Isarmetropole belegt seit Langem Platz eins der teuersten Städte Deutschlands, überhaupt hier zu wohnen ist schon Luxus. Das war auch einer der Gründe, warum ich nie in die südlichste aller Verlagsstädte ziehen wollte – alles andere ist schlicht günstiger. Hart auf dem Fuß folgen Frankfurt am Main, Stuttgart, Berlin, Düsseldorf und Hamburg. Verglichen mit Zürich, Genf und Bern sind so ziemlich alle deutschen Großstädte allerdings geradezu Schnäppchen. Ganz zu schweigen von Kopenhagen und Singapur. Die teuerste Stadt der Welt? Laut einer Analyse der Zeitschrift *The Economist* aus dem Jahr 2021 ist das Tel Aviv – die Hafenmetropole hat Paris den Spitzenplatz abgejagt.

Vielleicht entstehen Lösungen gerade da, wo Menschen aus der Not heraus kreativ werden müssen? Vor dem Happy End gibt es bekanntlich eine Geschichte. Spulen wir also kurz noch mal zurück auf Anfang.

Schon vor Jahren hat mir Tina von dem ungewöhnlichen Häuserkomplex in der Messestadt Riem erzählt, in dem sie lebt. Das Viertel entstand auf dem ehemaligen Flughafengelände, es gibt dort sehr viel städtischen sozialen Wohnungsbau – und genossenschaftliche Projekte wie dieses, das von den Menschen, die darin wohnen, selbst mitgeplant und umgesetzt wurde.

Zuvor hatte Tina eine Bude im Stadtkern, im mittlerweile schicken Dreimühlenviertel. Dann ist sie in die Nähe der Messe gezogen, in ein Wohngebiet, das sich vom quirligen Zentrum Münchens nicht nur in der Lautstärke unterscheidet: Es gibt viel Neubau und weniger gewachsene Struktur. Aber hier ist Tina nicht nur gut mit der U-Bahn an die Stadtmitte angebunden, sondern auch schnell mit dem Rad oder zu Fuß im grünen Umland, und unweit vom Haus gibt es einen Badesee, der zur Bundesgartenschau angelegt wurde.

Eines Tages erzähle ich ihr von meinen Wohnexperimenten – und davon, dass mir für eine Bleibe, in der sich ökologisch und möglichst autark leben lässt, das Startkapital fehlt. »Ich glaube, es ist aussichtslos«, klage ich.

»Hast du schon mal an eine Genossenschaftswohnung gedacht?«

Sie ist sofort bereit, mir ihr Domizil zu zeigen. Bauherrin ist die Wohnbaugenossenschaft wagnis eG, die schon zwei Projekte umgesetzt hatte, als Tina dort Mitglied wurde. Sie war von Anfang an bei der Planung ihres Häuserkomplexes dabei und ist Teil einer gut funktionierenden Hausgemeinschaft. Anders sei das Wohnen dort, weil sie es gemeinsam gestalten. Es sei ihnen wichtig, dass sich alle der rund 250 Menschen, die in den fünf Häusern leben, mit etwas einbringen – ökologischen Ideen, Workshops, Kunst und Kultur. »Alle sollen sich eingeschlossen fühlen, es gibt viel Raum für Mitbestimmung.«

Bisher gab es in meiner Vorstellung allein die Wahl zwischen Haus oder Wohnung, und das jeweils allein, als Paar oder, wenn es ganz wild wurde, auch mal als Wohngemeinschaft. Von einer Baugemeinschaft oder einem Hausprojekt hatte ich mir noch keine Vorstellung gemacht.

Von der U-Bahn-Station »Messestadt Ost« aus komme ich an diesem späten Oktobernachmittag zunächst an vielen geschniegelt aussehenden weißen Häuserblocks mit gleichförmigen Balkonen vorbei. Ein Block reiht sich an den anderen, die modernen Mehrfamilienhäuser unterscheiden sich von außen kaum, sie passen sich optisch den flachen Messegebäuden jenseits der Willy-Brandt-Allee an. Zwischen dem vielen Beton, der unpersönlichen Architektur und den steinigen Wegen beginne ich leicht an Tinas Lobeshymne zu zweifeln. Was soll hier noch Spektakuläres kommen?

Schließlich stehe ich vor dem Gebäudekomplex, dessen Fassade sich nicht sehr von denen der anderen Häuser unterscheidet. Zögerlich folge ich einem Pfeil, der mir den Weg zu Tinas Hauseingang weist. Kaum jedoch habe ich das Gelände betreten, wird mir klar, warum Tina gemeint hat, sie würde nirgends sonst leben wollen. Ich laufe durch den Innenhof, in dem kleine Sitzecken mit Blumenkübeln umrahmt sind, abgeschirmt von hohen Ziergräsern, die sich leicht im Herbstwind wiegen. Es ist, als befinde ich mich mit einem Mal ganz woanders. Nicht nur die Luft ist viel besser als draußen auf der Straße, es ist auch auf einen Schlag ruhiger, gedämpfter, freundlicher.

Der ganze Komplex, das erkenne ich nun, besteht aus mehreren Häusern, die zum Teil über orangefarbene Stege miteinander verbunden sind. Geräumige Balkone, viel Grün, an einer Seite ein verglastes Büro; dort ist einer der Nachbarschaftstreffs untergebracht, die von der Stadt München betrieben werden. Kiesbestreute Pfade und eine von Platanen gerahmte Wiese lassen den Innenhof verspielt wirkten – ein echtes Kontrastprogramm zu den Häusern, an denen ich eben vorbeigelaufen bin.

Über das Projekt hatte ich auf der Website der Wohnbaugenossenschaft schon etwas gelesen: Es ist unverkäuflich und gehört den Menschen, die dort leben. Sie sind unkündbar, genießen also lebenslanges und sogar vererbbares Wohnrecht und zahlen dauerhaft günstige Mieten. Gerade in einer Zeit, in der so oft auf Eigenbedarf geklagt und luxussaniert wird, bedeutet es viel, dass sich auch im Alter niemand Sorgen machen muss, den angestammten Wohnort und das soziale Umfeld zu verlieren.

Tina wohnt mit ihrem Sohn und ihrem Lebensgefährten in einem der Häuserblocks, die den Innenhof begrenzen. Kurz nach dem Klingeln brummt der Summer, ich stapfe in dem Treppenhaus voller Pflanzen bis zu Tinas sonnengelber Wohnungstür. Einen Kaffeeplausch später sind wir auch schon auf einem Rundgang. Tina zeigt mir ihre Wohnung, deren Balkon mit Sonnensegel, Bank und Blumen eine kleine Oase ist. Im Badezimmer habe ich einen Flashback. Die dicken Rohre, die an der Decke verlaufen, erinnern mich an *Brazil*, einen meiner Lieblingsfilme mit Robert de Niro als Heizungsinstallateur Harry Tuttle.

»Das sieht wegen der Bauweise so aus. Es sind alles Niedrigenergiehäuser, verkleidet mit Faserzementplatten, eins ist sogar ein Passivhaus«, erklärt Tina. »Wir haben dreifach verglaste Fenster, gute Isolierung und eine Wärmepumpe. Wenn du mit fünf, sechs Leuten in einem Raum bist, wird's eh schon warm, ich brauche kaum zu heizen.« Sie zahle nur noch etwa ein Drittel der Heizkosten ihrer früheren Wohnung.

Wir gehen rauf aufs Dach, wo es lauschige Sitzplätze gibt und die Solaranlage das Haus versorgt, dann runter in den Keller mit den Fahrradstellplätzen, dem Kinderfreizeitraum samt Spieltheater, Bausteinen und bunten Teppichen, einem Fitnessraum und der Werkstatt, in der auch Kurse stattfinden. Die Wände sind aus rohem Beton, durch alle Räume ziehen sich die dicken Tuttle-Heizungsrohre, hier und da stehen Kreidemarkierungen als Wegweiser.

Ein Pfeil etwa zeigt nach unten, wo es zur Bibliothek geht. Dort sind die Bücher im Wandregal nach Genres geordnet, ein Tisch mit Stühlen lädt zum Schmökern ein. »Wer eins ausleihen will, trägt sich dort ein.« Tina weist zu einem Pult, auf dem ein aufgeschlagenes Registerheft liegt. »Die Bücher haben wir von überallher zusammengetragen, meist Spenden. Ich habe auch einige beigesteuert, die ich nicht bei mir aufbewahren will, sodass alle etwas davon haben.«

Ordentlich ist der Raum, in dem die Gartengeräte gelagert werden, Schubkarren lehnen an der Wand, die Pflanztöpfchen liegen der Größe nach aufgestapelt im Regal. »Es gibt verschiedene Projektgruppen, an denen man teilnehmen kann – die einen betreuen den Veranstaltungsraum, andere die drei Gästeappartements oder Werkstatt und Bibliothek«, sagt Tina. »Das funktioniert sehr gut, jeder hat da so seine eigene Rolle. Zu den Kursen wie Kalenderdruck, Töpfern oder Nähworkshop und in die offene Werkstatt kommen übrigens oft auch Leute aus dem ganzen Viertel.«

Über den Gemeinschaftsgarten hinter dem Haus, wo einzelne Mietparteien kleine eiförmige Nutzgärten bewirtschaften, und den Spielplatz gehen wir zur Dachterrasse mit dem Happy-End-

Blick. Unterwegs treffen wir einen Nachbarn, der im Garten ackert und mir gleich den Kaninchenstall zeigt.

»Gibt's auch Nachteile?«, will ich wissen, als wir über die Außentreppe wieder nach unten in den Hof gehen. Tina denkt kurz nach. »Na ja, fürs Müllrausbringen musst du mindestens zwanzig Minuten veranschlagen, weil du immer jemanden triffst.« Sie lacht. »Und die Gebäude sind gut isoliert, aber die Mäuse lieben das Füllmaterial, ich muss schon aufpassen, dass die nicht in die Wohnung kommen.« Natürlich gebe es auch mal Stress in dem Wohnkomplex, da die Menschen unterschiedliche Bedürfnisse hätten, aber das sei ja überall so. Der Zusammenhalt sei schon sehr groß, und alle nutzten dankbar die vielfältigen Angebote – von Fitnessraum bis Carsharing.

Tina hat mich eingeladen, in ihrem Gästezimmer zu übernachten. Das allerdings liegt nicht in ihrer Wohnung, es wird geteilt wie so vieles hier. Die Wohnungen sind so groß, wie die Familiensituation es erfordert. Damit kein Platz für häufig ungenutzte Zimmer verschwendet wird, können Gäste ausgelagert werden – in ein Gästezimmer, das mit dreißig Euro Miete pro Nacht bei einem Bruchteil der sonst in München üblichen Hotelpreise liegt.

»Das ist sehr beliebt«, sagt Tina, »aber wenn ich rechtzeitig reserviere, ist es auch frei.«

Sie erklärt mir, dass die Wohnungsgröße zudem flexibel ist. Wer weniger Raum braucht, weil die Kinder ausgezogen sind, kann seine Wohnung tauschen und zahlt dann auch weniger Geld für weniger Quadratmeter. Anders als auf dem freien Markt, wo die meisten ihre großen Wohnungen nicht mehr aufgeben, weil sie im selben Stadtviertel mehr für eine kleinere Wohnung bezahlen müssten.

Ich bin beeindruckt, welche Oase sich die Menschen hier geschaffen haben – inmitten eines Mietmarktes, der nur als grauenvoll bezeichnet werden kann. Das war möglich, weil dieser Häuserkomplex kein Projekt von Investmentfirmen ist. Er wurde zu einem Drittel durch Bankkredite finanziert, zu einem weiteren Drittel aus KfW-Förderdarlehen, der Rest setzt sich aus den Einlagen der Bewohnerschaft zusammen. Die wiederum bestehen teils aus Einkommensorientierter Förderung durch die Stadt, teils werden sie vom München Modell getragen, das bezahlbaren Wohnraum für Haushalte mit mittlerem Einkommen fördert. Und der Rest ist frei finanziert. Ein kleiner Haken ist, dass die Einlage trotzdem deutlich höher ist als bei alteingesessenen Genossenschaften.

»Ganz klar haben wir festgelegt, dass wir keinen Profit mit unseren Häusern machen wollen«, sagt Tina. »Wir als Genossenschaftsmitglieder stehen im Mittelpunkt – es sollten für uns langfristig soziale und ökologisch vertretbare Wohnungen entstehen.«

Wer hier lebt, zahlt eine Miete, die als Nutzungsgebühr verstanden wird, weil sie lediglich die Kosten deckt. Zu denen gehören Zins, Tilgung, Instandhaltung und Verwaltung, und die Nebenkosten können durch Ehrenamt und Eigenleistung gering gehalten werden. Alles wird auf der Mitgliederversammlung beschlossen, und jeder hat dort das gleiche Stimmrecht, egal, wie viele Genossenschaftsanteile die Person besitzt. Gemeinsam und gerecht gelingt so, was ein einzelner Mensch sonst nur mit richtig viel Zaster auf der hohen Kante erreicht.

Irgendwie bin ich vor den Kopf gestoßen. Es mal mit einer Bleibe zu versuchen, die nicht von der Stange ist, ist mir nicht in den Sinn gekommen. Ich hatte mich mit dem deutschen Wohnungsmarkt abgefunden wie mit einer unglücklichen Beziehung. Meine Fantasie endete quasi an der Wohnungstür. Dass es anders geht, überstieg meinen Horizont.

Die Genossenschaft ist ein gutes Modell, das für geringe Mieten und hohe Sicherheit sorgt. Manche gründen sie gleich zu Anfang für den Wohnungsbau, so wie Tina. Andere nutzen sie, um Eigentum prophylaktisch für die Nachwelt zu sichern.

In einem BR-Beitrag sehe ich Wolfgang Fischer, der von seiner Tante ein Haus in München geerbt hat. »Jetzt habe ich wieder so ein schmieriges Angebot gekriegt«, sagt er in der Talkrunde. »›Sehr geehrter Herr Fischer, von einer renommierten Münchner Unternehmerfamilie sind wir exklusiv beauftragt, ein geeignetes Anwesen zu akquirieren.‹ Das heißt, sie würden mir Millionen geben, aber ich müsste mich ganz schnell aus dem Haus rausschleichen, mit einem Koffer – damit meine Mieter nicht wissen, dass sie verkauft worden sind. Und ich verkaufe keine Menschen.« Auch nach Fischers Tod soll das Haus nicht meistbietend verkauft werden, sondern als bezahlbarer Wohnraum erhalten bleiben. Würde er es aber einfach so vererben, dürften seine Verwandten an der Erbschaftssteuer wohl ersticken. Darum vermacht er es einer Genossenschaft und entzieht es damit dauerhaft dem freien Markt.

Und es gibt auch Projekte, da ist die Genossenschaft der letzte Ausweg. So war es für eine Siedlung in meiner alten Heimat am Rhein. In Köln erscheinen die Mieten für das, was geboten wird, ebenfalls oft absurd – kein Wunder, wenn da Menschen nach Lösungen suchen. Im Süden der Stadt gibt es eine Siedlung, von der ich schon oft gehört habe. Sie liegt zwischen Südfriedhof und Güterbahnhof. Offiziell hieß sie mal »Kleinsiedlung Zollstock«, aber bekannt wurde sie als »Minnesota in Köln« – nach dem Titel eines Buches, das der Autor Hans Conrad Zander über sie schrieb.

»Bei Rapid Falls in Minnesota, an einem der vielen Seen, fast an der Grenze schon zu Ontario, da habe ich es zum ersten Mal erlebt: das jähe, unbegreifliche Gefühl der Verrückung von Raum und Zeit«, schildert Zander und vergleicht dies wenig später mit seinem Gefühl beim Betreten der Siedlung. Sie scheint für ihn der beste Platz zum Leben gewesen zu sein. Darum will ich mir das Gelände endlich einmal richtig anschauen.

Es nieselt nachdrücklich, als ich über den kleinen asphaltierten Weg auf die Siedlung zulaufe. Ich bin mit Ralf Leppin verabredet, einem der drei Vorstände der Siedlergenossenschaft, und ich nehme den längeren Weg zu seinem Büro, um mir einen ersten Eindruck zu verschaffen.

Auch diese Siedlung war ursprünglich ein Pflaster für die Wohnungsnot der Zwanzigerjahre. Konrad Adenauer, damals Oberbürgermeister von Köln, vergab für dieses Gelände Bauscheine an kinderreiche Familien ohne Einkommen. Die Stadt stellte geringe Auflagen, es mussten nur eine Sickergrube und Regenwassertonnen eingerichtet werden. Ansonsten durfte hier ohne Beschränkungen gebaut werden, und das ist der Siedlung anzusehen.

Heute findet sich hier immer noch ein wildes Potpourri aus hutzeligen Verschlägen, liebevoll herausgeputzten Häuschen und teils verwilderten Gärten. Ich komme an einem Reitstall vorbei, der aus dunklen Balken gezimmert ist, auf einem Grundstück sehe ich über einem Bretterzaun einen türkisfarbenen Verschlag mit Bullauge. Etwas weiter einige Bungalows mit Schmuckfiguren, einen knallroten Bauwagen, verzierte Gartentore und farbenfroh gestrichene Wände, ineinander verschachtelte Holzbauten, auch einen kleinen Bagger und Baumaterial, neben dem ein Wohnwagen im Gebüsch parkt.

Schließlich erreiche ich den ordentlichen orangebraunen Flachbau, in dem Ralf Leppin mich erwartet. Der große Mann mit den schulterlangen weißen Locken hat die Ärmel seines hellen Hemds hochgekrempelt. Als wir ins Büro treten, öffnet er die Glastür zum Garten, dann bietet er mir einen Kaffee an. »Seit der Gründung der Siedlung in den Zwanzigerjahren hat sich viel verändert«, erzählt er. »Aber wir sind noch immer eine bunte Mischung von Leuten aus allen Schichten.«

Nach dem Krieg landeten hier Geflüchtete, später ließen sich auch Menschen aus der alternativen Szene nieder. Jedes Jahrzehnt brachte neue Leute mit unterschiedlichen Backgrounds und Berufen. Leppin wohnt seit Mitte der Neunzigerjahre mit seiner Familie hier. Damals gehörte das Gelände der Bahn, war lange bedroht von Abrissplänen und Verkauf. Doch die Gemeinschaft schaffte es immer wieder, solche Ansinnen abzuwenden.

»Ende der Neunzigerjahre wollte die Bahn selbst hier bauen«, erzählt Leppin, »dafür hätten wir weichen müssen.« Sie überlegten, wie sie das Land kaufen könnten, aber die Bahn wollte es zunächst nicht abgeben, schob vor, ein Sozialprojekt einrichten zu wollen. Die Siedlergemeinschaft setzte alle Hebel in Bewegung, schaltete die Presse ein, schließlich kam es zu Verhandlungen. Leppin lacht. »Da saßen zehn Manager im schwarzen Anzug und wir drei vom Vorstand: ein Musiker, ein Gemüsehändler und ich als Theaterwissenschaftler.«

2001 beschlossen sie, die Genossenschaft zu gründen, um der Deutschen Bahn das Gelände abzukaufen. »Jeder von uns musste mindestens 10 000 Mark geben«, sagt er. »Außerdem wollten wir Fördermittel aus einem Topf für zivilgesellschaftliches Engagement beantragen, aber dafür mussten wir die Stadt erst überzeugen.« Und das war gar nicht so einfach. Zwar seien jetzt alle stolz auf das, was es hier gebe, aber früher sei die Siedlung eben schlecht beleumundet gewesen, es gab Gerede über Diebstähle und Drogen.

Inzwischen sieht der Ort anders aus, es gibt mehr Vorschriften. Seit dem Kauf im Jahr 2003 besteht für alle Bauten Bestandsschutz, Baumaßnahmen müssen beantragt werden, auch die Nachverdichtung auf den Parzellen ist geregelt. Die Wege müssen so breit sein, dass Rettungsfahrzeuge und die Feuerwehr hindurchkommen, und sie bekamen auch eine Beleuchtung. Sickergruben sind nicht mehr erlaubt, die Kanalisation hat 1,5 Millionen Euro gekostet und wurde aus Genossenschaftsanleihen und einem Darlehen bezahlt. Sehr viel Aufwand, sehr viel Arbeit – ein ganz schön weiter Weg, den die Siedlung seit ihrer Gründung zurückgelegt hat.

Ein seltenes Rechtskonstrukt hält die Heimat dieser Menschen zusammen: Das jeweilige Haus ist das Eigentum des Mitglieds, der Grund und Boden verbleibt bei der Genossenschaft. Der Vorteil: Keine Bank kann in diesen Genossenschaftsvertrag reinpfänden. Der Nachteil: Hypothekendarlehen werden bei einer solchen Rechtslage nicht gewährt. Wer bauen will, muss das Geld entweder haben oder andere Sicherheiten vorweisen. »Das«, sagt Leppin, »hat vieles in der Siedlung verändert.« Den Charakter der Häuser, die hier gebaut werden. Die Art der Leute, die sich hier ansiedeln.

Aber es ist nach wie vor ein gemeinwohlorientiertes Konstrukt. »Profit soll hier nicht gemacht werden.« Leppin nippt an seinem Kaffee. »Unsere Wurzeln sind sozial, wir wollen kein Villenviertel werden.« Anders als Tinas Baugenossenschaft hat das Kölsche Minnesota bewegte Zeiten hinter sich, es war Zuflucht, Verwirklichungsort, ein Platz, um den immer wieder gerungen wurde. Darum ist es nicht erwünscht, seinen Besitz meistbietend zu verkaufen, und das versteht nicht jeder. Als die Töchter eines verstorbenen Mitglieds das mit dem geerbten Haus machen wollten, gab es eine tränenreiche Diskussion. Denn das Grundstück gehörte ihnen ja nicht, und das sollte nach Warteliste vergeben werden.

Unruhe brächten die Sichtweisen der Menschen mit unterschiedlichen Backgrounds immer wieder, es gebe durchaus auch ein paar Querulanten, erzählt mir Leppin. »Da flog schon mal auf einer Generalversammlung ein Wasserbecher, und jemand erstattete Strafanzeige gegen den Aufsichtsrat.«

Nicht nur unter den Menschen gibt es hin und wieder Zwist, auch mit der Stadt, die schon früher den Friedhof hatte erweitern wollen. Zuletzt musste die Siedlergenossenschaft erneut die Presse einschalten, weil etwa auf angrenzenden Flächen gebaut werden sollte, ohne dass diese zuvor der Gemeinschaft angeboten worden waren. Beinahe wäre dem letzten Bauvorhaben sogar die geliebte alte Trauerweide zum Opfer gefallen. Nach zähem Ringen einigten sich die Siedler mit der Stadt darauf, dass sie selbst an der fraglichen Stelle bauen – nach ihrer Planung kann der Baum bleiben, und es entstehen über hundert Sozialwohnungen. Außerdem sollen Fassaden und Dächer begrünt werden, geplant sind Gemeinschaftsgärten, Geothermie und Fotovoltaik.

Die Bürokratie der Stadt Köln sei immens, alles müsse dokumentiert und protokolliert werden, weil eine Pflichtprüfung stattfindet. Und teuer sei das auch alles. Ein Teil des Geldes komme von der Genossenschaft, ein weiterer setze sich aus Kleinstdarlehen von 120 Menschen zusammen. Doch 1,5 Millionen Euro seien schon ausgegeben, und es werde langsam schwierig, das Architekturbüro zu bezahlen. »Die Baukosten sind explodiert, das Darlehen erschöpft.« Leppin reibt sich die Stirn. »Es fehlen fünf bis zehn Millionen Euro. Dafür muss eine Regelung gefunden werden.«

Er klingt stolz, nicht verzagt, und das wundert mich nicht. Nach allem, was ich erfahre, haben die Leute hier schon so viele Schwierigkeiten überwunden, dass ich sicher bin: Es wird sie auch diesmal nicht davon abhalten, ihre Pläne umzusetzen. »Mer stonn zesamme«, sagt Leppin. »So was wie hier entsteht nicht am Reißbrett, das ist gewachsen. Vieles entsteht spontan, die Kinder kommen gern zurück – und hier gibt's die besten Feten.«

Vielleicht sollte ich mich mal nach einer Genossenschaft umsehen? In Berlin gibt es mehrere, ich könnte in oder nahe der Stadt bleiben.

Wieder zurück in der Hauptstadt, ruft mich Luisa an. »Es ist so weit.« Ihre Stimme klingt düster. »Sie werfen uns raus.«

Luisa hat schon länger Ärger mit ihrer Wohnsituation. Die Eigentümerin ist gestorben, die Erbengemeinschaft hat ihnen das Haus zum Kauf angeboten, aber der Preis war so hoch, dass sie nicht wussten, wie sie das Geld aufbringen sollten. Durch die Flure des schönen alten Kastens in Friedrichshain wurden bereits Manager eines Konzerns geführt, der am Kauf interessiert ist. Und einigen in der Hausgemeinschaft wurde eine Abfindung in Aussicht gestellt, sollten sie direkt ausziehen. Der Konzern plant Sanierungen, und die jetzige Mietgemeinschaft vermutet, dass die Wohnungen danach zum doppelten und dreifachen Preis verkauft oder vermietet werden sollen.

»Liegt ja immerhin mitten im Ausgehviertel, das ist eine beliebte Gegend«, sagt meine Freundin. »Aber wir wehren uns.«

»Wie denn?«, frage ich Luisa.

»Erst mal Protest, einige von uns kennen sich damit aus, alte Hausbesetzerszene«, erklärt sie. »Wir schalten die Presse ein und überlegen nebenbei, wie wir es hinbekommen, das Haus doch noch zu kaufen. Aber große Hoffnungen mache ich mir nicht.«

»So eine Scheiße«, sage ich, weil mir partout kein anderes Wort dafür einfällt.

»Wenn der Senat der Spekulation endlich einen Riegel vorschieben würde«, sagt Luisa. »Aber die kriegen es wahrscheinlich nicht mal hin, die Vergesellschaftung durchzusetzen.«

Deutsche Wohnen & Co enteignen, die Initiative, für die auch Luisa und ich Stimmen gesammelt haben, hat bei der Wahl im September satte 57,6 Prozent Zustimmung von Wahlberechtigten in Berlin eingefahren. Nach dem Feiern kam der Kater: Das Ergebnis war zwar überragend, aber ob der Volksentscheid tatsächlich umgesetzt wird, hängt von den Verantwortlichen im Senat ab, und so ist es noch nicht an der Zeit, sich beruhigt zurückzulehnen.

Die Leute aus Luisas Hausgemeinschaft versuchen mit öffentlichkeitswirksamen Aktionen auf sich aufmerksam zu machen. Sie hängen bemalte Bettlaken aus den Fenstern, verteilen Flyer, schalten die Lokalpresse ein, sammeln Stimmen gegen den Verkauf. Draußen wird es immer düsterer, und auch Luisas Laune ähnelt erschreckend oft dem Herbstwetter.

»Könnte nicht die Stadt euer Haus kaufen?«, frage ich eines Tages. Ich habe gerade vom Vorkaufsrecht gelesen, das in Milieuschutzgebieten Wohnungen zu bezahlbaren Preisen sichert, wenn die Stadt sich einschaltet.

»Nachdem die FDP und die Union im März schon den Mietendeckel gekippt haben, ist inzwischen auch das Vorkaufsrecht Schnee von gestern«, sagt Luisa verdrossen. »Ein Immobilienunternehmen hat dagegen geklagt und vor Kurzem recht bekommen. Das Bundesverwaltungsgericht meinte, die Vermutung, dass die Mieten nach dem Kauf saftig erhöht und Menschen verdrängt würden, reiche nicht aus. Natürlich passiert aber genau das.«

Solcher Schutz gegen Konzerne wäre gerade in der Mietenhauptstadt Berlin, in der 82 Prozent der Menschen nicht im Eigentum wohnen, wichtig gewesen, stimme ich ihr zu. »Und was macht ihr jetzt?«

»Wir müssen uns auf eigene Faust wehren.« Sie zuckt mit den Schultern. »Vielleicht mit dem Mietshäuser Syndikat.«

Syndikat, das klingt erst mal so, als führten die nichts Gutes im Schilde. Aber das Gegenteil ist der Fall: Das Mietshäuser Syndikat ist ein Verbund verschiedener Wohnprojekte, und es berät ehrenamtlich Menschen, die ihr Haus in eine gemeinwohlorientierte Eigentumsform überführen möchten. Anders, als viele denken, kauft das Syndikat keine Häuser, sondern unterstützt Gruppen dabei, es selbst zu schaffen, ermöglicht deren Vernetzung und sichert die Häuser vor dem Wiederverkauf. Der Verein, der 1989 in Freiburg gegründet wurde, wächst – gerade dort und in Tübingen erlebt er geradezu einen Boom. Denn Wohnraum wird immer knapper, und immer mehr Menschen erkennen die Chancen, die Teamwork bietet. Der Verein fordert: »Die Häuser denen, die darin wohnen!« Er besteht aktuell aus 185 Hausprojekten und rund 1100 Einzelmitgliedern, allein in Berlin und Brandenburg gibt es aktuell 37 Häuser, die ihm angehören.

»Entstanden ist das Syndikat infolge der Hausbesetzerszene, die in Freiburg ziemlich stark war. Einige Leute machten sich hier Gedanken darum, wie sie mit der Wohnungsnot umgehen könnten«, erzählt mir Helma Haselberger. Sie trägt einen schwarzen Pulli, die Haare hat sie zum Zopf zusammengebunden, hinter ihrem Schreibtisch ist das Regal an der Wand voller Aktenordner. Als Architektin hat sie sich auf energiesparendes Bauen spezialisiert und berät ehrenamtlich Gruppen, die ein Hausprojekt ins Leben rufen wollen.

»Diese Leute waren damals so mutig, ein Rechtskonstrukt auszuprobieren, das es so noch nicht gab: eine GmbH mit zwei Gesellschafterinnen, die gegenseitiges Vetorecht haben. Eine ist der jeweilige Hausverein, die andere das Mietshäuser Syndikat. Der Besitz liegt in der gemeinsamen Hand der GmbH – in Grundsatzfragen wie dem Hausverkauf oder der Umwandlung in Eigentumswohnungen müssen beide zustimmen, das sichert es für diejenigen, die darin wohnen.«

So entstand Grether West, das erste Syndikatsprojekt. Erst gab es nur einige Projekte in Freiburg, eins davon war das SUSI, in dem Helma Haselberger sich auf eine Wohnung bewarb und einige Jahre lebte. »Im selben Stadtteil, wo das SUSI ist, gab es zu der Zeit ganz viele eigentumsorientierte Baugruppen, aber mir fehlte das nötige Eigenkapital. Ich habe mir das auch angesehen, aber nach ein oder zwei Treffen gemerkt, dass es ganz schnell um das eigene kleine Glück geht und nicht um das Zusammenleben in einem Wohnprojekt. SUSI fand ich spannender, weil es nicht das Eigentum der Menschen ist, die darin leben, und trotzdem gut funktioniert.«

SUSI steht für »Selbstorganisierte unabhängige Siedlungsinitiative«, das Wohnprojekt setzt sich aus vier Häusern zusammen, ehemaligen Kasernen der französischen Armee, die eigentlich abgerissen werden sollten. »Erst war es kein Syndikatsprojekt«, erzählt Helma Haselberger. »Zwei Architekturstudenten machten mit ihrer Diplomarbeit den Vorschlag, die bestehenden Bauten umzunutzen, und starteten SUSI. Sofort hatten sie großen Zulauf, vor allem von jungen Leuten, manche mit Kindern. Sie setzten ihre Idee um, eine gemeinnützige GmbH zu gründen, um die Häuser zu kaufen, aber sie mussten zwei, drei Jahre kämpfen, um vom Bund das Erbbaurecht für die Nutzung der Grundstücke zugesprochen zu bekommen.« Um das Projekt langfristig als bezahlbaren Wohnraum zu sichern, wurde es Mitglied im Mietshäuser Syndikat. »Ab Anfang der 2000er-Jahre wollten sich auch in anderen Gegenden Projekte nach dem Syndikatsmodell organisieren, wie etwa die Schellingstraße in Tübingen und das Fritze Frankfurt – und danach ging schon der Boom los.« Nachdem

Helma Haselberger erst die Projektverwaltung des SUSI mitgetragen hatte, engagierte sie sich nun auch im Syndikat selbst, unter anderem gegen den Verkauf städtischen Eigentums. »Dort, wo es schon ein paar Syndikatsprojekte gibt, werden es auch schnell mehr.«

Da das Syndikat selbst keine Häuser oder Grundstücke kauft, müssen die Projektgruppen selbst Direktkredite einwerben, als Ersatzeigenkapital. Das Syndikat unterstützt sie fachlich beim Bau oder Kauf und hat ein Vetorecht bei allen Fragen rund um die Eigentumsverhältnisse der Immobilie. So kann ein Verkauf oder eine erneute Privatisierung verhindert werden. Auf diese Weise wird ein Objekt der Spekulation entzogen, und keiner muss nachts so schlecht schlafen wie Luisa. Aus erfolgreich abgeschlossenen Projekten speist sich stetig der Kreis derjenigen, die für das Mietshäuser Syndikat neue Gruppen beraten – wer Unterstützung bekommen hat, kann auf diese Weise aus der eigenen Erfahrung etwas zurückgeben.

Gemeinschaftlich zu wirken sei gerade jetzt wichtig, da die Wohnsituation sich verschärft und die Mieten ständig weiter steigen. »Immer mehr Leute wollen sich so organisieren, wir kommen gar nicht hinterher mit der Beratung«, sagt Helma Haselberger. In Städten, wo viele Projekte entstanden sind, habe sich die Haltung der Stadtverwaltung geändert, das Syndikat werde inzwischen viel ernster genommen, wenn es um die Grundstücksvergabe geht. »Früher ging das nur über sehr großen politischen Druck.« Nun hätten Syndikatsprojekte und Genossenschaften oft sogar gute Karten bei der Stadtverwaltung, gerade bei sozial und ökologisch gedachten Konzepten.

Was das Syndikat antreibt, wird auch wissenschaftlich erforscht: Grundlegend ist die Theorie der Politikwissenschaftlerin Elinor Ostrom über gemeinschaftliches Handeln. Mit ihrem Mann gründete Ostrom die Bloomington School, ein Zentrum für Allmendestudien, und sie war einer der hellsten Köpfe der Umweltökonomie. Ihr Buch *Governing the Commons* war Anfang der Neunzigerjahre ein echter Renner, Jahre später erst erschien es unter dem Titel *Die Verfassung der Allmende* auch auf Deutsch. Commons oder Allmende, das bedeutet einfach gesagt gemeinschaftliches Eigentum. Ostrom trieb die Frage um: Wie können Menschen zusammenwirken, um Ressourcen gemeinschaftlich zu nutzen und sie zu erhalten? Und sie kam zu dem Schluss, dass begrenzte Ressourcen am besten und nachhaltigsten von Gruppen vor Ort bewirtschaftet werden. Wichtig ist, dass sie sich einen festen Rahmen geben, der die Grenzen, das Zusammenwirken und die Nutzung des Projekts genau festschreibt. Eine solche Bewirtschaftung ist Ostroms Forschung zufolge eine gute Möglichkeit, es anders zu regeln als durch staatliches Eingreifen. Und auch besser, als wenn es dem Markt überlassen wird, wie es zu jener Zeit der gängigen Vorstellung entsprach.

»Der Gemeinsinn ist das Ziel«, sagt Helma Haselberger. »Und darum müssen wir politisch arbeiten – zum Beispiel daran, dass mehr Wohnungen in städtischem Besitz sind und dass auch dort die Mieten bezahlbar gehalten werden. Wer nicht will, dass sich ständig alles verteuert, muss am Eigentum schrauben. Denn das Problem ist, dass einige wenige Menschen die meisten Wohnungen und Häuser besitzen – und ohne Leistung sehr viel Geld aus den Menschen herausziehen, die keinen Besitz haben. Besser ist es, wenn Grundgüter wie der Boden Allmende sind, also der Gemeinschaft gehören. In einer idealen Welt gäbe es mehr genossenschaftlich organisierte Projekte – das bedeutet zwar viel Arbeit und Verantwortung, aber ein ganz anderes Zusammenleben. Und wir hätten einen viel größeren Einfluss auf die Miethöhe.«

Wie stehen die Chancen für Luisa in der Hauptstadt, wo die Lage aussichtslos scheint? Jede Stadt ist unterschiedlich, die Entwicklung in Berlin war viel rasanter als in Freiburg, der Ausverkauf städtischer Immobilien an Konzerne hemmungsloser. Mit der Situation kennt sich Bettina Barthel bestens aus. Sie hat Soziologie studiert und forscht an der TU Berlin dazu, wie Wohnen dauerhaft bezahlbar bleiben und der Spekulation entzogen werden kann – ihre Themen sind gemeinschaftliches Wohnen und Commons. Sie hat selbst mit anderen ein Hausprojekt gegründet und hält fürs Syndikat Vorträge, begleitet Prozesse und berät Gruppen. In ihrem Büro stapeln sich Bücher in hohen Regalen bis unter die Decke.

»Mich fasziniert die Idee, Häuser vom Markt zu nehmen und eine solidarische Ökonomie aufzubauen«, erzählt sie mir, als ich sie frage, warum sie sich fürs Mietshäuser Syndikat engagiert. »Wie das gehen kann, ohne dass man so ein Immobilieninvestor ist, mit Schlips und Kragen.« Sie lacht. »Es ist zwar in allen deutschen Metropolen schwierig, überall steigen ja die Baukosten, Bodenpreise und Zinsen, außerdem herrscht Inflation, und der Markt ist eng. Aber in manchen Städten und Bundesländern gibt es gute Förderprogramme, die das abfedern und auch kleinen Initiativen ermöglichen, ihre Ideen vom gemeinschaftlichen und selbst organisierten Wohnen umzusetzen. Berlin ist stadtpolitisch gesehen allerdings ein besonders schwieriges Feld.«

Und wie äußert sich das?

»Die Berliner Verwaltung ist ein Bermudadreieck, Vorgänge werden akut verschleppt.« Bettina streicht sich das kurze braune Haar aus der Stirn. »In der Swinemünder Straße gab es beispielsweise eine Nachbarschaftsinitiative, die eine leer stehende Siebzigerjahreschule zu einem sozialen Zentrum und leistbaren Wohnungen umbauen wollte. Nach Jahren der Verhandlungen mit allen Verwaltungsebenen haben sie mit dem Land eine Lösung gefunden. Obwohl der Bezirk das Vorhaben anfangs unterstützt hatte, stellte er sich schließlich doch wieder dagegen – und alles war umsonst. Das Gebäude steht nun seit fast zwölf Jahren leer.« Auch Konzeptverfahren, bei denen gute Nutzungskonzepte für bezahlbaren Wohnraum und soziale Einrichtungen stärker gewichtet werden sollen als das finanzielle Höchstgebot, würden in Berlin schlecht funktionieren. »Die Schwellen sind da sehr hoch gelegt. Es muss Geld für Planungsleistungen ausgegeben werden, das im Prinzip Risikokapital ist, denn wenn in dem Wettbewerb um die städtischen Grundstücke eine andere Gruppe gewinnt, ist das Geld weg. Außerdem werden Einreichungsfristen immer wieder verschoben oder Verfahren gecancelt. Das ist strukturelle Verhinderung.« Für die komplizierten und zähen Prozesse seien professionelle Projektentwicklungsbüros und die Immobilienbranche deutlich im Vorteil gegenüber selbstorganisierten Gruppen.

Es sind allerdings ohnehin nur wenige Grundstücke, die Berlin über Konzeptverfahren in Erbpacht vergeben kann, denn »die Stadt hat sich ihre Handlungsspielräume selbst genommen, weil sie ihre ganzen Immobilien verkauft hat. Kurz nach der Jahrtausendwende fanden die Gruppen in Berlin noch bezahlbare Objekte auf dem Markt, und über das Vorkaufsrecht konnten sich einige Hausgemeinschaften retten.« Aber jetzt? Was passiert, wenn der Markt sich weiter verschärft? »Wahrscheinlich erwartet uns eine weitere Kapitalanhäufung bei wenigen großen Konzernen«, sagt Bettina. »Es gibt Leute, die glimpflich davonkommen, wenn ihr Haus verkauft wird, andere müssen ausziehen oder wohnen zwangsläufig auf immer weniger Quadratmetern – das ist unfreiwilliger Konsumverzicht derjenigen, die eh schon wenig haben.«

Die höhere Dichte stresse die Menschen. »Die können sich dann weniger aus dem Weg gehen, das Konfliktpotenzial steigt.« Irgendwann leben die Leute wieder in den Kellerwohnungen, denke ich bei mir, weil es keinen anderen Ausweg gibt – so wie während der großen Wohnungsnot in der Gründerzeit vor rund 150 Jahren.

Der Blick auf das Thema Wohnen müsse sich ändern, sagt Bettina – und zwar auf beiden Seiten: Die Politik würde die Mieterinnen und Mieter eher bevormunden, und diese wüssten gar nicht, was sie alles bewegen könnten. »Wer mietet, muss als handelnde Partei auftreten. Selbst wenn die Aussicht nicht besonders gut ist, gibt es Handlungsspielraum. Sei es, dem Bezirk auf die Füße zu treten, Genossenschaften in der Nähe zu finden, die das

Haus kaufen könnten, oder mit der Presse zu sprechen – alle diese Möglichkeiten müssen wir sehen.« Sich selbst zu organisieren sei zwar beschwerlich, aber kämpfen sei wichtig. »Wir als Syndikat können Hausgemeinschaften und Gruppen die Mittel zeigen, die es gibt. Aber wir können nicht alles für sie erledigen.«

Es werde immer schwieriger, Wohnraum zu erwerben – die Mondpreise verhinderten wichtige und schöne Projekte. »Das ist sogar dann der Fall, wenn jemand bereit ist, sein Haus an die Menschen zu verkaufen, die darin wohnen, statt an Investoren.« Bettina schiebt ihre Brille hoch. »Die Leute wollen ein gutes Gewissen haben und trotzdem Marktpreise erzielen. Aber die bilden meistens nicht den Wert, sondern die in die Zukunft gerichtete Gewinnerwartung ab.«

So ist es auch mit der Erbengemeinschaft, der Luisas Haus gehört. Der von ihr aufgerufene Preis liegt bei mehreren Millionen Euro. Das ist unerschwinglich, wahrscheinlich selbst dann, wenn die Mieterinnen und Mieter als Eigenkapitalersatz viele Direktkredite einsammeln. »Dabei ist so wichtig, dass nicht der ganze Stadtboden an Investoren und große Holdings verkauft wird«, sagt Bettina Barthel. »Und das kann nur politisch geändert werden, freiwillig passiert da nichts.«

Die Idee des Mietshäuser Syndikats möchte sie gern weitervermitteln, auch wenn die Rahmenbedingungen gerade schwierig sind. »Wir müssen im Kopf behalten, dass es anders sein könnte.« Da die nötigen politischen Veränderungen auf sich warten lassen, setzen sich immer mehr Menschen zivilgesellschaftlich dafür ein, dass sich unser Umgang mit den Ressourcen ändert.

Um den raren Boden für im weitesten Sinn gemeinwohlorientierte Projekte zu sichern, gibt es in Berlin die Stadtbodenstiftung. Sie wurde 2021 von etwa 150 Menschen gegründet, die sich zuvor schon stadtpolitisch engagiert hatten. Sabine Horlitz war von Anfang an dabei und ist Mitglied des Stiftungsvorstands. Die Frau mit den kurzen dunklen Haaren ist Architektin und Stadtforscherin. Sie beschäftigt sich seit Langem damit, wie anders

Wohnpolitik aussehen könnte, wenn Eigentumsmodelle nicht auf Gewinn ausgerichtet wären.

»Die Spekulation mit dem Boden ist ein, wenn nicht *der* wesentliche Faktor in der Verteuerung der Mieten. In der Konzeption der Stadtbodenstiftung haben wir deswegen überlegt, wie wir diesen Faktor ausschließen können und wie sich Boden dauerhaft vom Markt nehmen lässt«, erzählt Sabine Horlitz. »Das geht, wenn die Stiftung den Boden behält und ein Erbbaurecht an gemeinwohlorientierte Träger vergibt.« Per Erbbaurechtsvertrag wird geregelt, was für die Ziele und die soziale Ausrichtung eines Projekts wichtig ist: in welcher Weise es genutzt wird, wie hoch die Miete sein darf, wer berechtigt ist, dort zu wohnen.

Die Stadtbodenstiftung ist vom Modell des Community Land Trusts inspiriert. Sabine Horlitz stieß darauf, als sie zum sozialen Wohnungsbau und dem Mietboykott in den USA forschte, und auch andere aus der Initiative kannten das Modell bereits. Community Land Trusts entziehen den Boden der Spekulation und stellen ihn als dauerhaft günstigen Wohn- und Gewerberaum für Nachbarschaftsinitiativen, soziale und kulturelle Projekte oder Gemeinschaftsgärten zur Verfügung. CLTs sind nicht gewinnorientiert und werden gemeinschaftlich verwaltet. Obwohl sie ein vergleichsweise neues Modell kollektiven Eigentums sind, gehen sie auf wesentlich ältere Formen gemeinschaftlichen Landbesitzes zurück. Schon in den Anfängen der CLT-Bewegung bezogen sich diejenigen, die das Modell entwickelten, auf Beispiele aus Gesellschaften, in denen der kollektive Besitz von Land eine lange Geschichte hat: etwa das Konzept der Commons in England oder die Gramdan-Bewegung in Indien, in der einzelne Dörfer landwirtschaftlich genutzten Boden treuhänderisch verwalteten.

Auch der Ökonom Henry George beschäftigte sich mit einer gerechteren Bodenverteilung und entwickelte die Theorie der Einheitssteuer. George hatte mit recht fortschrittlichen Ideen Ende des 19. Jahrhunderts Bürgermeister von New York werden wollen: Er war für die gleiche Entlohnung von Männern und

Frauen und wollte auch ein Straßenbahnnetz errichten. Leider wurde er nicht gewählt. Bekannt wurde George vor allem dafür, dass er fand, Menschen dürften nur das besitzen, was sie selbst erschaffen haben – Land und Naturgüter sollten hingegen zu gleichen Teilen allen Menschen gehören. Elizabeth Magie Phillips war so beeindruckt von Georges Ideen, dass sie diese spielerisch vermitteln wollte – dazu erfand sie die Urform von *Monopoly*. Was andere später aus ihrer Erfindung machten, war das genaue Gegenteil von dem, was sie ursprünglich im Sinn hatte: Heute spricht das Spiel bekanntlich die Gier der Menschen an.

Der erste CLT im heutigen Sinne wurde Ende der 1960er-Jahre von Civil-Rights-Aktivisti im ländlichen Georgia, USA, gegründet, um Schwarzen Menschen angesichts der rassistischen Diskriminierung in der Bodenpolitik einen dauerhaft gesicherten Zugang zu Ackerland und Wohnraum zu ermöglichen. In den 1980er-Jahren, als immer mehr Nachbarschaften in US-amerikanischen Städten aufgewertet wurden und sich verteuerten, führte das immer häufiger dazu, dass Menschen mit geringem Einkommen verdrängt wurden. In dieser Zeit gründeten sich die ersten städtischen CLTs, das Modell verbreitete sich rasch. »Community Land Trusts sind mittlerweile ein weltweites Modell, von Siedlungen in Rio bis zu Projekten in Brüssel oder London«, sagt Sabine Horlitz. »Wir sind untereinander vernetzt und tauschen uns aus. Unsere Stiftung versucht das Modell erstmals in Deutschland umzusetzen. Dabei ist uns wichtig, dass alle, die es nutzen – Menschen aus den Nachbarschaften wie auch die Stadtgesellschaft – strukturell mit in die Entscheidung über den Boden und dessen Sicherung einbezogen werden.«

Derzeit hat die Stiftung drei bis vier Häuser in Aussicht. Diese erwirbt sie zusammen mit Genossenschaften, die dafür Fördermittel vom Senat beantragen. »Die Menschen, denen die Häuser gehören, sind auf uns zugekommen, weil sie ihr Eigentum dauerhaft in guten Händen wissen möchten, auch über die eigene Lebenszeit hinaus«, erklärt Sabine Horlitz. »Einige möchten uns sogar die Grundstücke schenken. Die Stiftung hat bei diesen Projekten die Rolle einer Wächterin. Sie sorgt dafür, dass die Erbbaurechtsnehmenden – in diesen Fällen die Genossenschaften – dauerhaft ihre ursprünglichen Ziele einhalten.« Sollte das Haus eines Tages veräußert werden, hat die Stiftung ein Vorkaufsrecht und kann so einen Verkauf an Meistbietende verhindern.

Es wird außerdem vereinbart, dass freiwerdende Wohnungen an Menschen mit Wohnberechtigungsschein vergeben werden – oder an andere, die auf dem Markt benachteiligt sind. Gerade diejenigen, für die es sonst schwierig wäre, Wohnraum zu ergattern, erhalten so eine Chance. Außerdem will die Stadtbodenstiftung anregen, zusammen mit der Organisation »Wohnraum für alle« Eigentumswohnungen in Mietwohnungen umzuwandeln, mit niedrigen Mieten.

Um an Boden zu kommen, geht die Stiftung verschiedene Wege. »Wir haben leerstehende Immobilien in allen Bezirken aufgespürt und sind mit den Leuten vor Ort ins Gespräch gekommen, um ihre Geschichten, aber auch ihre Nutzungsideen zu erfahren – daraus entstand auch ein Film. Die Aktion betraf nur privaten Leerstand, obwohl wir gleichzeitig bemerkt haben, wie viel kommunalen Leerstand es gibt. Wir haben dann die Eigentümer angeschrieben und verfolgen diese Fälle.« Sabine Horlitz schaut mich entschlossen an. » Wohnraum sollte keine Ware sein. Boden ist Gemeingut, und wir treten dafür ein, dass demokratisch entschieden wird, wie er allen möglichst gut dient. Wir wollen einfach die Lage für bezahlbares Wohnen und nachbarschaftliche Nutzungen verbessern.«

Kommt ihr das eigene Engagement auf diesem unfairen und engen Markt nicht vor wie Selbstverteidigung?

»Ich glaube, der Motor ist eher das Gefühl der Selbst*wirksamkeit* – das, was in den USA *empowerment* genannt wird«, sagt Sabine Horlitz. »Da gibt es natürlich einigen Gegenwind. Aber es kann gelingen, wenn wir uns zusammentun.«

Dieses Gefühl, sich mehr Handlungsspielraum verschaffen zu

wollen, ist bei den meisten Menschen, die mir während meiner Experimente bisher begegnet sind, stark ausgeprägt. Ob die Minnesota-Siedlung in Köln, die Tiny-House-Fans oder Tinas Baugenossenschaft in München – sie alle verspüren die Macht des eigenen Einsatzes besonders stark. Keiner von ihnen war niedergeschlagen, sie fanden immer Lösungen, selbst wenn ihnen Steine in den Weg gelegt wurden.

Selbstverwaltete Projekte sind ein wichtiger Trend, und es braucht mehr davon, damit sich ganze Stadträume verändern. Genau deswegen ist es so wichtig, dass die politischen Bedingungen stimmen. Wie schön könnte die Stadt sein, wenn wir sie gemeinsam gestalten? Wenn alles darauf ausgerichtet wäre, ein lebenswertes Umfeld zu schaffen, statt mit dem Boden immer mehr Geld zu verdienen? Wenn es nicht nur eine Stadt zum Wohnen und Arbeiten wäre, sondern auch eine zum – *Wohn*fühlen?

Bei aller damit verbundenen Mühe: Eine Gemeinschaft zu finden, die dazu beiträgt, ist ein Glück.

Am Abend nach dem Gespräch mit Sabine Horlitz sitze ich auf dem Sofa, den Laptop auf dem Schoß, und suche nach solchen Projekten in der näheren Umgebung. Mir fällt ein Ökohaus im Süden von Berlin ins Auge, ein Plusenergiebau. Dort leben Kinder und Erwachsene, einige von ihnen schon im Rentenalter. Das Haus sieht hübsch aus, und auf der Website sind zwei freie Wohnungen ausgeschrieben. Eine weitere Gemeinschaft liegt idyllisch im Ort Wustermark, der einen alten Dorfkern hat und in dreißig Bahnminuten von Berlin zu erreichen ist – auch dies ist ein ökologisches Bauprojekt. Beide Häuser sind durch das Mietshäuser Syndikat gesichert.

Als ich Rodrigo davon erzähle, zuckt er mit den Schultern.

»Kannst du ja machen«, sagt er. »Aber ich würde ungern mit Leuten zusammenleben, die ich nicht kenne. Da gibt's immer irgendeinen Honk, der querschießt.«

Mir fällt auf, dass ich automatisch für uns zwei geplant hatte. Dabei hat er offenbar nicht den gleichen Wunsch wie ich. Vielleicht ist ihm auch klar, dass es schwierig werden könnte, wenn er so viel Technik mitbringt. Aber kann ich mir selbst das Leben in einer Gemeinschaft vorstellen? Es käme auf einen Versuch an.

Mir fällt ein, was mein Freund Olli von einer Bekannten erzählt hat, die sich in einen seiner ausgebauten Bahnwaggons zurückzog, um ein Buch zu schreiben. Eva Stützel berät und begleitet Gemeinschaften, und sie selbst hat eines der bekanntesten Gemeinschaftsprojekte Deutschlands mitgegründet: das Ökodorf Sieben Linden.

Ich möchte wissen, wie es sich dort lebt, und von ihr lernen, was eine gute Gemeinschaft ausmacht. Also schicke ich ihr eine Nachricht. Kurze Zeit später pingt es in meinem Postfach: *Oliver hat mir schon von dir erzählt*, schreibt Eva. *Ich denke, das wäre grundsätzlich möglich, aber wir haben die ersten Coronafälle in der Gemeinschaft. Lass uns gerne zu einem späteren Zeitpunkt schauen, was geht.*

Das verstehe ich natürlich, und es ist mir unter diesen Vorzeichen ohnehin lieber, das Experiment zu verschieben. Nur was mache ich in der Zwischenzeit?

Wie du selbst über deine Wohnsituation bestimmst und wo du Unterstützung findest

Vielleicht bist du angesichts deiner Wohnsituation schon so verzweifelt, dass du dir überlegst, ungenutzte Stadträume zu besetzen? Das hat der Künstler Michael Townsend getan, der heimlich einen ungenutzten Raum in einem Shoppingcenter in Rhode Island kaperte und vier Jahre lang bewohnte. Kurz bevor er ein zweites Schlafzimmer, einen Holzfußboden und eine Küche einbauen konnte, schnappte ihn schließlich doch die Security.

Es ist also gut, wenn deine Wohnträume auf Recht und Gesetz gründen – und noch besser, wenn es ein so cleveres Konstrukt ist wie bei den Beispielen in diesem Kapitel. In einer Gemeinschaft, die unabhängiger von Investoren und Konzernen ist, kannst du dir sicher sein, dass dich keiner rausschmeißt, um dein Zuhause höchstbietend zu verscherbeln. Was also tun, wenn dir das dazu erforderliche Kleingeld fehlt? Wohin kannst du dich wenden, wenn du ein Bauvorhaben hast oder dein Haus vor einem gierigen Investor retten willst? Und wie vernetzt du dich mit anderen, denen das schon gelungen ist?

Der Klassiker. Keine Knete fürs Bauen oder den Wohnungskauf? Auch auf das Leben in einer Gemeinschaft kannst du hinsparen. Er kam eine Zeit außer Mode, aber es gibt ihn noch: den guten alten Bausparvertrag. Einige Jahre hat das Konzept schon auf dem Buckel, und in der Niedrigzinszeit schien es, als hätte es ausgedient. Inzwischen ergibt er für einige Menschen wieder Sinn. Lass dich beraten – ob es für dich infrage kommt, hängt unter anderem von deinem Alter und vom Anbieter ab. Bausparverträge kannst du auch für den Erwerb von Wohnrechten einsetzen, etwa den Platz im Altenheim finanzieren – und mit der Wohnungsbauprämie auch Anteile an Bau- und Wohnungsgenossenschaften erwerben. Übrigens fördert auch die KfW den Erwerb von Genossenschaftsanteilen, wenn du die betreffende Wohnung selbst nutzt.

Bye-bye, Berührungsangst. Du magst nicht im Speisesaal essen, teilst ungern dein Badezimmer mit anderen, ziehst dich lieber zurück, statt Permakulturbeete anzulegen oder mit anderen Acroyoga zu machen? Kein Problem! Es gibt nicht »die« Gemeinschaft, wenn es darum geht, mit anderen zusammenzuleben. Für manche ist die gelungene Nachbarschaft schon das höchste der Gefühle. Manche möchten ständig jemanden um sich haben, andere nur manchmal. So ist das eben – *jede Jeck is anders*. Was deine »ganz persönliche Dosis Gemeinschaft« ist, kannst nur du selbst erspüren. Auf https://www.bring-together.de findest du alle möglichen Arten von Gemeinschaften, die genau angeben, wie sie sich das Zusammenleben vorstellen – da ist alles dabei. Auch lokal kannst du suchen, für Berlin etwa unter dieser Adresse: https://www.cohousing-berlin.de/de/projekte

Let's wohn together. Genossenschaften gibt es überall – sicher auch in deiner Stadt. Eine Internetsuche lohnt sich, einige Beispiele findest du hier:

München: Schon fertige Genossenschaftsprojekte der wagnis eG befinden sich in Schwabing, Messestadt Ost und Oberföhring, andere sind geplant. Vielleicht findest du ein schönes Plätzchen? Mehr erfährst du hier: https://www.wagnis.org

Berlin: https://www.wohnungsbaugenossenschaften.de und https://junge-genossenschaften.berlin

Frankfurt am Main: https://baugenossenschaft.info

Dresden: https://www.stadtwikidd.de/wiki/Liste_Wohnungsgenossenschaften

Und falls es bei dir doch noch keine Genossenschaft gibt: Du kannst mit Gleichgesinnten auch eine gründen!

Vieles für viele. Das Netzwerk Immovielien ist ein Verbund, bei dem du in Sachen gemeinwohlorientierte Immobilien- und Stadtentwicklung Unterstützung findest. »Immovielien« sind gemeinschaftlich entwickelte Immobilien, die vielen zugutekommen und an deren Entstehen viele beteiligt sind. Das Netzwerk bietet eine Menge Wissenswertes in Form von Vorträgen, Podiumsdiskussionen, Fachartikeln und Lehrveranstaltungen. Der Verein vernetzt Menschen und setzt sich für verschiedene politische Ziele ein, darunter gemeinwohlorientierte Bodenkäufe und bezahlbare Grundstücke, Finanzierungs- und Förderinstrumente, faire Vermittlung zwischen Initiativen und Kommunen. Eine interaktive Karte auf der Website (»Immovielien Karte« unter dem Punkt »Immovielien«) zeigt, wo du in deiner Gegend Immovielien findest. https://www.netzwerk-immovielien.de

Nur mal schnell die Welt geraderücken. Du besitzt ein Haus und möchtest, dass es nach deinem Tod gemeinwohlorientierten Zwecken zugutekommt? In Frankfurt am Main, München und Berlin gibt es GIMAs, genossenschaftliche Immobilienagenturen. Wenn du dein Haus veräußern willst und dir nicht der Profit das Wichtigste ist, sondern die Menschen, die darin wohnen, dann wende dich an eine GIMA. Dort erfährst du, wie du deine Immobilie so verkaufen kannst, dass du damit langfristig für bezahlbare Mieten und stabile Wohnverhältnisse sorgst. Wenn du an eine Wohnungsbaugenossenschaft verkaufst, schützt du nicht nur die Menschen im Haus, sondern auch die Vielfalt des Viertels. Wichtig: Sprich zuvor mit den Menschen, die in deinen Wohnungen leben, und nimm sie als betroffene und zu beteiligende Handelnde ernst. https://gima-frankfurt.de

In Berlin ist es zudem möglich, sich direkt an die Stadtbodenstiftung zu wenden: https://www.stadtbodenstiftung.de

Leerstehendes Eigentum kannst du in vielen Städten an Wohnprojekte vergeben – ob via Stiftung oder über das Netzwerk des Mietshäuser-Syndikats.

Alle unter einem Dach

Wo ich den Rest meines Lebens verbringen möchte

Wir biegen auf den Parkplatz ein, der mit sechseckigen grauen und roten Steinen ordentlich gepflastert ist. Als meine Mutter einparkt, kann ich die Rillen der Steine unter den Reifen spüren. Wir steigen aus dem Auto – mich fröstelt ein wenig –, gehen zur Tür, drücken auf den Buzzer und treten ein. In der Schleuse müssen wir die Hände unter den Automaten mit der Desinfektionslösung halten, erst nach dem Spritzer öffnet sich die zweite Tür. Wir stehen in einem Vorraum, der auf der einen Seite in den Speisesaal übergeht, in dem eine ältere Dame im Rollstuhl an einem Tisch sitzt und vor sich hin starrt. Ein Mann schlurft heran und blickt sich um, als sehe er das alles zum ersten Mal. »Ist die Post schon da?«

»Sie wissen doch, dass die Post immer nachmittags kommt, Herr Meier.« Eine Frau im mittleren Alter legt ihm die Hand auf den Arm, sie hat dunkelblonde Haare, trägt Jeans und darüber ein grünes Hemd. Ein Schildchen an der Brust weist sie als Pflegekraft aus. Sie sieht auf und nickt uns zu. »Wie schön, Besuch für die Ursel«, begrüßt sie uns. »Sie kennen ja den Weg.«

Wir gehen den Gang rechts vom Glaskasten entlang und kommen an einem Schwarzen Brett vorbei, wo ein Foto von meiner Oma bei einer Faschingsfeier des Altenheims hängt. Sie haben ihr ein rotes Partyhütchen aufgesetzt, und Oma sitzt im Rollstuhl, grinst schief in die Kamera. Das ist lange her, inzwischen ist sie schon sehr eingeschränkt. Zu einer Party würde sie nicht mehr gehen, selbst telefonieren ist schwierig, sie kann nicht mehr gut hören. Wenn ich sie besuche, ist sie schnell müde. Auch Fernsehen strengt *sie an, sie liegt die meiste Zeit einfach da, das Leben blubbert so aus ihr raus.*

Der Gang sieht ansonsten aus wie ein typischer Krankenhausflur. Als ich die Tür zum Zimmer meiner Oma öffne, wandert mein Blick über die Regale, in denen ihre Fotoalben stehen, das Bild ihres geliebten Graupapageis Kuki an der Wand, dessen rote Schwanzfedern sie nur noch als verlaufenen Fleck erkennt. Es riecht nach Kamillentee und Desinfektionsmittel. Von meiner Oma in ihrem elektrischen Krankenbett mit den Gittern an den Seiten ist kaum noch etwas übrig. Sie atmet schwer, schnorchelt fast, im Halbschlaf. Nicht mehr lang, dann wird es vorbei sein, Stille, da wo vorher das Geräusch der Atemzüge war ...

»Geh doch nicht so schnell.« Rodrigos Stimme reißt mich aus meinen Gedanken. »Du sprintest ja geradezu.«

War ich wirklich so hastig unterwegs? Ich drossele mein Tempo, sodass er wieder Anschluss findet. Auch wenn es schon eine Weile her ist – die Erinnerung an die letzten Wochen vor Omas Tod hat meine Augen feucht werden lassen, und ich versuche das vor ihm zu verbergen. Aber mein Mitbewohner ist ein Stimmungsdetektor, er kennt mich eben.

»Was los?«

Ich stecke die Hände in die Taschen meiner Winterjacke. Es ist Ende Januar, und obwohl es in Berlin nicht mehr so kalt wird, wie ich das von früher kenne, fröstele ich.

»Ach nichts. Schau mal, die Nebelkrähen da.« Ich weise hinüber zu den großen schwarz-grauen Vögeln, die über den Rasen staksen. »Die Art mag ich, die sind so schlau.«

»Und da.« Rodrigo deutet auf den Seitenstreifen.

»Was ist da?«

»Ein leeres Bierfläschchen.« Er grinst. »Die Sorte mag ich, die schmeckt so gut.«

Ich knuffe ihn in die Seite. »Ach menno, du weißt doch, wie wichtig mir Vögel sind.«

»Und weißt du, was für Vögel besonders wichtig ist? Gute Aufstiegschancen!«

Ich muss lachen. »Ich habe an meine Oma gedacht«, gestehe ich schließlich, »und daran, dass sie die letzten Jahre ihres Lebens in einem Altenheim verbracht hat. Sie hat oft beklagt, dass sie dort niemanden hatte, mit dem sie sich wirklich austauschen konnte. Immerhin hat sie viel gelesen, und als sie das nicht mehr konnte, war sie immer noch sehr interessiert an allem.« Ich seufze. »Jedenfalls, solange ihre Augen und Ohren noch mitgemacht haben.«

Bevor sie ins Heim zog, hatte Oma ein langes, nicht immer ganz einfaches, aber erfülltes Leben. Und da sie vor dem Beginn der Pandemie starb, hatte sie verglichen mit den vielen älteren Menschen, die in den letzten zwei Jahren keinen Besuch empfangen durften, sogar Glück. Aber ab und an denke ich eben daran zurück, dass sie in diesem unpersönlichen Bett in der Pflegeeinrichtung gestorben ist. Das ist für mich eine schreckliche Vorstellung. »Ich möchte auf gar keinen Fall ins Heim, wenn ich so alt werde.«

»Erst mal wohnst du ja jetzt bei mir.« Rodrigo lacht. »Und so alt bist du noch nicht.«

Seit wir das Landleben erprobt haben, sprechen Rodrigo und ich häufiger darüber, wie es wäre, einfach weiter zusammenzuwohnen. Die Gemeinschaft, die wir so unvermutet verlängert haben, funktioniert immer noch gut. So, wie die Wohnung aufgeteilt ist, können wir uns beide nicht beschweren, aber je mehr Experimente ich auf dem Land gemacht habe, desto verlockender erscheint uns beiden der Gedanke an einen Umzug ins Grüne – Rodrigo, weil er einen Hund aus dem Tierheim adoptieren möchte, und mir, weil ich Nattys Garten vermisse. Im Netz habe ich Genossenschaften gefunden und sie Rodrigo gezeigt, aber die haben ihm nicht gefallen, deshalb findet er die aktuelle Situation immer noch am besten.

»Ist das nicht komisch, wenn wir zusammenwohnen, aber

kein Paar sind?«, frage ich ihn. »Gerade, wenn wir irgendwann alt sind?«

»Wieso?«, erwidert er. »Altersheim ist auch 'ne WG.«

Ist das so? Zwar wohnte meine Oma dort in einem Haus mit vielen verschiedenen Menschen, und das ist vielleicht sogar besser, als Einsamkeit zu ertragen. Aber mit lauter Fremden zusammengewürfelt werden, auch mit solchen, die gar nicht dort sein wollen? Und das an einem Ort, den du eines Tages auf der Bahre des Bestattungsunternehmens verlassen wirst? Außerdem muss in so einem Heim überhaupt erst mal ein Platz frei sein, die meisten haben eine elend lange Warteliste und sind sehr teuer.

Grundsätzlich habe ich nichts dagegen, auch mit Menschen zusammenzuleben, die ich noch nicht gut kenne. Ich habe schon oft so gewohnt, und ich mochte es immer. Außerdem stamme ich aus einer Stadt, in der sogar ein Ex-Bürgermeister bekennender WG-Fan ist: Henning Scherf. Wann immer er dazu befragt wird, schwärmt er von dem Haus, das er mit befreundeten Paaren in der Bremer Innenstadt gekauft hat: »Wir sind zu so einer Art Wahlfamilie zusammengewachsen.«

Manche Wohngemeinschaften haben es zu Ruhm gebracht: Neben der Berliner Kommune 1, in der Uschi Obermaier und Rainer Langhans in den 1960ern wohnten, lebten in den 1970er-Jahren einige bekannte Bühnenstars gemeinsam in der Villa Kunterbunt im Hamburger Stadtteil Winterhude – zu ihnen gehörte Otto Waalkes genau wie Marius Müller-Westernhagen und Udo Lindenberg. »Udo hat noch um vier Uhr morgens auf sein Schlagzeug eingedroschen«, erzählte Otto im *Abendblatt*. »Marius und ich sind dann gerade von unserer Tour durch Musikkneipen nach Hause gekommen. Dann ist Udo auf seinem Wasserbett eingepennt, mit rauchender Zigarre natürlich. Mein Zimmer lag genau darunter. Irgendwann fing es von oben an zu regnen – und als ich aufwachte, hatte ich auch ein Wasserbett.« In den 1980ern hatte die Band Trio ein gemeinsames Haus in der Nähe von Oldenburg mit Proberaum im Keller. Adresse und Telefonnummer – *Regenterstr. 10a, 2907 Großenkneten 2, Tel.: 04435/2300* – zierten sogar ihre erste Langspielplatte, die den internationalen Hit »Da Da Da« enthielt.

Wohngemeinschaften können alles sein – von Zweckgemeinschaft über erweiterte Familie bis zur eingeschworenen Bande. Ich selbst habe auch schon alles Mögliche erlebt. Zu den Faktoren, die hier über Top oder Flop entscheiden, gehören aus meiner Sicht die Privatsphäre, die gemeinsamen Werte und die Größe der Gruppe.

Einmal lebte ich mit fünf anderen und einem Collie zusammen. Die Wohnung war hellhörig und der Hund sehr eifersüchtig, deshalb wussten wir immer, wann seine Besitzerin mit ihrem Freund schlief – der Collie pflegte dann empört zu bellen. Ein andermal verliebte ich mich in einen meiner Mitbewohner, wir zogen aus, aber das Spin-off hielt nicht lange, wir hatten in der Gemeinschaft wohl besser funktioniert. Und dann wohnte ich mit einer Schauspielerin unter einem Dach, die den besten Kaffee braute, weil sie nebenher im Café jobbte. Wenn sie Besuch hatte, wurde die Küche oft zur Bühne im Wettstreit um den stärksten Auftritt.

Die Wohngemeinschaft mit Rodrigo ist in vielerlei Hinsicht etwas Gutes. Fakt ist: Ich habe die Hälfte meines Lebens bereits hinter mir, und er ist sogar einige Jährchen älter als ich. Im schlimmsten Fall werden wir gleichzeitig gebrechlich, ähnlich wie das Paar über uns – er hat eine kaputte Hüfte, und sie kommt auch kaum noch die Treppe rauf. Wenn ich einen Ort finden möchte, an dem ich möglichst lange wohnen kann – müsste ich das nicht besonders früh angehen? Quasi jetzt?

Sonst ergeht es mir eines Tages wie Oma, die einfach möglichst lange in ihrem Bungalow im Grünen wohnen wollte, und als das nicht mehr ging, hatte sie keinen Plan B. Viele Ältere denken viel zu spät über altersgerechtes Wohnen nach – und landen dann eben im Heim. Weil die Familienstrukturen sich verändert haben, weil die Verwandten auf dem Planeten verstreut leben, weil private Care-Arbeit anstrengender ist als die meisten Jobs, aber nicht angemessen bezahlt wird.

Ich muss also selbst zusehen, wo ich bleibe. Eigenständig zu entscheiden und sich frühzeitig zu kümmern, findet auch Kathleen Battke vom Verein »Neues Wohnen im Alter« wichtig. »Mit fast fünfzig bist du genau in der richtigen Lebensphase, um dir über deine Wohnsituation im Alter Gedanken zu machen, Anne«, sagt sie. »Je eher, desto besser.«

Entschuldige mal, denke ich in einem Anflug von Eitelkeit, so alt bin ich nun auch wieder nicht. Und lege dieses Gefühl gleich wieder ab, schließlich wird jeder alt, wäre ja noch schöner, wenn nicht.

Es kommt nur drauf an, wie ich damit umgehe. Besser, ich höre auf Kathleen, denn sie weiß, wovon sie spricht. Sie wohnt selbst in einer Mehrgenerationen-Wohngenossenschaft und berät über den Verein Menschen jeden Alters, die sich für gemeinschaftliche Wohnformen interessieren, aber auch Kommunen und Investoren.

»Keiner will einsam sein«, sagt sie. »Niemand möchte gerne ins Heim – alle wollen so lange wie möglich selbstbestimmt leben.« Kathleen weiß, dass das Leben im Verbund mit anderen gegen Krankheiten wie Depression hilft – und auch, dass die Pflegebedürftigkeit sich in passender Gesellschaft in Einzelfällen sogar vermindern kann. »Trotzdem klammern sich viele an das gewohnte Umfeld. Sie sind zwar zunehmend unglücklich, aber harren aus.« Menschen sollten sich nicht nur eigennützig um einen geeigneten Alterssitz kümmern, weil sie es eines Tages mit dem Thema Pflege zu tun bekommen werden – wichtig ist auch, was sie bis dahin selbst zur Gemeinschaft beisteuern können und dass sie gerne geben, teilen, mitgestalten. »Nur so entsteht ein Gleichgewicht«, sagt Kathleen.

Gibt es eine Wohn- oder Hausgemeinschaft, in der ich – oder falls Rodrigo mitkommen möchte: wir – über das Renteneintrittsalter hinaus sicher bin und gut leben kann? In der ich so lange, wie es irgend geht, meine Selbstständigkeit erhalte? Und wie müsste diese Bleibe aussehen?

Diese Fragen haben meine Eltern sich leider nicht gestellt. Sie leben in einem Einfamilienhaus, das in keiner Weise barrierefrei ist. Flache Stufen führen zum Eingang, es gibt keinen Lift ins Obergeschoss, das Bad und die Schlafzimmer könnten im Fall der Fälle schnell unerreichbar werden. Aufgeben wollen sie es aber nicht – das Haus war immer eine Mischung aus Zufluchtsort und Altersvorsorge. Ein überkommener Traum, heute finanziell kaum mehr darzustellen. Was, wenn sie pflegebedürftig werden? Zu zweit sind sie zwar bisher klargekommen, aber wenn einer von ihnen mal nicht mehr so gut kann, geschweige denn alle beide, ist ein Haus ohne altersgerechte Ausstattung keine so gute Idee. Zudem liegt es vergleichsweise weit draußen, die nächste Vorortbahn ist nur mit dem Auto zu erreichen, die nächstgelegene Bushaltestelle ist zwei Kilometer entfernt. Nicht zu schaffen, wenn das Autofahren eines Tages wegfällt. Sie wollen ihr Haus trotzdem nicht aufgeben und bauen es auch nicht um. Die Zeit wird zeigen, wie sich diese Geschichte entwickelt.

Mehr Gedanken machten sich Barbara Lueg und Christiane Hastrich. Sie haben verschiedene Wohnmodelle getestet, wie ich, aber gezielt daraufhin, ob sie sich diese im Alter vorstellen können. In ihrem Buch *Statt einsam gemeinsam* erzählen sie von ihren Erlebnissen und halten wichtige Erkenntnisse fest. Genau wie ich stießen sie auf eine größere Vielfalt von Projekten, als sie zunächst angenommen hatten. Vorstellen können sich die beiden Journalistinnen fürs Alter eine Wohnform mit Rückzugsplätzen und gemeinschaftlich geteilten Räumen. Lueg und Hastrich würden gern mit Freundinnen zusammenziehen. Allerdings haben sie die Erfahrung gemacht, dass viele sich das gern in den buntesten Farben ausmalen, es dann aber doch nicht wagen, auch nur den ersten Schritt in diese Richtung zu gehen. Entmutigen lassen sich die beiden davon nicht.

Ich nehme meine bisherigen Wohnexperimente noch einmal

unter die Lupe. Wären die Unterkünfte, die ich ausprobiert habe, auch fürs Alter geeignet gewesen? Wäre ich auf dem Land medizinisch ausreichend versorgt? Reicht die Technik im Smart Home dafür, brauchte ich bloß noch einen Pflegeroboter anzuschaffen? Und würde ich im Tiny House nicht unweigerlich Probleme mit meinem Rollator bekommen?

Es ist bitter, aber keine Wohnform hält dem Blick durch die Omabrille stand. Nur – was dann? Für großen Luxus im Alter fehlt mir das nötige Kleingeld, das ist schon mal sicher. Schon 1986 glaubte ich Bundesarbeitsminister Norbert Blüm nicht, als er sich dabei ablichten ließ, wie er eigenhändig Plakate klebte mit der Botschaft: *Denn eins ist sicher: Die Rente.* So, wie sich die Dinge entwickelten, musste ich die sichere Rente immer mehr ins Reich der Mythen und Märchen verweisen. Aufgrund der überschaubaren Honorare als Autorin und meiner beendeten Festangestelltenzeit darf ich rund tausend Euro Rente im Monat erwarten, dazu kommen durch private Vorsorge noch mal rund hundert Euro monatlich. Für Anlagen auf dem Kapitalmarkt, so wie Christian Lindner sich das vorstellt, habe ich kein Geld übrig. Ich habe keine großen Ansprüche an Komfort, aber die Eigenbeteiligung für einen Heimplatz liegt aktuell im Schnitt bei unerschwinglichen 2500 Euro im Monat.

Um die Rente zu retten, sollen wir bis siebzig arbeiten, fordern Politiker und Industrielle schon länger. Zumindest für mich gilt: Solange ich meinen Job erledigen kann, werde ich ihn sowieso machen, weil ich ihn liebe. Aber was, wenn das eines Tages nicht mehr geht, weil ich Arthritis in den Händen bekomme oder mein Kopf nicht mehr mitspielt?

Wir reden viel, aber noch zu wenig über dieses Thema. Dabei betrifft es bei dem demografischen Wandel eine immer größere Gruppe von Menschen. Wollen wir die alle ins Altenheim abstellen? Woher nehmen wir die Pflegekräfte? Und wie sollen sich die Betroffenen die Heime leisten – gerade Mütter leiden oft durch Betreuungszeiten unter massiven Rentenlücken. Und 2021 warnte ein Gutachten des Wirtschaftsministeriums vor »schockartig steigenden Finanzierungsproblemen« dadurch, dass die vielen Babyboomer demnächst alle in den Ruhestand gehen.

Es sagt viel über eine Gesellschaft aus, wie sie mit ihren Alten umgeht, insbesondere mit weiblich gelesenen Personen. Der Pflegenotstand sorgt dafür, dass die Pflegekräfte immer mehr unter Druck geraten. Es gibt zu wenige Pflegeplätze und einen Mangel an Fachkräften – und der letztere Punkt führt paradoxerweise dazu, dass mehr Betten leer bleiben. Denn wenn der Betreuungsschlüssel nicht stimmt, dürfen die Heime die Betten nicht vergeben. Während Pflegekräfte sich abarbeiten und um ihren Job fürchten müssen, wenn sie Missstände zu Gehör bringen, leiden die Alten in den Einrichtungen unter Misshandlungen und Vernachlässigung. Für den bekannten Pflegekritiker und Sozialarbeiter Claus Fussek ist dies ein »perverses System, in dem man mit schlechter Pflege legitim Milliarden verdienen darf«.

Kommunen werden kreativ und nutzen die Notlage von Studierenden und Azubis aus: Sie entwerfen Programme, bei denen junge Menschen günstiger wohnen, wenn sie einige Sozialstunden bei den Alten ableisten. Bestimmt ist das eine gute Erfahrung für junge Menschen, und die Alten profitieren auch davon. Aber es kann nicht angehen, dass dies wieder auf die Jungen abgewälzt wird, die sich die Wohnung sonst nicht leisten könnten. Schlecht käme ich mir auch dabei vor, eine Pflegekraft aus Osteuropa rund um die Uhr für ein Minimalgehalt bei mir einzuquartieren, die dann ihre eigene Familie kaum noch sieht, nur damit meine Pflege gesichert ist.

Das beschäftigt mich, als Olli mir von der Plattform bring-together erzählt. »Da werden jede Menge Häuser, Plätze und Projekte beschrieben, ich habe dort auch Lilleby eingestellt.« Er räuspert sich. »Ich komme gar nicht dazu, die ganzen Anfragen zu beantworten. Jeden, der sich für die Siedlung interessiert, will ich ja auch mal sprechen, um zu sehen, wie er oder sie so drauf ist. Und das kostet Zeit.«

Wir erzählen uns, was in der Zwischenzeit vorgefallen ist, und ich berichte ihm, dass Luisa noch nicht aufgegeben hat, ihre Hausgemeinschaft zu retten. Sie versuchen weiter Direktkredite einzuwerben, mit denen sie das Haus noch kaufen können. Doch es sieht nicht gut aus.

»Hast du nicht Lust, mit ihr vorbeizukommen?«, fragt er. »Ich mache euch Erde oder Mars schick.«

Merkur, Venus, Erde und Mars sind die Eisenbahnwaggons hinter der Lok, die Olli bewohnt. Sie sind ihren Namen entsprechend eingerichtet und gestaltet, im Sommer wohnen dort Saisonkräfte. Ich würde ihn nur zu gern auf dem Gelände mit den Eisenbahnen besuchen. Wenn es kalt ist, brauche ich in Schmilau zwar dicke Socken und festes Schuhwerk, und dann sind meine Füße meist trotzdem Eisklötze. Im Winter mag ich das Gelände aber noch mal so gern, denn dann hat Olli mehr Zeit als im Sommer, wenn viele Gäste Draisine fahren wollen.

Doch der Gedanke, mir einen Platz fürs Alter zu suchen, lässt mich gerade nicht los. Ich erkläre ihm das und verspreche, so bald wie möglich vorbeizukommen. Noch am selben Abend melde ich mich auf der Seite an, von der er mir erzählt hat, und fülle mein Suchprofil aus: Mehrgenerationenhaus, gern mit Selbstversorgung, alle Bundesländer. Das Häkchen bei dem Punkt »spirituelle Gemeinschaft« lasse ich bewusst weg.

Dass auf dem Portal viel los ist, merke ich, als die ersten Rückmeldungen eintrudeln. Einer antwortet mir, dass sie ihr Genossenschaftsprojekt schon wieder eingestampft, aber noch nicht gelöscht haben. Eine Person aus einer Gemeinschaft schreibt: »Wir sprechen nicht, sondern stehen ausschließlich schriftlich miteinander in Kontakt, auch bei Konflikten.« Die Person nennt sich M, als ich nachfrage, erfahre ich, dass sie sich dort allgemein nicht mit Namen, sondern nur mit Buchstaben bezeichnen. Ob ich mich ihnen anschließen wolle?

Dann kontaktiert mich Hortensie aus dem Fichtelgebirge. Was sie von ihrem Haus schildert, klingt einfach traumhaft, auf den

Bildern sieht es idyllisch aus, am Waldrand, mit einem wilden Garten. Die Hausgemeinschaft ist nicht groß, die freie Wohneinheit, so schreibt sie mir, eignet sich auch für eine Seniorin, Läden gebe es im Dorf, ich brauchte nicht mal einen Wagen. Wir verabreden uns für ein Telefonat, zuvor muss ich ihr aber noch versichern, dass wir ganz offen sprechen können – sie habe da schlechte Erfahrungen gemacht. Das macht mich noch fast neugieriger, als es ihr Profil schon getan hat, und ich rufe sie an.

Hortensie ist eine quirlige Frau, das merkt man gleich, sie rollt das R, wie es sich in Franken gehört.

»Joa, dann erzähl doch mal, wie's bei dir ist«, fordert sie mich auf.

»Gerne.« Ich setze an. »Ich wohne jetzt seit Längerem in ...«

»Na!« Sie unterbricht mich. »Bist du gepikst?«

Ich nehme an, dass sie wissen will, ob ich mich gegen Corona habe impfen lassen. »Klar, und sollte ich vorbeikommen, brauchst du dir keine Sorgen zu machen, ich lasse mich zusätzlich immer testen, bevor ich ...«

»Was ein Schmarrn«, sagt sie. »Mir san ja alle nicht geimpft. Ich sag immer, die Natur regelt des.«

Ich erhalte eine Verbaldusche, bei der Hortensie lauter schlimme Fälle von Impfschäden auf mich herabregnen lässt, die gute Freunde von Bekannten ihrer Nachbarin direkt aus erster Hand erfahren haben. Ich erfahre, dass Hortensies Impfskepsis sich nicht nur auf die aktuelle Lage bezieht. »Ich wollte ja nie Kinder«, erklärt sie mir, »aber meine vier Söhne habe ich nie impfen lassen. Bis zur Volljährigkeit waren sie frei von dem Zeug, des hat ihnen auch net g'schadet.« Dies scheint ihr einziges Thema zu sein. Bevor meine Ohren anfangen zu klingeln, verabschiede ich mich.

»Kommst net vorbei?«, fragt sie. »Du bist wie meine Kinder, die kommen a nimmer vorbei.«

Ich suche weiter nach alterssicheren Projekten, diesmal einfach per Suchmaschine im Netz.

Wenn ich in diesen Tagen durch die Stadt gehe, fällt mir an allen Ecken und Enden auf, wo sie nicht altersgerecht gebaut ist. Viele U-Bahn-Stationen oder auch Gebäude sind nicht auf Menschen eingestellt, die in ihrer Mobilität eingeschränkt sind. Im Normalfall merke ich so etwas nur, wenn ich gesundheitlich angeschlagen bin oder schweres Gepäck mit mir trage. Jetzt denke ich darüber nach, wie es wohl für Menschen sein muss, die 365 Tage im Jahr mit Hürden zu tun haben, die sich ihnen in den Weg stellen, weil sie im Rollstuhl sitzen oder weil die Füße einfach nicht mehr so mitspielen. Mein 84-jähriger Onkel zum Beispiel hat Wasser in den Beinen und geht nur noch selten – und dann nur mit seinem Rollator – aus dem Haus. Draußen kämpft er mit hohen Bordsteinkanten, U-Bahn-Eingängen, Treppen aller Art. Und es ist gut, dass er – laut meiner Schwester, die als Pflegekraft bestens Bescheid weiß – den Rolls-Royce unter den Rollatoren hat.

Mein Onkel ist schon lange nicht mehr berufstätig, er führt mir vor Augen, wie sich der Tagesablauf im Alter ändert. Er muss nicht mehr zur Arbeit pendeln, seine Zeitgestaltung ist einerseits flexibler, andererseits bewegt er sich langsamer durch seinen Tag und muss für einzelne Vorhaben mehr Zeit einplanen. Den Ticketautomaten der BVG versteht er nicht, und er hat weder ein Smartphone noch einen Mailaccount, was sich schon häufiger als Hindernis erwiesen hat. Die letzten Bahnfahrten habe ich für ihn im Internet gebucht und war dann auch dafür zuständig, ihm über meine App die Verspätungen durchzugeben. Dass keine echten Personen ihn bedienen, ist ein Problem für ihn.

Aber am meisten Kopfzerbrechen bereitet mir seine Wohnsituation. Er lebt in einer Mietwohnung in einem ruhigen Viertel, im ersten Stock. Das Problem ist der Lift. Es gibt nämlich keinen. Auch die Türschwelle ist mit dem Rollator nur mühsam zu überwinden. Den Rollator lässt mein Onkel im Flur und zieht sich dann wie ein alter Tarzan an der Liane namens Treppengeländer hoch.

In einer alternden Gesellschaft steigt der Bedarf an barrierefreien Angeboten. Altersgerechte Wohnungen sind rar, und es dauert auch ewig, einen Handwerksbetrieb für den Umbau der eigenen Wohnung zu bekommen. Falls ich ansatzweise das Geld hätte, um mir etwas Entsprechendes zu kaufen, müsste ich wohl überregional schauen. Hier in Berlin ist es aussichtslos – aber dieses Problem kenne ich ja schon.

Ein Mehrgenerationenhaus in Bremen ist mir im Netz besonders aufgefallen, weil es sozial und ökologisch geplant wurde. Es liegt am Platz »Waller Mitte«, wo noch vier weitere Baugruppen ihre Ideen verwirklicht haben, und ist vor kurzer Zeit fertiggestellt worden. Probewohnen kann ich bei waller wohnen, wie das Projekt heißt, nicht, denn die Hausgemeinschaft ist komplett. Aber Martina Steinröder schreibt mir, ich könne mir das Haus gern ansehen. Wir telefonieren, und weil sie Expertin für Digital Publishing ist und aus der Buchbranche kommt, haben wir gleich noch ein gemeinsames Thema. Also buche ich eine Fahrkarte, um mich in meiner Heimatstadt mit ihr und den anderen beiden Verantwortlichen aus der Bau-GbR zu treffen.

Einige Tage später stehe ich vor dem vierstöckigen Mehrfamilienhaus mit der Holzfassade, das mit seinen Laubengängen zum Platz hin einladend wirkt. Die umliegenden Straßen sind ruhig, manche sogar autofrei. Die Fenster sind groß, vor einigen sind halbhohe Brüstungen angebracht. Das Haus wirkt freundlich, an einem der Laubengänge hat jemand eine Regenbogenflagge mit Peace-Zeichen befestigt. Vor dem Haus steht noch ein Bauzaun, aber der Weg zum Eingang ist frei. Ich klingele und drücke die Tür auf, als ein Summton erklingt. Der Flur ist hell und freundlich, unten hängt ein Schwarzes Brett mit Freizeitangeboten. Es gibt einen Aufzug, aber ich nehme die Treppe.

Martina Steinröder und ihre Frau Marita Lehrig erwarten mich im zweiten Stock, wir setzen uns an ihren Esstisch vor der offenen Küche. Auf dem Tisch stehen Blumen, der Kaffeevollautomat glänzt. Sie erzählen mir, dass sie schon Ende der Neunziger erste Fühler nach Baugemeinschaften ausgestreckt haben, um etwas zu finden, wo sie sich dauerhaft zu Hause fühlen.

»Von Anfang an waren uns zwei Dinge besonders wichtig: nachhaltiges Wohnen und die Tatsache, dass es bezahlbar bleiben muss«, sagt Martina, die etwas älter ist als ich. »Wir wollten gern in einem Mehrgenerationenhaus wohnen, gerade weil wir keine Kinder haben. Und uns in der Nachbarschaft engagieren.« Alle, die hier wohnen, sind Mitglied im waller wohnen e. V., der sich für soziale Projekte im Stadtbezirk einsetzt und die Kita-Räume im Erdgeschoss gebaut hat. »Bis wir beschlossen, uns mit der Frage auseinanderzusetzen, wie wir wohnen wollen, haben wir zur Miete gewohnt«, sagt Martina. »In diesem Lebensabschnitt wollten wir gern mit anderen nahe zusammenwohnen, nicht allein, aber auch nicht in einer WG.«

»Eine gute Gemeinschaft war uns wichtig«, sagt auch Marita, die lockige rote Haare hat und eine runde Hornbrille trägt. »Die Gruppe drohte nach dem Baubeginn noch mal komplett auseinanderzufliegen. Alle haben sich nach ihren Möglichkeiten eingebracht. Aber über bestimmte Sachen konnten wir uns einfach nicht einigen, und am Ende sind einige gegangen. So ein Projekt erfordert hohe Kompromissbereitschaft. Wenn diese nicht bei allen vorhanden ist, kann es die Gruppe sprengen.« Jetzt verstünden sich alle im Haus sehr gut. Nebenan, in einem Projekt des Mietshäuser Syndikats, wohnt ein Freundeskreis zusammen, bei waller wohnen sind sie bunt zusammengewürfelt. »Die Menschen sind zwischen zwei Jahren und Ende siebzig, das verteilt sich schön.«

Marita Lehrig ist praktischerweise Architektin, so konnte sie selbst darauf achten, dass alles im Plan bleibt. »Am tollsten hätte ich es gefunden, wenn wir nicht neu gebaut hätten, aber Bestandsimmobilien sind schwer zu bekommen, also haben wir uns auf dieses Grundstück beworben. Wir sind total im Budget geblieben, waren weniger als ein Prozent drüber«, erklärt sie stolz. »Ein richtiges Musterprojekt, das lag auch daran, dass wir überall

Standards eingeführt haben, also etwa die gleichen Fliesen und Fußböden. Ich würde, was das Bauen angeht, nichts anders machen, so ist es nachhaltig und preisgünstig. Wir hatten gute Handwerksleute, sind gerade noch mal an der Holzkrise vorbeigerutscht.« Das verwendete Holz ist unbehandelt, sie haben beim Bau auf die Emissionen geachtet.

»Das Haus wurde zusammengesteckt wie ein riesiges Puzzle«, ergänzt ihre Frau. »Alles war vorgefertigt, die Teile kamen auf riesigen Lkw. Das ging ziemlich schnell, Richtfest war im letzten Sommer.«

Die fünf Wohnprojekte an der »Waller Mitte« sind gut miteinander vernetzt. Gemeinsam geben sie durch Straßenfeste, Konzerte und andere Events dem Viertel etwas zurück. Es gibt ein Repaircafé, einen Lastenradverleih, eine Kooperative für regionale Biokost und Begegnungsorte, außerdem eine Kita unten im Haus. »Uns war klar: Das ist unser Stadtteil – für den wollen wir was tun«, sagt Martina. Um die Gemeinschaft kümmern sie sich aktiv. »Bei aller Verschiedenheit sind wir auf einer Wellenlänge, viele essen vegetarisch, fahren Fahrrad und haben kein Auto. Wir hätten es nur gern noch internationaler gehabt«, sagt Martina. »Aber die gute Nachbarschaft ist ein Glück, hier wohnen ganz unterschiedliche Menschen, queer und straight, mit Handicap und ohne, junge und alte – es ist eine solidarische Hausgemeinschaft, in der wir uns vorstellen, möglichst lange selbstbestimmt zu leben.«

Zusammen mit Max, der ebenfalls Architekt ist und samt seiner Lebensgefährtin und den beiden kleinen Kindern im Haus lebt, zeigen sie mir das Gebäude. Es ist lichtdurchflutet und hat ein spürbar frisches Raumklima. Von der gemeinschaftlichen Dachterrasse kann ich fast bis zum Überseehafen schauen. Ich stelle mir vor, wie sich die Hausgemeinschaft hier zum Sundowner trifft, und bin ein bisschen neidisch. Oft vermisse ich meine Heimatstadt. Bremen ist an vielen Ecken so entspannt – dass es auch in diesem Viertel so ist, war mir nicht bewusst.

Max hat dunkle Haare und eine Brille, er trägt ein blaues Shirt und eine schwarze Hose. »Lange habe ich in Berlin gewohnt, aber Bremen war schon immer attraktiv für mich«, sagt er und erzählt, dass er von diesem Projekt in der *taz* gelesen hatte. »Vom Gefühl her gefiel mir der Platz gleich«, sagt er. »Unten vorm Haus ist eine Spielstraße, und mir war es wichtig, dass die Kinder hier gleich Anschluss haben. Der ökologische Gedanke war auch wichtig. Ich will ihnen die Welt möglichst in einem guten Zustand weitergeben, und allein, wenn ich hier an die Decke schaue und weiß, da ist einfach nur Holz verbaut, dann ist das ein schönes Gefühl.« Zuvor hatte er Wohnungen saniert, in denen viele Giftstoffe verbaut waren – ein Grund, warum er anders wohnen wollte. »Und die Kinder können auf der Straße Fußball spielen, das kenne ich aus Berlin so nicht.«

Das Haus sei wie ein großes Netzwerk, das genießen alle. »Die Türen stehen bei vielen offen«, sagt Martina, »und wir unternehmen viel zusammen. Es finden Kinoabende im Gemeinschaftsraum statt, einmal im Monat gibt es Essen für alle oder wir arbeiten gemeinsam im Garten.« – »Wir unterstützen uns gegenseitig«, ergänzt Max. »Ich würde sagen, wir sind einfach ein bisschen mehr als eine klassische Nachbarschaft.«

So eine Art von Mehrgenerationen-Hausgemeinschaft würde mir gefallen, und wahrscheinlich würde sich auch Rodrigo hier wohlfühlen, weil er sich immer noch zurückziehen kann. Aber selbst bauen, das kann ich finanziell nicht stemmen, also suche ich weiter nach Orten, die fürs Alter geeignet sind.

Beim Stöbern auf dem Webportal, das mir Olli empfohlen hat, entdecke ich ein Mehrfamilienhaus im Süden von Leipzig. Dort wohnt eine gemischte Gruppe: ein Paar mit einem Kind, eine Seniorin und ein junger Mann. Sie teilen sich den Garten und einen Aufenthaltsraum, sind offen fürs Probewohnen, wenn ich geimpft und getestet bin. Da ich mein Co-Working schon vor zwei Jahren aufgegeben habe und nur zu Hause arbeite, muss ich auch nicht befürchten, dass ich die Gemeinschaft gefährde.

Ende Februar, als ich eigentlich schon fahren will, geschieht es dann – von einem Tag auf den anderen verändert sich alles. Oder wie unsere frischgebackene Außenministerin es ausdrückt: »Wir sind heute in einer anderen Welt aufgewacht.« Ich will meine Sachen packen, aber dass Russland die Ukraine angreift, nimmt mich so mit, dass ich nur fieberhaft durch die Nachrichten auf meinem Handy scrolle und ansonsten wie ein Klops auf dem Sofa sitze. Ich habe das Gefühl, ich wäre schon wieder in einer Zeitschleife gelandet, alles kommt mir irreal vor, wie in den Anfangstagen der Pandemie.

Ich verschiebe meine Reise, im Moment ist mir nicht nach Experimenten. Für die Hausgemeinschaft ist das kein Problem. »Sag einfach Bescheid«, sagt Christel, mit der ich schon telefoniert hatte. »Uns geht es ja auch so.«

Die Lage ändert sich nicht und beschäftigt mich die ganze Zeit, ich fühle mich hilflos, weil ich nichts tun kann, und die schlechten Nachrichten reißen nicht ab. Olli erzählt mir, dass er sich überlegt, ukrainische Geflüchtete auf seinem Gelände aufzunehmen. Aber alles scheint chaotisch, niemand weiß, wann Menschen kommen und wie diese dann organisiert werden. Niemand weiß, was Putin als Nächstes vorhat. Olli sorgt sich um seine Freundin, die nach Moldawien fahren wollte, aber nur bis nach Rumänien kam.

Wie schon 2015, als so viele Menschen vor dem Bürgerkrieg in Syrien, aber auch aus Afghanistan, aus dem Irak und aus anderen unsicheren Gebieten nach Deutschland flohen, sind es private Initiativen, die vorangehen. Eine Freundin, die Polnisch spricht und daher weniger Verständigungsprobleme hat, nimmt zwei Frauen in ihrer Wohnung auf und hilft am Berliner Hauptbahnhof, wo auf einer der unteren Ebenen die erste Anlaufstelle für ukrainische Geflüchtete eingerichtet ist. Ich fahre hin und bringe Spenden mit, die auf einer Internetliste standen. Im unteren Geschoss des Bahnhofs herrscht ein heilloses, aber irgendwie doch organisiertes Durcheinander. Als ich nach dem Abgeben der

Spenden eine Ordnerin frage, ob ich helfen kann, fragt sie nur nach meinen Sprachkenntnissen – und ich muss verneinen, da ich weder Russisch noch Ukrainisch spreche.

Ende April fahre ich schließlich nach Leipzig. Ein Plus ist das gute Wetter: Es ist schon warm, wir können viel lüften und draußen sein. Das Zimmer kostet 400 Euro pro Monat alles inklusive, das könnte ich von meiner kargen Rentenerwartung zumindest besser finanzieren als die 2500 Ocken fürs Altersheim. Das Haus sieht von außen recht unscheinbar aus, ein verputztes Gebäude aus den Zwanzigerjahren. Die Menschen, die darin wohnen, haben es selbst ausgebaut. Draußen blüht schon die Schlehe, außerdem Krokusse und knallgelbe Osterglocken. Die Klingel ertönt dunkel und schwer aus dem Inneren, ich höre schnelle Schritte, eine ältere Frau mit halblangen grauen Haaren öffnet mir die Tür. Ich schätze sie auf Anfang siebzig.

»Du musst Anne sein«, begrüßt Christel mich.

Wir wechseln die üblichen Begrüßungsworte dieser Zeit, über Impfung, Frühlingswetter und Ukrainekrieg. Meinen Koffer stelle ich zunächst im Flur ab, sie führt mich in den hinteren Teil des Gebäudes, wo mein Zimmer liegt. Es ist einfach gehalten, ein Tisch, ein Bett, ein Regal, in dem einige Bücher stehen. Und es liegt direkt neben Christels, das den Zugang zur Gartenterrasse hat. »Da kannst du auch gerne sitzen, wenn du möchtest«, sagt sie. »Wir teilen den Garten, Maryam hat hinten einige Beete angelegt, und sie möchte gern Hühner halten.«

Hühner! Es gibt sie noch nicht, aber nebenan im Schuppen baut Maryam einen Stall. Das Häuschen steht schon, gerade hat sie den Rahmen für den Auslauf fertig, der noch mit Maschendraht überzogen werden soll. »Genügend Platz zum Picken und Scharren.« Christel zeigt mir den Platz im Garten, wo der Stall aufgestellt wird. »Gerade überlegen wir Namen für die Hühner«, sagt sie. »Vielleicht fällt dir ja was ein?«

Natürlich sucht mein Gehirn sofort nach Körnchen. *Henriette? Eggriana Grande? Glucksbringer? High Huhn? Picknicole?*

Warum ich so auf Hühner abfahre, weiß ich nicht. Wahrscheinlich, weil sie aussehen wie puschelige Minisaurier. Weil sie auf ihren Namen hören und sogar rechnen können. Und einer Studie zufolge auch Mitgefühl besitzen.

»Du bist ja gut zu Fuß«, sagt Christel, »dann zeige ich dir das Obergeschoss.« Eine Holztreppe führt in die erste Etage. Christel sagt, dass sie diese öfter steigt, um sich fit zu halten. Im oberen Geschoss liegen die Zimmer von Steve und Maryam, die einen vierjährigen Sohn haben, Elias. Außerdem wohnt Milo hier, der fürs Radio arbeitet, aber gerade auf Recherchereise ist.

Die anderen lerne ich im Laufe des Abends kennen, auch den Kater Georgios, der sich sofort auf meinem Schoß niederlässt. Obwohl ich Allergikerin bin, vertrage ich ihn bis auf einen leichten Schnupfen ganz gut, und sein Schnurren beruhigt.

Schon am nächsten Samstag übernehme ich eine typische Mehrgenerationenhausaufgabe: Steve und Maryam wollen in den Baumarkt, die Drahtrolle ist doch nicht lang genug. Ich passe in der Zeit auf Elias auf. Der zeigt mir gleich alle seine Spielautos und seine Puppe, die wir schick anziehen, um mit ihr Matschsuppe zu essen. Elias ist ganz schön flink für sein Alter, besonders lustig findet er es, im Garten Fangen zu spielen, und ich bin am Ende so aus der Puste wie schon lange nicht mehr.

Anders als viele Kinder seines Alters ist er offenbar daran gewöhnt, ohne seine Eltern auszukommen, und als er doch einmal hinfällt, ist ja auch noch Christel da, die in der Küche einen Kuchen backt. Das ist gut, denn ich habe zwar schon oft auf meine Nichten aufgepasst, aber das war Familie. Elias kenne ich noch nicht so gut. Und wie immer bei fremden Kindern bin ich zwischendurch unsicher, ob meine Art, ihn zu betreuen, für die Eltern okay ist.

Das geht mir in den kommenden Tagen immer wieder so, aber mir fällt auf, dass Elias irgendwie unabhängiger von den Plänen einzelner Erwachsener zu sein scheint, als ich das von Kindern sonst kenne. Im Unterschied zu mir: Ständig überlege ich, was ich tun soll. Ob ich Elias einfach ein Brot schmieren darf, wenn er danach fragt – oder ob ich ihn zu Mama schicken soll, weil die vielleicht bald zum Abendbrot ruft. Oder weil sie mit der Wahl des Belags nicht einverstanden sein könnte. Maryam und Steve scheinen meine Bedenken fremd zu sein. Sicher kommt das mit der Zeit, denke ich mir, ich muss das Haus und alle darin nur besser kennenlernen.

Ein wenig hadere ich auch mit meiner Rolle, denn da jeder einen bestimmten Part hat, ist für mich nur noch wenig frei. Soll ich mich in den Stallbau einmischen? Einen Kuchen backen oder was kochen, wenn das Christels Lieblingsaufgabe zu sein scheint? Meine Hilfe bei den Finanzen anbieten, obwohl das sonst Milo macht? Und war schon jemand einkaufen, oder soll ich das tun? Ich merke, dass es gar nicht so einfach ist, sich in die Abläufe einzuklinken. Das hier ist anders als in den Wohngemeinschaften, in denen ich schon gelebt habe, vor allem, weil dort alle ungefähr gleich alt waren und ähnliche Themen hatten. Dort gab es Putzpläne, eine Gemeinschaftskasse, zufällige Abende in der Küche und zusammen geplante Partys, meist gemeinsame Bekannte.

Diese Gemeinschaft ist vielfältiger. Sobald es einen Plan gibt, fällt es mir leicht, mich daran zu halten – etwa, wenn beschlossen ist, dass alle gemeinsam putzen. Und auch der Kochplan, in den ich mich eintragen kann, hilft. Aber dies ist eine Wohngemeinschaft plus, und nicht alles ist mir klar. Es gibt Gemeinschaftsaktivitäten wie Yoga, das Maryam anleitet. Und eigene Projekte wie den Hühnerstall. Ich überlege, was ich in die Runde einbringen kann, und entscheide mich schließlich für ein kleines Schreibseminar.

Schön ist, dass ich mich zurückziehen kann, wenn ich will. Und in der Wohnküche immer jemanden finde, wenn mir nach Gesellschaft zumute ist.

»Habt ihr alle einen Ort gesucht, an dem ihr bis ins Alter wohnen könnt?« Wir sitzen nach dem Abendbrot noch am Esstisch, Georgios streicht um meine Füße.

»Schon«, sagt Christel. »Aber mir war auch wichtig, dass ich noch gebraucht werde.« Maryam legt ihr die Hand auf den Arm.

»Uns war wichtig, dass es ein Platz mit unterschiedlichen Lebensansätzen ist«, sagt Steve. »Elias ist kaum bei seinen Großeltern, meine Familie lebt weiter weg. Er sollte nicht nur uns haben, auf die er sich verlassen kann. Dass Christel für ihn eine Bezugsperson ist, finden wir toll.«

Es geht gar nicht nur ums Alter, denke ich. Die Hausgemeinschaft ist ja kein wohltätiger Verein, der Christel einen Gefallen tun will. Sie ist genauso wichtig für die Gruppe wie jeder hier. Und so ginge es auch der gesamten Gesellschaft besser, würden wir die Altersstruktur nicht mutwillig auseinanderreißen, das Alter nicht pathologisieren. Dennoch gibt es vielleicht Schwierigkeiten, auf die wir uns einstellen müssen.

»Was, wenn jemand pflegebedürftig wird?«, frage ich.

»Dann würden wir versuchen, das so lange wie möglich aufrechtzuerhalten«, sagt Maryam, die in der Pflege arbeitet. »Es gibt die Möglichkeit, den Pflegedienst kommen zu lassen, und das Haus ist im Untergeschoss weitgehend barrierefrei.«

Das ist mir auch aufgefallen. Das Badezimmer hat eine ebenerdige Dusche, vergleichsweise geräumig und mit einem Griff. Außerdem steht ein Hocker drin, falls sich Christel beim Duschen hinsetzen will. Es gibt keine Schwellen, und Gemeinschaftsräume wie die Küche sind groß genug, also käme sie im Untergeschoss sogar mit einem Rollstuhl noch klar.

»Glücklicherweise ist es noch nicht so weit«, sagt sie. »Ich halte mich fit, gehe jeden Tag meine Runde, mache Yoga und steige die Stufen. Und auch Elias hält mich gut auf Trab.« Sie lächelt stolz, und mir wird klar, wie wichtig die Rolle als Ersatzoma für sie ist. Oft kocht sie mittags für den Kleinen, wenn Steve und Maryam arbeiten. »Trotzdem habe ich mir Gedanken gemacht, wie es mit Pflegediensten in der Gegend aussieht, wenn ich die eines Tages brauche.« Es könne sich einiges ja sogar zum Besseren verändern. Vieles, das bisher nicht auf Seniorinnen und Rentner ausgerichtet ist, könnte es in Zukunft sein. Immerhin erreicht derzeit eine Gruppe das Rentenalter, die zahlenmäßig schon lange das größte Gewicht hat und zu der auch Christel gehört: die Babyboomer, also die zwischen Mitte der Fünfziger- und Ende der Sechzigerjahre Geborenen.

Während es 1991 nur 12 Millionen Menschen über 65 Jahre gab, sind es 2021 schon 18,4 Millionen. Die geburtenstärkste Generation kommt ins gesegnete Alter, während es immer weniger Geburten gibt – das ist demografisch spürbar. Wenn wir uns darauf einigen, dass auch Menschen im höheren Alter am gesellschaftlichen Leben teilnehmen können, dann müssen wir ihren Bedürfnissen entgegenkommen. Und so geht in der Tat ein Ruck durch Deutschland: Bisher sorgte die schiere Zahl der Babyboomer dafür, dass sie für die Politik oft im Zentrum der Überlegung stehen. Jetzt könnten sie dafür sorgen, dass sich im Städtebau, in der öffentlichen Infrastruktur und in der Altenpflege einiges ändert.

Ich erzähle von meiner Großtante, die am Ende ihres Lebens schwer demenzkrank war. »Es hätte ihr anfangs bestimmt gutgetan, in einer Gemeinschaft zu leben, sie hat ihre Wohnung und ihr gewohntes Umfeld vermisst. Ich glaube, als sie ins Heim kam, hat sie das noch stärker verwirrt.«

»Wir sind zwar nicht darauf ausgerichtet, aber es gibt auch Demenz-WGs«, sagt Maryam. »Dort werden die Menschen von Pflegekräften rund um die Uhr betreut, das ist auch kostengünstiger als die Einzelpflege. Jeder erledigt, was er oder sie noch kann, alles andere übernimmt die Pflege- und Haushaltshilfe. Es ist gut, in der vertrauten Umgebung zu bleiben und innerhalb einer familienähnlichen Struktur.«

Wir sitzen bis in die Nacht zusammen in der Küche.

»In der Anfangszeit gab es Stress mit einem Paar, das hier wohnte«, erzählt Maryam mir, als wir schon alles zusammenräumen, um schlafen zu gehen. »Fast wäre das Projekt damals gescheitert. Die beiden haben sich kaum eingebracht und nur ausgenutzt, dass ständig jemand da war, um auf ihre Kinder aufzupassen und für sie zu kochen.« Sie hätten das vorher testen sollen, sagt sie, vielleicht mit einer Probewohnzeit oder einem gemeinsamen Urlaub. »Da sieht man ja schon viel, aber damals waren wir noch etwas unbedarft und dachten, das passt schon irgendwie.«

An meinem Auszugstag tragen die nächsten Bewohnerinnen meines Zimmers ihre wenigen Habseligkeiten über die Schwelle. Es sind Sofija und Ewa, die Schwestern kommen aus Mariupol. Auch Olli schreibt mir, dass inzwischen einige geflüchtete Frauen bei ihm wohnen, ich solle bald vorbeikommen, um sie kennenzulernen.

Mein Zug rollt langsam aus dem Leipziger Hauptbahnhof, vor dem Fenster ziehen die Stationshäuschen vorbei, einige Stadtgebäude sind zu sehen, dann sehr viel grüner Lärmschutzzaun. Ich lehne mich in meinen Sitz zurück und denke übers Alter nach. Ich weiß nun, dass ich mich vorbereiten und einen Ort finden kann, an dem ich mich wohlfühle und der barrierefrei ist, dennoch habe ich auf vieles keinen Einfluss: Ins Rentenalter komme ich in den Vierzigerjahren dieses Jahrhunderts. Wenn die Klimapolitik nicht endlich Ernst macht, können wir dann mit Schäden durch Extremwetter in Höhe von 900 Milliarden Euro rechnen. Das hat eine neue Studie ermittelt, die auch beziffert, dass Maßnahmen, die wir jetzt ergreifen könnten, uns etwa ein Hundertstel dieser Summe kosten würden. Was das politische Versagen, das wir derzeit sehen, finanziell für soziale Bereiche wie die Altenpflege bedeutet, kann ich mir ausrechnen.

Zudem könnte es bei ansteigenden Temperaturen gerade für ältere Menschen zu heiß werden. Alte kommen körperlich weniger gut mit Hitze zurecht – gar nicht so selten sogar mit tödlichem Verlauf. Dazu ist mit einem Verlust an Lebensqualität zu rechnen, schwindender Artenvielfalt, politischen Verwerfungen. Und selbst, wenn all dies nicht passiert – in meiner Familie gab es bisher zwei Demenzfälle, und ich sehe gerade sehr anschaulich, was dies für mich selbst bedeuten könnte, sollte es mich eines Tages betreffen.

Ehrlich gesagt fürchte ich mich auch ein wenig davor, dass alles anstrengender wird. Dass ich nicht mehr gut höre und sehe, so wie Oma, und nicht mal eben kurz einkaufen gehen oder Bekannte besuchen kann. Dass ich vielleicht so eingeschränkt bin und es keine leicht erreichbaren Bildungsangebote und Kultureinrichtungen mehr für mich gibt. Dass ein Kinobesuch wegen der geschwungenen Eingangstreppe zu einem Ding der Unmöglichkeit wird. Und dass die medizinische Versorgung genau dann schwirig wird, wenn ich sie am dringendsten benötige.

Aber es muss nicht so kommen. Ich kann mich absichern, kann mir einen geeigneten Ort suchen. Kann mich geistig und körperlich fit halten, weil dies das Demenzrisiko senken könnte. Kann weiter für mehr Klimaschutz auf die Straße gehen und Parteien wählen, von denen ich denke, dass sie zumindest die Basics hinbekommen.

Auf so vieles von dem, was passiert, habe ich keinen Einfluss. Ich kann nur versuchen, das Beste daraus zu machen. Und so vorzusorgen, dass ich von heute aus betrachtet alles unternehme, um mit meiner Wohnsituation im Alter zufrieden zu sein.

Schöner altern: Wie du Orte findest, die es anders angehen

Selbst mit den ersten Zipperlein des Alters glauben wir oft, wir wären unbesiegbar. Wie oft habe ich meinen Onkel oder meine Oma empört sagen hören, dass sie noch nicht alt sind und warum man ihnen denn einen Rollator aufdrängen will – hätte ich jedes Mal fünf Cent dafür bekommen, dann wäre meine eigene Altersvorsorge längst geregelt.

Auch wenn dich das alles momentan noch nicht betrifft – es

kann schneller akut werden, als du denkst. Und gut geplant ist halb gewonnen: Je besser deine Wohnung auf körperliche Einschränkungen angepasst ist, desto länger kannst du dort letztlich leben.

Netzwerk für die neuen Alten. Wer prüfen will, welche Stadt gute Bedingungen für ein Leben im Rentenalter bietet, schaut sich an, welche Städte schon im altersfreundlichen Netzwerk der WHO sind. Die deutschen Städte Münster, Stuttgart und Radevormwald sind dort gelistet, aus der Schweiz sind Luzern, Vevey, Lausanne, Bern und Genf dabei.
   https://extranet.who.int/agefriendlyworld

Goldies fürs Alter. Die wichtigsten Dinge, auf die du achten solltest, wenn du fürs Alter planst: Eine seniorengerechte Wohnung braucht schwellenfreie Zugänge zu Hauseingang, Lift, Wohnung und Badezimmer. Es lohnt sich, darauf zu achten, wie geräumig der Lift ist, denn es könnte sein, dass du ihn eines Tages mit Begleitperson und im Rollstuhl nutzen wirst.
   Im Badezimmer ist ein Waschbecken hilfreich, das vom Rollstuhl aus erreichbar ist, eine ebenerdige Dusche mit Haltegriffen, einem Sitz oder Hocker, auf dem du dich abduschen kannst. Die Armaturen sollten nicht zu schwer sein, einfach handzuhaben und im Sitzen leicht erreichbar. Schiebetüren können sinnvoll sein, weil sie einfacher zu bedienen sind. Es hilft auch, wenn nicht überall Türen eingebaut sind. Und wenn die Räume so angelegt sind, dass sich alles leicht überblicken und handhaben lässt.
   Barrierearm sind Wohnungen, bei denen allenfalls niedrige Schwellen zu überwinden sind, sie haben rutschfeste Böden. Aber erst, wenn du eine Wohnung in der Anzeige als »barrierefrei« beschrieben siehst, kannst du sicher sein, dass sie für eingeschränkte Menschen wirklich geeignet ist. Denn es gibt tatsächlich eine DIN-Norm, die Wohnungen einhalten müssen, um so bezeichnet werden zu dürfen. Das bedeutet, die Bude hat

- schwellenfreie Zugänge vom Keller bis zum Dachgeschoss, auf Balkon und Terrasse und im Badezimmer, etwa zur Dusche,
- breitere Türen und Flure, damit du dich dort ohne Probleme mit dem Rollator oder Stützen bewegen kannst,
- Türöffner, Lichtschalter und andere Bedienelemente, die du vom Rollstuhl aus erreichen kannst.

Jung plus jung geblieben. Wenn die Wohngemeinschaft mit jüngeren Menschen etwas für dich ist oder du jemanden kennst, der oder die sich dafür interessiert, mit Älteren zusammenzuwohnen: Erkundige dich nach Möglichkeiten in deiner Region. Das Projekt »Wohnen für Hilfe« beispielsweise gibt es inzwischen in 13 Städten deutschlandweit, und es werden stetig mehr.
https://www.studentenwerke.de/de/content/wohnen-für-hilfe

Zukunftsorte finden. Wenn du dich fürs weltweite Zusammenleben interessierst und für alles, was sich in dem Bereich gerade entwickelt, schau unter: https://www.co-liv.org

Komm, wir wohnen in der Eisenbahn!

Wie ein Zugabteil zur Heimat wird

Wir suchen eine neue Heimat: 5000 Euro Belohnung! – diesen Aushang hat jemand mit Kabelbindern an meinem Gepäckträger befestigt. Ich fühle die Verzweiflung, aber Leute: Mein Fahrrad mit Plastik zumüllen kostet Sympathiepunkte. Und mir ist auch nicht klar, was mit »Heimat« gemeint ist. Je nachdem, wen man fragt, kann das Wort alles bedeuten: von Heim über Hafen oder Herzensort bis Hirschgeweih. Selbst wenn ich eine freie Wohnung wüsste, würde ich das im Moment eher Luisa verraten, denn die steht immer noch mit einem Bein vor der eigenen Haustür.

Ich schwinge mich aufs Rad und fahre zum Bahnhof. Heute beginnt meine Wohnzeit im Eisenbahnwaggon. Wenige Stunden und einen Umstieg später bin ich in Ratzeburg. Ich klappe mein Rad auseinander, setze meinen Helm auf und entscheide mich für die Panoramaroute am Seeufer.

Als ich vor einigen Jahren zum ersten Mal an dem gelben Gebäude ankam, war es Winter. Oliver holte mich mit seinem kleinen Elektroauto vom Bahnhof ab. Auf der Herfahrt hatte ich noch überlegt, ob es so schlau war, sich mitten im Nirgendwo bei einem vollkommen Fremden einzuquartieren. Aber als Olli vor mir stand, mit seiner Nickelbrille und dem breiten Lächeln, verflogen alle Bedenken. Seit ich eine Zeit in seinem Tiny House verbracht habe, bin ich immer wieder hier gewesen, um mit ihm über die Welt zu reden und Pläne zu schmieden. Jedes Mal hat mich Olli gefragt, ob ich nicht länger bleiben möchte, Platz gebe es genug.

Jetzt ist es so weit, und ich mache mein Fahrrad startklar. Wer von Ratzeburg nach Schmilau am südlichen Ende des Küchensees fährt, dessen Weg kreuzt schließlich eine stillgelegte Bahntrasse. Kurz vor den Gleisen geht es links auf eine kurze, mit Kopfsteinen gepflasterte Straße, die zum Gelände der Erlebnisbahn führt. Schon von Weitem sehe ich die große blau-gelbe Lok mit dem roten Stoßdämpfer, in der Olli wohnt.

Ich steige ab, lehne das Rad an einen der großen Baumstämme, die quer gelegt als Sitzgelegenheit dienen, und setze den Rucksack ab. Als ich das letzte Mal hier war, kurz vor Weihnachten, war es kalt und karg. Jetzt ist alles voll erblüht, die Bäume sind belaubt, die Sonne glitzert zwischen den Blättern hindurch, und das Eichhörnchen, das mir von den letzten Besuchen vertraut ist, huscht vorbei.

Olli ist weit und breit nicht zu sehen. Er hat schon angekündigt, dass er wahrscheinlich auf Tour ist, wenn ich ankomme. Bestimmt hängt das mit seinem Ferienbetrieb zusammen. Ich setze mich einfach auf einen Baumstamm und warte. Vielleicht weist er eine Gruppe ins Drachenbootfahren ein oder schickt am anderen Ende des Grundstücks Gäste mit der Fahrraddraisine los. Oder er holt die Gemüsekiste von der Solawi, damit wir gleich etwas Leckeres kochen können.

Solawi ist die Abkürzung für Solidarische Landwirtschaft, bei der diejenigen, die das Feld bestellen, sich auf einen festen Kreis von Menschen verlassen, die ihre Lebensmittel abnehmen. Die Betriebe können sicher planen, die Mitglieder werden einbezogen und bekommen – wie in diesem Fall – regelmäßig frisches Biogemüse direkt vom Hof.

Von ferne höre ich Kreischen und Lachen, außerdem Klingeln. Was kommt denn da? Ich kneife die Augen zusammen und blicke in die Richtung, aus der die Geräusche kommen. Ein feuerrotes Konferenzrad, dessen Sitze im Kreis angeordnet ist, biegt in die Hofeinfahrt ein. Diese Fahrräder sind zum Sechseck zusammengeschweißte Gestelle mit Sätteln. Die Pedale sind über die Kette miteinander verbunden. Nur eine Person lenkt, die anderen treten – wer dem Steuer gegenübersitzt, fährt rückwärts.

Die Frauen auf dem Rad kenne ich nicht, aber am Steuerplatz sitzt Oliver und betätigt wie ein Wilder die Klingel. Als er mich sieht, winkt er. »Anne!«, ruft er schon von Weitem. »Schön, dass du da bist!« Das Konferenzrad rumpelt über den mit dunkelbraunen Holzspänen bedeckten Boden und hält neben meinem Platz. Alle steigen ab, ich rutsche von meinem Baumstamm herunter. Wir umarmen uns, dann wendet sich Olli mit großer Geste zu den Frauen, die etwas verlegen neben dem Rad stehen. Sie sind unterschiedlich alt, die Älteste vielleicht in meinem Alter, die beiden Jüngeren um die zwanzig, so wie eine meiner Nichten.

»Das ist Olena.« Oliver zeigt auf die Frau in meiner Altersklasse. »Dies sind Kateryna, Vika und Oksana. Sie kommen aus Charkiw und wohnen in den Bahnwaggons.«

Ich lächele, die Frauen lächeln zurück. Es herrscht betretenes Schweigen. Die Frau, die Olli mir als Kateryna vorgestellt hat, ist schlank und hat eine blaue Trainingshose an, auch Vika trägt eine, allerdings in einem milchigen Rosa, darüber ein viel zu großes T-Shirt. Sie hat etwas Zartes, die langen blonden Haare hat sie zu einem Pferdeschwanz gebunden, ihr Handy hängt an einem Band um den Hals. Sie hat sich bei Oksana untergehakt, und diese grinst mich an, aus ihren Augen spricht der Schalk. Olena, die etwas kleiner ist als ich, trägt eine Brille und hat dunkle Haare. Sie tritt ein paar Schritte vor, nimmt meine Hand und sagt ein paar Worte in einer Sprache, die ich nicht verstehe. Ich nehme an, dass es Russisch oder Ukrainisch ist. Ihre Hand ist warm, und obwohl ich nichts verstehe, ist mir klar, dass es eine Begrüßung ist.

»*She says that Oliver has told us you arrive today*«, sagt Kateryna. »*Welcome to Schmilau!*« Oksana und Vika kichern und halten sich die Hand vor den Mund.

Ich bin selten um Worte verlegen, aber jetzt weiß ich nicht, was ich antworten soll. Die Floskel »*I am happy to meet you*« scheint mir angesichts der Umstände unpassend – sie sind ja vor dem Krieg geflohen, und noch weiß ich nicht, ob sie happy sind, hier zu sein. Ich entscheide mich für »*It's very nice meeting you*«. Alle nicken und lächeln. Wir stehen offenkundig vor einer Sprachhürde, und ich nehme mir vor, nach einem Weg zu suchen, wie wir sie möglichst schnell überwinden können.

»*You want to eat?*« – »Willst du erst mal auspacken?« Kateryna und Olli haben gleichzeitig gesprochen. Wir lachen, dann gehen wir in den blauen Küchenwaggon, um etwas zu kochen.

Katerynas und Oksanas Englischkenntnisse sind gut, sie verstehen, dass ich ausschließlich Pflanzliches esse, und wir wechseln uns ab mit dem Waschen, Schnippeln, Anbraten. In der Miniküche des Eisenbahnwaggons ist für Distanz kein Platz, ich bin froh, dass ich geimpft und getestet bin, keiner hat Erkältungssymptome, ich auch nicht. Olena hat eine sanfte Stimme, Ordnung und Regeln sind ihr wichtig, sie ist die Vernünftige, das merke ich schnell. Kateryna ist Ärztin, ihr Mann ist noch in der Ukraine, sie waren erst vor Kurzem nach Charkiw gezogen. Vika, eine ernste und etwas schüchterne junge Frau, ist künstlerisch begabt, Olli hat schon gefragt, ob sie Lust hätte, auf dem Gelände etwas zu bemalen. Oksana, die von den anderen auch Ksyusha – sprich: Kschuscha – genannt wird, wirkt unbeschwert, neugierig und hat ein fröhliches Temperament, sie studiert Informatik und schreibt gerade ihre Abschlussarbeit. Diese kann sie online einreichen, richtig Lust hat sie nicht – so weit, so normal für ihr Alter.

Der blaue Waggon, in dem die Küche für die Saisonkräfte ist, war schon bei meinem letzten Aufenthalt einer meiner Lieblingsplätze. An dem Holztisch mit den rund geschliffenen Ecken, an dem wir jetzt Gemüsepfanne und Reis genießen und uns radebrechend erzählen, wer wir sind, habe ich schon Texte geschrieben und mit Olli bis in die Nacht gequatscht. Der Wagen ist praktisch eingerichtet, sogar eine Spülmaschine und Mülltrennung gibt es, die Wände sind mit Hecken und Bäumen bemalt, die Decke mit blauer Farbe, auf der weiße Wölkchen prangen.

Es ist schon dunkel, als ich meinen Rucksack wieder huckepack nehme und wir über den Hof gehen. Mein Fahrrad stelle ich einfach an die Seite, hier kommt es nicht weg. Olli schwingt sich die kleine Trittleiter hoch, die zu seiner Lok führt, und greift durch die Türöffnung um die Ecke auf einen kleinen Tisch, wo ein Körbchen mit Schlüsseln steht.

»Hmm«, sagt er, »mal sehen, wie es in Mars aussieht, sonst gebe ich dir Erde.« Wir gehen zu den ausgebauten Eisenbahnwaggons auf dem hinteren Gleis; sie tragen alle Namen der Planeten, die von der Erde weg aus dem Sonnensystem führen: neben Erde steht Mars, dahinter liegen Jupiter und Saturn. Dort wohnen die Ukrainerinnen. »Ich habe ihnen die beiden schönsten Wagen gegeben.« Olli lächelt. »Jupiter hat ein Badezimmer.«

Mars ist etwas rumpelig, Erde sieht ordentlich aus. »Dann nehme ich am besten die«, sage ich. In Erde gibt es zwar keinen Wasseranschluss, aber einen kleinen Kanister, den ich nachfüllen kann. »Okay!« Olli nickt. »Hier hat auch Eva ihr Buch geschrieben.«

Mir fällt siedend heiß ein, dass ich ganz vergessen habe, sie erneut anzuschreiben. Vielleicht ist es inzwischen doch möglich, für einige Zeit ins Ökodorf zu ziehen. Ich nehme mir vor, das morgen nachzuholen.

Meinen Rucksack stelle ich neben die Stiege, die im Waggon zur Empore führt, auf der ich schlafen werde. Dann gehen wir Bettwäsche und ein Handtuch für mich holen. Als ich die Glastür zur Terrasse hinter Olli schließe, merke ich, wie müde ich bin. Schnell putze ich mir die Zähne, steige die Stiege empor und beziehe das Bett. Dann schlüpfe ich in meinen Pyjama und kuschele mich in mein Lager unterm Wagendach.

Als ich aufwache, scheint die Sonne. Ich entriegele das kleine Kippfenster. Ein vielstimmiges Vogelkonzert dringt ins Innere des Waggons. Dass ich so gut geschlafen habe, liegt an dem gemütlichen Bett. Bei Tageslicht erkenne ich besser, wie stabil es gebaut ist. Darunter gibt es Stauraum, und an der kurzen Seite des Bettes hat ein kleiner Tisch Platz, an dem ich sicher gut arbeiten kann. Es gibt eine Ablage, einen Schrank – nur Bad und Kochgelegenheit sind im Küchenwagen. Habe ich wohl genug Rückzugsraum? Oder wird's mir irgendwann zu eng hier drin?

Ich trinke in der Sonne einen Kaffee und frühstücke etwas Müsli, dann gehe ich mit Olena und Isa, die in der Erlebnisbahn aushilft, auf die Suche nach den besten Plätzen zum Blumenpflanzen auf dem Gelände. Es fällt uns schwer, mit Händen und Füßen auszudrücken, was wir sagen wollen. Olli hat mir erzählt, dass Olenas Söhne mit Vika und Oksana zusammen sind. Sie waren zu fünft im Skiurlaub in der Tatra, als russische Truppen die Ukraine überfielen. Ivan und Denis, die beiden jungen Männer, fuhren in ihre Heimatstadt Charkiw zurück, die Frauen flüchteten Richtung Westen. Kateryna und ihr Mann wohnten im gleichen Hotel, so schloss sie sich ihnen an, während ihr Mann ebenfalls zurückfuhr.

Wie muss sich Olena fühlen, ihre Söhne in solcher Gefahr zu wissen? Momentweise wirkt sie, als würde ihr die schwierige Situation durch den Kopf gehen, und selten habe ich mich durch eine Sprachbarriere so eingeschränkt gefühlt. Ich würde so gerne mehr von ihr erfahren, aber wie?

Als ich am Abend gemütlich in Erde liege, kreisen diese Gedanken in meinem Kopf. Es wird noch dauern, bis der Deutschkurs losgeht, der den vieren vom Amt in Ratzeburg immer wieder versprochen wird, und Sprache ist so wichtig, um einige zaghafte Wurzeln zu schlagen. Die Augen fallen mir schon zu, da kommt mir plötzlich eine Idee: Der Ukrainekrieg dauert nun schon unerträgliche Monate, da wird es doch wohl online irgendwas geben, womit ich ins Ukrainische übersetzen kann und umgekehrt. Eine App fürs Handy, sodass Olena etwas auf Ukrainisch schreiben kann, und die App wirft mir dann die deutsche Übersetzung aus. Tatsächlich finde ich gleich mehrere solcher Apps –

ich muss nicht einmal eintippen, was ich übersetzen will, ich kann einfach ins Mikro sprechen.

Am nächsten Morgen komme ich in den Küchenwaggon, wo Olena am Herd steht und Porridge kocht wie jeden Morgen. »Guten Morgen, Olena«, spreche ich in mein Handymikrofon. »Ich hoffe, du hast gut geschlafen, ich freue mich aufs Frühstück mit dir. Jetzt können wir uns endlich unterhalten!«

Olena sieht mich verständnislos an. Dann drücke ich auf einen Button, und die App beginnt, alles ins Ukrainische zu übersetzen. Olena kommt ein paar Schritte näher, schaut auf mein Handy, schaut auf mich, dann wieder aufs Display. Ich zeige ihr, wo sie drücken muss, wenn sie etwas ins Deutsche übersetzen will. Sie sagt einige Worte und strahlt geradezu. »Das ist eine wirklich gute App, sie wird uns sehr helfen, miteinander zu sprechen«, ertönt kurz darauf die Computerstimme, die sich sogar ein klein wenig anhört wie Olenas eigene Stimme.

Die beiden Jüngeren, Vika und Ksyusha, kommen rein, und wasserfallartig erklärt Olena ihnen die neue Situation. Die nächste Zeit ist gerettet, so können wir uns verständigen. Manche Wörter versteht die App nicht, wenn ich undeutlich spreche oder wenn es ein ungewöhnlicher Ausdruck ist, manchmal führt das zu komischen Verwechslungen. Aber im Großen und Ganzen kommen wir gut klar.

Als wir zum Gartencenter fahren, um Pflanzen zu kaufen, erfahre ich, dass Olena eine Datscha in der Nähe von Charkiw hat, die sie liebt und sehr vermisst. Das Grundstück liegt in der Nähe eines Stausees, und die Bilder, die sie auf ihrem Handy hat, zeigen ein beinahe urwaldartiges Stück Land mit einem atemberaubenden Blick auf ein Bergpanorama.

Einige Tage später fahren wir alle zusammen mit Isa zu einem Sozialladen nach Ratzeburg. Dort durchstöbern wir die Regale, nehmen einige Blumenübertöpfe mit. Weil es schon spät ist, suche ich Olena. Ich finde sie versunken vor einer Vitrine, in der einige sehr üppig dekorierte Sammeltassen ausgestellt sind. Sie sieht mich und zückt ihr Handy, um etwas hineinzusprechen. »Diese Tasse möchte ich kaufen«, höre ich.

»Klar, die ist, ähem, schön.« Ich nicke zustimmend. »Sie holen dir das Stück bestimmt aus der Vitrine.« Sehr vorsichtig hält Olena die Tasse auf dem Schoß, als wir in Ollis Elektroauto wieder zurück zum Eisenbahngelände fahren. Ich wundere mich, dass Olena so vernarrt in die Sammeltasse ist. Über Geschmack lässt sich ja streiten, aber Tassen haben wir wirklich genug. Es scheint um mehr zu gehen als den reinen Gegenstand, und ich überlege, ob ich sie danach fragen darf.

Wir steigen aus, stellen die Blumentöpfe vor dem Küchenwaggon ab, um sie später zu bepflanzen. Olena trägt die Tasse wie eine Monstranz vor sich her.

»Hast du Lust, einen Tee zu trinken?«, frage ich. »Das wäre doch eine gute Gelegenheit, deine Tasse einzuweihen.« Sie schmunzelt, schüttelt den Kopf und deutet auf die App, hebt den Finger und wackelt damit vor dem Handy herum. Es scheint falsch übersetzt zu haben, ich lese den Text noch mal auf Deutsch durch. Hä, *ein guter Graf der Heinzelmann?*

»Eine gute Gelegenheit«, spreche ich noch einmal in die App, »um deine Tasse einzuweihen.« Sie lacht erneut, als die Übersetzung kommt. Ich lese: *Ein guter Graus um deine Tasse Einzeller.*

Glücklicherweise kann ich meine Botschaft auch über die Tastatur eingeben. Die App übersetzt nun richtig, doch Olena schüttelt den Kopf und zieht mich hinter sich her in die Küche. Wir kochen Tee, den sie in zwei der vielen Becher füllt, die an Haken über der Sitzbank hängen. Dann setzen wir uns raus auf die Veranda vor den Eisenbahnwaggons, wo sie ihre goldverzierte Tasse auf den runden Tisch stellt.

»Ich wollte etwas für meinen Wagen«, spricht sie in ihr Telefon. »Hier gehört mir nichts, und ich wollte etwas Hübsches, das nur mir gehört.« Sie steht auf, geht zu Merkur hinüber und kommt mit einer Tasse heraus, die etwas kleiner ist als die aus dem Sozialladen. »Diese Tasse hat meiner Urgroßmutter gehört«, sagt sie. »Sie ist hundert Jahre alt. Als meine Wohnung zerstört wurde, blieb nichts heil, nur diese eine Tasse hat es überstanden. Das ist wie ein Wunder.«

Ich glaube, ich verstehe. Manche Gegenstände sind einfach da, um sich auf gewisse Weise an ihnen festzuhalten. Olena mag etwas ortsgebundener sein und mehr Sachen gehabt haben als ich. Aber was, wenn es den Ort, wo ich mein Leben bisher verbracht habe, einfach nicht mehr gibt? Wenn ich alles verlieren würde, das mir etwas bedeutet – und das Einzige, was übrig bliebe, wäre eine uralte Tasse mit einem Sprung drin?

Ich frage mich, ob Olena den Gedanken zulässt, dass dieser kleine Ort in Schleswig-Holstein Heimat für sie werden könnte. Können Menschen, die ihr Land nicht freiwillig verlassen haben, woanders wirklich ankommen? Egal, ob sie jetzt aus der Ukraine stammen, aus Syrien oder Afghanistan – so viele Menschen stehen plötzlich vor diesem Abgrund.

Was Heimat ihr bedeutet, darüber hat meine Freundin Petra ein ganzes Buch geschrieben, *Heimat to go*. Petra hat die Gabe, sich überall zu Hause zu fühlen, vielleicht ist sie deswegen auch so gut darin, sich gemütlich einzurichten. »Vieles ändert sich, eines aber bleibt, egal, wohin ich gehe«, schreibt sie. »Meine Heimat in meinem Herzen.« Und doch war es nicht einfach für sie, alles hinter sich zu lassen. Denn mit ihrer Ausreise aus der DDR verließ sie nicht nur ein Land, sondern es blieben auch Menschen zurück, die ihr etwas bedeuteten. Es war eine freie Entscheidung und dann auch wieder nicht. Sie musste gehen, weil sie es nicht ertrug, ihren Beruf nicht ausüben und nicht alles äußern zu können, was sie dachte. Als ich sie fragte, was sie mitgenommen hätte, erzählte sie mir, dass es nur das Nötigste sein durfte. Und doch hatte sie eine bemalte Kachel aus ihrer Küche eingepackt. Auch so ein Gegenstand wie Olenas Tasse. Einer, um sich daran festzuhalten.

Woran würde ich mich festhalten, wenn der Ort verloren ginge, an dem ich zu Hause bin? Wie sehr würde das mein Leben erschüttern? Ich hoffe, ich muss es nie herausfinden.

Trotzdem ist Heimat ein Thema, das mich seit langer Zeit beschäftigt. Meine Familie stammt aus allen möglichen Gegenden, aus dem Saarland, aus Polen und dem Rheinland, aus Bremen und Leipzig. Meine Oma fühlte sich in ihrem Waldhaus wohl, aber sie trauerte jahrzehntelang um ihre oberschlesische Heimat – diesen Verlust hat sie nie verwunden.

Etwas von dieser Sehnsucht nach den eigenen Wurzeln muss auf mich übergegangen sein. Ich erinnere mich, dass ich meine beste Freundin aus Grundschultagen beneidete, weil alle ihre Verwandten aus der gleichen Gegend stammten. So versessen war ich darauf, mich in Bremen heimisch zu fühlen, dass ich in der Schule unbedingt an einem Plattdeutsch-Lesewettbewerb teilnehmen wollte – obwohl niemand aus unserer Familie es sprach. Lesen, dachte ich, das kann ich ja. Und ich hoffte, dass sich meine Nordlicht-Identität doch noch rühren würde. Tat sie natürlich nicht, ich belegte den letzten Platz.

Vielleicht bin ich also wegen der vielen Herkünfte nie richtig sesshaft geworden. Seit meinem Auszug aus dem Elternhaus bin ich so viel umhergezogen, dass ich fast nicht mehr weiß, wo ich hingehöre, und manchmal fühle ich mich deswegen sogar etwas entwurzelt. Die Wurzellosigkeit ist jedoch auch von Vorteil. Ich lebe mich recht schnell überall ein. Vielleicht trage ich die Heimat, wie Petra sagen würde, mit mir herum?

Schmilau jedenfalls wird immer mehr zu einer meiner Heimaten. Die Tage vergehen schnell und leicht, ich lebe mich in meinem kleinen Eisenbahnwaggon ein. Wenn ich die Stufen zur Eingangstür erklimme, federt der ganze Wagen leicht im Gleis. Viel Raum steht nicht zur Verfügung, aber mehr Platz brauche ich nicht. Ich hänge einige Postkarten an die Wand, und der kleine Schreibtisch wird mein liebster Arbeitsplatz. Mein Laptop hat gerade darauf Platz, es gibt ein Regal für meine Bücher und den Becher mit meinen Stiften. Es ist ruhig, und das Internet ist schnell. Außerdem sehe ich direkt ins Grüne. Manchmal führt Vika ihr graues Kätzchen mit den kleinen Ohren an einer Leine im Gras spazieren, Olivka heißt es – kleine Olive. Wenn Vika mich am Fenster entdeckt, winkt sie mir lächelnd zu.

Außer einer Kurzgeschichte und ein paar Artikeln habe ich trotzdem noch nicht viel geschrieben. Das liegt daran, dass sich das Leben hauptsächlich draußen abspielt. Ab und an weise ich Gäste bei den Draisinen ein, mache Betten oder pflanze weiter mit Olena Stockrosen, Funkien und Geranien. Bei den Vogelhäusern – zwei bunte Baumhäuschen am Ende des Geländes – haben wir eine Clematis eingesetzt, die sich dort wunderbar entwickelt.

Schmilau liegt im Naturpark Lauenburgische Seen, gleich in der Nähe ist in einem Waldstück ein See mit klarem Wasser und kleinen Buchten, perfekt, um einen sonnigen Tag dort zu verbringen. Ich liebe die Amseln, die distanzlos vor meinen Füßen über den Hof fliegen und sich jagen, ich bin entzückt, wenn ich morgens nie gesehene Nachtfalter im Waschbecken entdecke. Vor einigen Tagen habe ich ein feenhaftes Wesen dort gefunden. Schneeweiß war der Falter, etwa so lang wie mein Daumen, mit fedrig weißem Nackenpelz und leichten schwarzen Pünktchen auf den Flügeln, die rundlichen Fühler ganz still und eigelbe Tupfen auf den Vorderbeinen: ein Breitflügeliger Fleckleibbär, der sich zögerlich auf die Hand nehmen und nach draußen bringen ließ, wo ich ihn unter dem Wagen absetzte, damit Fressfeinde ihn nicht entdeckten. Wie den meisten Menschen war mir nicht bewusst, wie viele prächtige Nachtschmetterlinge es gibt, hier sind sie häufig anzutreffen.

Beim Fahrraddraisine-Fahren sehe ich ein Reh, das mich ein wenig herankommen lässt, bevor es geschwind in die Böschung entflieht. In der Dämmerung höre ich vom nahen Teich her den glockigen Ruf von Geburtshelferkröten, und es gibt neben den bekannten Gartenrotschwänzen, Drosseln und Meisen viele Vögel, die ich sonst eher selten sehe: Grasmücken, Spechte, Hohltauben. Besonders gut kann ich sie hinter den Waggons beobachten – ein guter Platz nicht nur zum Chillen, sondern auch zum Yoga. Manchmal treffe ich Kateryna und Olena, die dort üben.

»Du kannst ihnen gern auch anbieten, dass wir eine Yogastunde machen«, sagt meine Freundin Bettina eines Morgens, als wir zusammen via Bildschirm Kaffee trinken.

»Oh, echt?«, sage ich. Bettina ist Yogalehrerin, und sie hat mit Citizen2be eine Organisation gegründet, die Geflüchteten hilft, mit Körperarbeit Traumata zu überwinden.

Als ich die Yoga-Session den ukrainischen Frauen anbiete, sind sie gleich Feuer und Flamme. Und so sitzen wir eines Morgens mit Handtüchern und Wolldecken statt Yogamatten und in Jogginghosen statt schickem Yoga-Dress auf den Dielenbrettern der Terrasse. »*Now you turn around like this.*« Bettinas Instruktionen verstehen nicht immer alle gleich, wegen der Sprache und weil die Akustik nicht optimal ist, aber das sorgt ab und zu für Gelächterpausen. Und als Bettina nach etlichen Verbiegungen und Drehungen die Entspannung einleitet, liegen alle gelöst auf den Dielen. Ich spüre die Wolldecke unter mir, um mich her ist alles voll kleiner weißer Blütenblätter, nur Bettinas ruhige Stimme durchdringt die Stille und das Geräusch des Windes in den Bäumen ringsum.

Ich liege auf dem Rücken und blinzele in den Himmel. Wie flüchtig doch alles ist, wie seltsam, dass von allen Menschen auf der Welt jetzt plötzlich wir hier zusammen liegen. Ich möchte den Moment festhalten, weil die Zeit mir zu schnell davonläuft und weil es ein Geschenk ist, dass es hier friedlich und ruhig ist, während weniger als 2000 Kilometer weiter weg alles in Schutt und Asche liegt. Und es in so vielen Ländern in alle Richtungen so viel Gewalt und Krieg gibt. Was habe ich für ein Riesenglück, dass ich nicht wie Olena, Vika, Oksana und Kateryna flüchten musste.

Mein Wohnexperiment kommt mir in diesem Moment wie purer Luxus vor, auch etwas sinnlos. Als ich meine Reise begann, hätte ich doch froh sein können, dass mein Dach nur undicht war und nicht zerstört vom Einschlag einer Rakete. Was bilde ich mir eigentlich ein, mich über den maroden Treppenaufgang zu beschweren – ich sollte froh sein, dass ich nicht von einer Stunde auf die nächste fliehen muss.

»*So, and now come back to this place, here, be awake, and slowly move your hands and feet ...*« Bettinas Stimme dringt in mein Bewusstsein. Mit Blütenblättchen auf dem Po und zerzausten Haaren bedanken wir uns bei Bettina und gehen zusammen einen Tee trinken.

Allen fehlt eine richtige Aufgabe. Oksana schreibt noch ihre Bachelorarbeit, und Olena kümmert sich um die Blumen, abgesehen davon gibt es nicht viel zu tun, was die Ukrainerinnen wirklich mit dem neuen Land verbinden würde. Den Frauen fehlen vor allem die Sprachkenntnisse. Mittels der App können wir uns zwar gut verständigen, aber da ich schon einige Zeit im Ausland gelebt habe, weiß ich, wie wichtig es ist, die Landessprache zu verstehen: Ein Gefühl von Sicherheit stellte sich immer erst ein, wenn ich die Welt um mich herum besser verstand – von so einfachen Dingen wie Schildern über die Instruktionen auf Fahrkartenautomaten bis hin zum Fachvortrag.

Eine Freundin von Olli kommt alle paar Wochen für einige Tage und hilft aus, sie arbeitet in einer Behörde und ist unglaublich tüchtig. So sehr, dass ihre Tüchtigkeit mich etwas lähmt, weil sie immer schon drei Schritte voraus ist. Sie hat es sich zur Aufgabe gemacht, die Ukrainerinnen zu begleiten, wenn sie Anträge und Formulare ausfüllen müssen. Und sie hakt nach, wann der versprochene Deutschkurs in Ratzeburg endlich beginnt. Weil das noch nichts gefruchtet hat, geht sie mit den vier Frauen das Grundwissen Deutsch durch.

Da sie aber nicht die ganze Zeit über da ist, habe ich angefangen, das mit zu übernehmen. Dazu gehört, dass ich die Dinge in der Küche beschrifte – die Marmelade, das Messer, der Tisch. Eine Freundin, die in der Volkshochschule Deutsch als Fremdsprache unterrichtet, hat mir einige Deutschlehrbücher geschickt, die sie als Probeexemplare von Verlagen geschickt bekommen hat. Ich blättere die Bücher durch und arbeite mich ein, dann klemme ich sie mir unter den Arm und bitte alle zu einer Deutschstunde im Küchenwaggon.

»Wer bist du?«, frage ich Kateryna, nachdem wir geübt haben, uns einander vorzustellen.

»Ich Kater... Ich bin Kateryna.« Sie lächelt, und ihr Eifer rührt mich.

»Was arbeitest du?«, frage ich Olena.

Sie schaut mich einen Moment an. Hat sie das deutsche Wort für ihren Beruf vergessen? »Ich arbeite nicht«, sagt sie dann, und es klingt unzufrieden und bedrückt. Einerseits bewundere ich verblüfft, dass sie sich gemerkt hat, wo der Unterschied zwischen dem erlernten Beruf und dem aktuellen Job ist. Andererseits macht es mich traurig, dass es ein Problem für sie ist. So, wie sie es sagt, liegt eine ganze Welt von Bedeutung darin.

»Was bist du von Beruf?«, versuche ich es noch einmal.

Sie lächelt. »Ich bin *Chi-mi-kerin.*«

Wie schwierig muss das Deutsche für sie sein. Anders als die anderen drei spricht Olena ja kein Englisch, sondern nur Ukrainisch. Und Russisch, weil Charkiw so nah an der russischen Grenze liegt. Auch wenn das Russische dort viel gebräuchlicher ist – wenn ich es richtig verstanden habe, bestehen alle darauf, dass die App ins Ukrainische übersetzt. Sprache ist Identität, Sprache ist Heimat.

Wir haben spät mit dem Unterricht angefangen, es ist schon dunkel, als ich nach einer Tasse Tee mit Olli die Gleise überquere, um zu meinem Waggon zu gelangen. Der Wind rauscht in den Bäumen, einige Regentropfen durchnässen meine Fleecejacke. Ich fröstele, denn heute ist ein kühler Tag. Gestern habe ich mich an einer Flasche zwischen Daumen und Zeigefinger geschnitten, es schmerzt. Einen Moment bleibe ich stehen, um den Zug zu meiner Linken zu betrachten, der hinter den Sträuchern in der Abendbeleuchtung glänzt. Die Lampen, die zwischen den Gleisen angebracht sind, damit niemand stolpert, bilden eine Wand aus Licht. In den Waggons brennen Lampen, es sieht gemütlich aus. Beide Stimmungen – Heimeligkeit und ein unbehagliches Körpergefühl – empfinde ich gleichzeitig. Vielleicht ist es für Olena und die anderen ähnlich: Manchmal lachen sie, fühlen sich wohl und dennoch sind die anderen Gefühle auch immer da?

In der Nacht stürmt es, ein Sommersturm, der am Wagen zieht und rüttelt, abgebrochene Äste fallen aufs Dach, Regen klatscht an die Fensterscheiben. Der Wind ist stark, aber ich habe keine Angst: Im Gegenteil, in dem kuscheligen Wagen fühle ich mich geborgen. Am nächsten Morgen ist der Himmel klar, vom nächtlichen Unwetter zeugen nur die vielen weißen Blütenblätter – da, wo zuletzt nur vereinzelte waren, ist die Veranda nun bedeckt wie von einem Teppich. Gemeinsam fegen wir alles beiseite.

Richtig warm wird es den ganzen Tag nicht, aber es ist trotzdem gemütlich in meinem Waggon: Die kleine Heizung, die tagsüber von Ollis Solaranlage betrieben wird, wärmt mein Abteil sehr schnell auf. Auch die Waschmaschinen und der Trockner laufen tagsüber mittels Solarenergie, und die, sagt Olli, ist sowieso da. Was er nicht verwendet, wird eingespeist, und das bringt nicht viel. Aus Gewohnheit verwende ich den Trockner trotzdem nicht und stelle meist den Wäscheständer auf der Veranda auf.

Einige von Olenas Blumen sind abgeknickt, die meisten haben das Unwetter aber gut überstanden. Zwischen die Steine vor dem Küchenwagen haben wir zusammen Oregano, Rosmarin, Basilikum, Salbei und Minze gepflanzt. Frische Kräuter, wann immer wir kochen, das fühlt sich gut an. Ich denke an die Pöttchen Basilikum, die ich früher in meiner Küche hatte, bis sie vertrockneten. Das Basilikum wird in der Erde hier viel kräftiger, und es schmeckt auch besser als das spärliche Gewächs aus dem Supermarkt. Oft kochen wir mit dem Gemüse aus der Solawi – Rübchen, Salat, Wurzeln und Mangold gibt es dort gerade viel –, und Olli, der viel mit den Gästen beschäftigt ist, freut sich, wenn zwischendurch etwas auf dem Herd steht.

Auch Essen kann Heimat sein. Als ich mittags in die Küche komme, kochen Vika und Oksana mit Sauerrahm, Ei, Kartoffeln und Wurst eine Suppe. »*You don't want this.*« Oksana grinst und deutet auf den Topf, in dem Vika rührt. »*I'm sorry, but is with meat.*«

Ich erfahre, dass da Okroschka auf dem Herd köchelt, eine Art Eintopf, der im Osten der Ukraine und in Russland typisch ist. Mir wird ein bisschen anders, als ich das rieche, aber ich spüre, dass es ihnen wichtig ist. Und ich kenne das, zumindest ansatzweise, denn auch wenn ich im Ausland bin, habe ich bald Sehnsucht nach deutschem Schwarzbrot.

»Guten Appetit!«, wünsche ich ihnen. Wie immer in letzter Zeit antworten sie routiniert mit: »Danke!«

Die Gemüsekiste ist leer, mein Magen knurrt. Da ich sowieso nach Mölln muss, um ein Einschreiben aufzugeben, beschließe ich, dort etwas einzukaufen, und schwinge mich aufs Rad. Am Marktplatz gehe ich etwas essen, dann zur Post, stöbere in ein paar Läden und kaufe Lebensmittel im Supermarkt. Als ich auf der Landstraße zurückfahre, dämmert es bereits, und ein leichter Nieselregen benetzt meine Brille. So blenden mich die Scheinwerfer der entgegenkommenden Autos. Es gibt keinen Radweg, und jedes Mal, wenn mich ein Wagen überholt, zucke ich zusammen. Manchmal machen die Fahrenden rücksichtsvoll einen weiten Bogen, andere brausen so dicht an mir entlang, dass ich den Fahrtwind deutlich spüre und mein Rad einen Moment lang wackelt. Der einzige andere Weg führt durch den Wald, eine schöne Strecke – bei Tag. Doch sie ist unbeleuchtet, der Waldboden teilweise uneben und voller Wurzeln, ich würde sicher schnell vom Rad fliegen. Die Rucksackträger schneiden wegen der dicht gepackten Lebensmittel schon in meine Schultern ein. Erleichtert atme ich auf, als ich nach sechs Kilometern in den Weg hinter den stillgelegten Bahngleisen einbiege.

Vielleicht bin ich deswegen so gelöst, als wir uns am Abend zu einer weiteren Deutschstunde treffen. Mir fällt ein, dass ich mit meiner Nichte immer »Ich packe meinen Koffer« spiele, ein gutes Gedächtnistraining. Was Lebensmittel angeht, können die vier inzwischen etliche Vokabeln durchs Einkaufen, weil sie beim Catering für die Gäste mithelfen und die Küche an und für sich der kommunikativste Ort ist. Warum also nicht ein kleines Vokabeltraining einbauen, das auch mir Spaß macht? Ich habe ein sauschlechtes Gedächtnis, also gleicht das meinen Vorsprung bei den Deutschkenntnissen aus. Wir sind auf einem Level.

Ich spreche die Anleitung zu dem Spiel in mein Handy, sodass allen die Spielregeln klar sind. »Aaalso«, sage ich dann. »Ich packe meinen Koffer«, ich mache eine Bewegung, wie ich den Koffer aufklappe und etwas hineinlege, »und nehme mit: eine Kartoffel.« Ich zeige auf die Kiste mit den Kartoffeln. Dann nicke ich Oksana zu, die rechts von mir sitzt.

»Ich packe Koffer«, sagt sie und korrigiert sich dann: »Ich packe meinen Koffer und nehme mit: eine Kartoffel und eine Tafel Schokolade.« Sie lächelt verschmitzt. Das Wort für ihre Lieblingssüßigkeit konnte sie sich schnell merken, sicher auch, weil sie auf Ukrainisch ähnlich heißt.

Wir spielen eine Weile, und da ich mich so über jede Vokabel freue, kann sogar ich mir die einzupackenden Dinge gut merken. Da bebt der Wagen zwei, drei Mal unter Fußtritten, die Abteiltür schwingt auf. Olli lugt durch den Spalt.

»Na, was macht ihr hier?«

Wir lachen. »Wir spielen ›Ich packe meinen Koffer‹«, sage ich.

»Ich hoffe, dass ihr noch nicht die Koffer packt«, sagt er. »Mir gefällt's grad sehr gut mit euch allen.« Er legt Vika, die ihm am nächsten sitzt, den Arm um die Schultern und drückt sie kurz an sich. »Wie geht es dir?«

»Danke, mir geht es gut, O-oli.« Diesen Satz haben wir oft geübt, und Vika lächelt. »Wir machen Deutsch.«

»Mir geht's auch gut«, sage ich, als wir eine Weile später noch einen Tee zusammen trinken, Olli einen von den supersüßen Kirschtees, ich die Kräutermischung.

»Das ist schön«, sagt er. »Hast du dich gut eingelebt?«

Ich nicke. »Ich könnte ewig hierbleiben, aber ich muss irgendwann wieder nach Berlin zurück. Und Eva hat mir geschrieben, dass ich bald zu ihr ins Ökodorf nach Sieben Linden kommen kann.«

»Schade«, sagt er. »Du könntest wirklich gerne länger bleiben.«

Olli hat mich schon mal gefragt, ob ich länger in Schmilau wohnen möchte. Ich hatte mir gerade erst den Traum erfüllt, in die Hauptstadt zu ziehen, meine Sehnsucht nach Berlin war damals stärker. Wie ist es jetzt, würde ich hier dauerhaft leben können, in einem Eisenbahnwaggon? Die Gefährte, die Oliver im Laufe der Zeit mit seinen Mitarbeitern Alex und Andrej gebaut und mit der Hilfe von Travelern und Sommerjobkräften bemalt und ausgestattet hat, sind fantasievoll. Er hat hier einen einzigartigen Platz zum Leben geschaffen, den ich mir so kein zweites Mal vorstellen kann. Der Ort ist Olli, Olli ist der Ort.

Grundsätzlich gefällt es mir, im Waggon zu leben, das kann ich gut noch eine Weile weitermachen. Ein Badezimmer bräuchte ich, denn wenn ich nach einer durchgearbeiteten Nacht morgens mit Handtuch und Zahnbürste über den Hof schlappe, vermisse ich meine Privatsphäre schon manchmal. Immerhin laufen auch Gäste über das Gelände, und ich mag nicht gern mit Menschen sprechen, bevor ich richtig wach, angezogen und manierlich bin.

Anders als Virginia Woolf in ihrem feministischen Essay sagt, brauche ich zum Wohlfühlen nicht nur ein Zimmer für mich allein, sondern auch ein Badezimmer für mich allein, jedenfalls eines, das ich erreichen kann, ohne dabei gesehen zu werden. Es wäre sicher im Bereich des Möglichen, wenn ich eins eingebaut haben wollte. Ich könnte Oliver darum bitten oder es mit Andrej oder Alex vereinbaren, aber ich wollte bisher nicht so dreist sein, das einzufordern.

Auf so kleinem Platz zu leben, wo vieles von Solarkraft betrieben wird – das ist in jedem Fall zeitgemäß. Der Krieg in der Ukraine hat uns in eine Energiekrise gestürzt. Und stellt uns wiederholt vor die Frage: Wie können wir Platz besser teilen mit Menschen, die ihn brauchen?

Flächengerechtigkeit und die Frage nach der energetischen Bilanz von Wohnungen – beides wird in Zukunft immer wichtiger und drängender werden. Das hat auch die Energieagentur Regio Freiburg erkannt und ein Projekt namens »Kleiner wohnen – besser wohnen« ins Leben gerufen, das ein gutes Jahr dauerte und sogar vom Land Baden-Württemberg gefördert wurde. Wer wollte, konnte sich dort von Fachleuten beraten lassen, wie sich die eigene Wohnfläche ohne Komfortverlust verkleinern lässt, zum Beispiel durch den Einbau von Einliegerwohnungen. Denn je weniger Raum pro Person genutzt wird, desto geringer ist auch der Energieverbrauch pro Kopf.

Das Projekt wandte sich vorwiegend an diejenigen, die ein Eigenheim besitzen, das ihnen zu groß geworden ist – etwa, wenn die Kinder ausgezogen sind. Eine Architektin kam auf Anfrage ins Haus und entwickelte erste Ideen, wie es am praktischsten aufzuteilen wäre. Es wurde etwa überlegt, aus dem Haus zwei Eigentumswohnungen zu machen, von denen eine vermietet werden und als Alterssicherung dienen könnte. So wird gleichzeitig mehr Wohnraum geschaffen.

Die Energieagentur, so erzählt mir Anne-Kathrin Hillenbach, Leiterin des Bereichs Klimaschutz und Öffentlichkeit, gibt es seit 1999, sie kümmert sich um ganz unterschiedliche Kampagnen und Projekte rund um erneuerbare Energien, Energieeffizienz und Sanierung. »Suffizienz hatten wir bislang nur bei wenigen Projekten im Blick«, meint sie. »Doch wenn immer weniger Menschen auf immer mehr Fläche wohnen, treibt das den Energiebedarf pro Kopf in die Höhe, selbst wenn die Wohnungen immer energieeffizienter werden.« Etwa 130 Beratungsgespräche wurden im Rahmen des Projekts geführt. Toll sei, dass die Emissionseinsparungen durch die verringerte Quadratmeterzahl abgeschätzt werden können.

Wie viele Menschen sind wohl bereit, sich einzuschränken? »Bei vielen herrscht Skepsis«, sagt Anne-Kathrin Hillenbach. »Sich Mieter ins Haus zu holen, können sich viele Menschen zunächst nicht vorstellen. Und bauliche Veränderungen müssen finanziert werden, eventuell sogar durch einen Kredit. Ein ungewohnter Gedanke für Menschen mit einem abgezahlten Haus. Der Skepsis kann man aber entgegenwirken, wenn die positiven Nebeneffekte einer Verkleinerung sichtbar gemacht werden, zum Beispiel der sinkende Pflegeaufwand, die geringeren Energiekosten oder die Möglichkeit zum sozialen Kontakt. Zudem muss es einen gesellschaftlichen Wandel geben, dass größer nicht immer besser ist.«

Hanna Wagener hat die Beratung ausprobiert. »Umweltschutz war mir schon immer wichtig«, sagt sie mir. Sie erzählt, dass ihre Kinder, beide Ende zwanzig, längst ausgezogen sind. »Ich konnte es nicht mit meinem ökologischen Gewissen vereinbaren, auf so viel Fläche zu wohnen.« Als sie im Radio von dem Beratungsprogramm hörte, ließ sie sich von einer Architektin beraten. Bei einer Trennung der Maisonettewohnung würden sich zwei Flächen von je sechzig Quadratmetern ergeben. »Die Beraterin hat mit mir einen genauen Vorschlag erarbeitet, der nächste Schritt wäre das Baurechtsamt gewesen, um den Bauplan genehmigen zu lassen. Es bräuchte zum Beispiel einen Außenzugang, um die Etagen zu trennen.«

Bevor sie das angehen konnte, überfiel Russland die Ukraine. »Ich habe die Bauarbeiten zurückgestellt, die freien Zimmer angeboten und eine vierköpfige Familie aufgenommen«, sagt sie.

Eine Art Partnerschaftsbörse für alle, die zu viel Platz haben oder ihn dringend brauchen, wäre eine gute Idee, denke ich.

»Aber wie grenzen Sie sich ab, wenn Sie schon so lang allein wohnen?«

»Ich habe mein Zimmer so eingerichtet, dass ich auch einfach die Tür hinter mir zumachen kann«, sagt Hanna Wagener. »Schlafen, wohnen, arbeiten – alles in einem gut organisierten Raum. Und ich habe mir herausgenommen, mich abzugrenzen, das habe ich ganz klar gesagt.« Wichtig war ihr, anderen einen Platz zu geben und ihre Heimat zu behalten. »Ich bin glücklich mit der

Hausgemeinschaft, ich wollte nicht ausziehen, das ist ein gewachsenes Umfeld.«

Ob sie den vielen Platz vermisst?

»Natürlich ist es toll, sich ausbreiten zu können.« Hanna Wagener lächelt. »Dieser großzügige Raum – zwei Etagen zu haben, das ist Luxus. Aber es war mir sofort klar, dass ich das machen will. Und es war unglaubliches Glück, wir passen so gut zusammen.«

Gerechter ist eine solche Lösung auf jeden Fall, aber werden wir uns mehrheitlich darauf einlassen können? Die Leiterin der Energieagentur Freiburg hat mir ja gesagt, dass das Projekt zwar erfolgreich ist, dass aber nicht alle Menschen sich vorstellen können, zu teilen, was ihnen einst ganz allein gehörte.

Als ich mich von Schmilau verabschiede, ist mir noch nicht bewusst, dass dies ein Abschied für länger sein wird. Zumindest von Vika und Ksyusha. Kurz nachdem ich abreise, halten sie die Ungewissheit und die Trennung nicht mehr aus und kehren in die Ukraine zurück, um in Lwiw bei Ivan und Denis sein zu können.

Der Sprachkurs hat nun doch endlich angefangen, Kateryna und Olena besuchen ihn zu zweit. »Ich lerne gerne Deutsch«, schreibt mir Olena. »Ich kann nicht sagen, dass ich gut darin bin, aber ich mag die Sprache wirklich. Leider bilden sich bei mir nur langsam neue neuronale Verbindungen, aber man muss sich anstrengen, und alles wird klappen.«

Kateryna besucht mich in Berlin, und sie sieht ihren Mann wieder, der für einen Urlaub nach Ratzeburg kommt. Sie hat fest vor, heimisch zu werden und sich als Ärztin in der Stadt niederzulassen. Eines Tages, so hofft sie, wenn der Krieg vorbei ist, kann ihr Mann mit ihr zusammen in Deutschland leben.

Olena und Kateryna ziehen zwei Monate später nach Ratzeburg, wo jede eine kleine Wohnung für sich hat. Als ich Olena frage, ob sie sich gut eingelebt hat, schreibt sie mir: »Natürlich kennt die Menschheit viele Mittel und Wege, Chaos in unser aller

Leben zu bringen. Aber wenn man in Schmilau oder Ratzeburg lebt, scheint es, dass Ordnung die unzerstörbare Grundlage des Lebens ist. Kleine Städte in Norddeutschland sind Inseln des Komforts, der Schönheit, der Ruhe, so sehe ich es.«

Ich wünsche ihr, dass sie dort einen neuen besten Ort gefunden hat.

Heimat reloaded:
Die außergewöhnlichsten Stadtführungen

Es ist wichtig, hin und wieder den Standpunkt anderer Menschen einzunehmen, gerade dann, wenn wir das Gefühl haben, etwas schon sehr gut zu kennen. Nur so lernen wir, einander zu verstehen. Hier habe ich dir darum Stadttouren aufgeschrieben, die dir eine ganz neue Sicht vermitteln können. Schau dich in deiner Region um, ob dort etwas Ähnliches angeboten wird.

Background Bremen & Co. In Bremen kannst du mit »Arbeitskreis Hafen« mehr über die Ursprünge der Stadt erfahren. Der so kurzweilige wie erhellende Rundgang zeigt Spuren, die der deutsche Kolonialismus und der Überseehandel hinterlassen haben. Meine Heimatstadt habe ich danach mit ganz anderen Augen gesehen. Seit einiger Zeit gibt es den Rundgang auch als Audioguide Web-App. Mehr unter: https://ak-hafen.de

In Frankfurt am Main gibt es ähnliche Stadttouren, schau einfach hier: https://frankfurt.postkolonial.net/stadtrundgang. Unter »Links & Friends« findest du auf dieser Seite eine Liste von Initiativen in anderen Städten, zum Beispiel Hamburg, Leipzig und Dortmund.

Das komplette Köln. Schau dir die Stadt mit den Experten der Straße an – das Straßenmagazin *Draussenseiter* bietet Stadtrundgänge an, die das andere Gesicht der Stadt zeigen, nämlich das, welches es für Obdachlose, Berber und Wohnungslose hat. Christina Bacher, die diese Touren gemeinsam mit dem Stadterzähler Martin Stankowski ins Leben gerufen hat, hat sie Rundgänge auf den Spuren des »doppelten Stadtplans« genannt. Sie zeigen, dass es nicht »den Obdachlosen« oder »die Berberin« gibt. Einerseits sind dies praktische Stadtrundgänge für alle, die den Rat dann gern weitergeben: Wo gibt's Suppe, wo Kleiderkammern, wo findet man Unterschlupf? Zum anderen erfährst du auch sehr viel über die individuellen Schicksale der Menschen, die doch irgendwie unsichtbar unter uns leben – die Geschichte von Lothar, der einmal Bauingenieur war, aber jetzt im Zelt schläft. Und Linda, die schon Oma ist, sich aber durch einen Bruch in ihrem Leben zeitweise auf einem Friedhof ansiedelte. Zwei Rundgänge pro Woche gibt es derzeit.

https://www.draussenseiter-koeln.de/was-hilft/stadtrundgang

Berlin von unten. In der Hauptstadt gehst du am besten unter die Erde: Berliner Unterwelten ist ein Verein, mit dem du in ehemalige Atomschutzbunker, Ost-West-Fluchttunnel und Luftschutzkeller gelangst. Besonders spannend ist es, wenn Zeitzeugen dabei sind. Und die Dauerausstellung »Mythos Germania – Vision und Verbrechen« zeigt, wie der rücksichtslose und radikale Umbau Berlins in der NS-Zeit geplant wurde.

https://www.berliner-unterwelten.de

Sehr viel erfährst du in Berlin auch bei den exzellenten Stadtspaziergängen der Naturfreunde e. V. – über die klimagerechte Stadt, über die Geschichten der Menschen hinter den Stolpersteinen, über deinen Kiez.

https://www.naturfreunde-berlin.de/veranstaltungen

Hamburg ohne Sicht, mit Sinn. Hast du schon mal versucht, dich in einer Stadt zu orientieren, ohne dass du etwas siehst? In Hamburg kannst du ausprobieren, wie gut du dich zurechtfindest. Wie

es dir in der Fußgängerzone ergeht und woher du weißt, vor welchem Laden du gerade stehst, erfährst du bei dieser Führung.
https://blind-durch-hamburg.de/stadtfuehrungen

Wieso, weshalb, warum fragt Frankfurt. Wenn du mehr darüber wissen willst, wie wir wohnen und warum, findest du Antworten im Deutschen Architekturmuseum in Frankfurt am Main. Zahlreiche Veranstaltungen, Ausstellungen und Rundgänge laden ein, sich mit bezahlbarem Wohnen und neuem Umgang mit Gebäuden zu beschäftigen.
https://dam-online.de

Coming soon, hoffentlich. Dich interessiert, wo dein Steuergeld versenkt wird? Der Bund der Steuerzahler NRW hat im Sommer 2018 eine erste »Schwarzbustour« in Köln angeboten und verschiedene Orte in der Stadt angesteuert, die Schauplatz von Steuergeldverschwendung waren: Plattformen, die keine Aussicht bieten, einen Lärmschutztunnel, der seinen Zweck nicht erfüllt, einen öffentlichen Trinkwasserbrunnen, der 130 000 Euro Steuergeld gekostet hat. Nach der unfreiwilligen Coronapause sollen solche Touren künftig auch in anderen Städten oder Regionen stattfinden – schau ab und an auf der Website nach.
https://www.steuerzahler.de

Weitere ungewöhnliche Stadtführungen und sehenswerte Orte findest du auf meiner Homepage. Dazu gehören beispielsweise auch Museumswohnungen, in denen du erfährst, wie Menschen früher gelebt haben. Wenn du auch ein solches Highlight kennst, schick mir einen Hinweis – ich sammele die Tipps, damit wir alle etwas davon haben.

Grüner wird's nicht

Nachhaltig leben und Gemeinschaft gestalten im Ökodorf

Die Gartenarbeit hat noch nicht begonnen, und mir tut schon das Kreuz weh. Ich sehe aus dem Zugfenster und ärgere mich, dass ich das Hilfsangebot des Mannes nicht angenommen habe, der vor mir einstieg – hätte ich ihn mein Fahrrad einladen lassen, statt es selbst in die Bahn zu heben, würde sich mein unterer Rücken jetzt nicht so anfühlen, als wäre ich rückwärts auf den Rand eines Trampolins gefallen. Dabei ist verabredet, dass ich in der Gärtnerei des Ökodorfs mithelfe.

Immerhin habe ich es noch rechtzeitig zum Zug geschafft. Und das, obwohl Rodrigo und ich uns an diesem Morgen die Köpfe heißgeredet haben. Gestritten haben wir uns nicht, es ging nur darum, ob wir umziehen – und wenn ja, wohin. Er ist immer sicherer, dass er aufs Land will. Ewig lockt der Hund. »Drei Sachen stehen doch schon fest«, sagte er. »Punkt eins, wir wollen einen Garten. Punkt zwei, es muss so gut angebunden sein, dass wir kein Auto brauchen. Punkt drei, es sollte Läden und Arztpraxen in der Nähe geben. Wir werden schließlich nicht jünger.«

Das klingt alles richtig, aber irgendwie bin ich noch unentschlossen. Ich will mich erst entscheiden, nachdem ich alle Experimente gemacht habe. Eins der beiden letzten Experimente auf meiner Liste ist das Ökodorf Sieben Linden in Sachsen-Anhalt. Um dorthin zu gelangen, fahre ich mit der Bahn bis nach Wolfsburg, von dort gibt es einen direkten Bus.

In der Autostadt hebe ich mein Fahrrad mit Müh und Not aus dem Zug. Es ist Juni, die Sonne brennt herab, und vor dem voll verglasten Bürokomplex an der Bushaltestelle versuche ich etwas Schatten zu ergattern. Der gesamte Bahnhofsvorplatz ist mit grauen Steinplatten versiegelt, die mickrigen Bäume an den Betonbänken kommen nicht gegen die Hitze an. Das Gebäude, vor dem ich auf den Bus warte, steht zusammen mit einem kantigen Kinobau und einem modernen Hotel vor dem flachen Bahnhofsbau stramm. Gegenüber der Bushaltestelle blicke ich auf das phaeno, ein Wissenschaftsmuseum, das aussieht wie ein zerknautschter Bunker.

Wolfsburg wurde 1937 geplant, um die Automobilproduktion anzukurbeln. Die Stadt sollte in der Nazizeit als Muster für andere Städte dienen, zur Grundsteinlegung der neuen Volkswagenfabrik hielt Hitler eine feierliche Rede, der Mittellandkanal trennte fortan Werk und Wohnviertel. Wahrscheinlich, denke ich, gibt es keinen größeren Kontrast zu einem Ökodorf als diese Stadt.

Außer mir steigen nur ein halbes Dutzend Leute in den Bus. Wir fahren zügig vom Zentrum durch die Außenbezirke von Wolfsburg, dann von einem Dorf zum nächsten, über Klötze nach Poppau, wo das Ökodorf liegt. Der nächste Ort mit Supermarkt ist Beetzendorf, aber den werde ich wohl nicht brauchen, denn in Sieben Linden gibt es einen kleinen Dorfladen, und das meiste Gemüse wird dort selbst angebaut, vieles von Hand hergestellt.

Das Ökodorf hat eine eigene Haltestelle, die an einem Wendehammer liegt. Ich steige mit meinen Siebensachen aus und stehe zunächst vor einem Wall mit hohen Gräsern, zwischen denen wilder Mohn blüht. Eva hat mir erklärt, dass auf dem Gelände Handys nicht erwünscht sind, also schreibe ich Rodrigo nur kurz eine Nachricht, dass ich angekommen bin, dann mache ich mein Mobiltelefon aus und verstaue es im Rucksack.

Am Ende des Walls liegt der Eingang zum Dorf. Mit mir kommt nur ein Gast an, ein junger Mann, der zügig voranschreitet, er scheint sich auszukennen. Ich hebe meinen Rucksack auf den schmerzenden Rücken, klappe mein Rad auseinander und schiebe es vorbei an dem Schild, auf dem in mintgrüner Farbe steht: *Herzlich willkommen in Sieben Linden.* Auf dem kiesbestreuten Weg gehe ich langsam durchs Dorf, links sehe ich einen Parkplatz und eine Fahrradwerkstatt, rechts gemütlich aussehende Bauwagen und den Dorfplatz. Dort steht ein rundes weißes Zelt, ein Überbleibsel vom Pfingstfest, das Eva erwähnt hat, als sie mir den Weg zu ihrem Haus beschrieb. Ich komme an einem Naturladen vorbei, am Café und dem Froschteich. Mir fällt auf, dass es keine Zäune gibt, überall blüht es, die Mohnblumen haben sich über das ganze Gelände verteilt.

Sieben Linden wurde 1997 gegründet, damals kauften 15 Leute einen Bauernhof in der Altmark, um dort ein Dorf für 200 bis 300 Menschen aufzubauen, in dem nachhaltig gelebt wird. Die sieben Linden, die an die Auffahrt zum Ökodorf gepflanzt wurden und ihm den Namen gaben, waren ein Geschenk der Gemeinde. Inzwischen ist es das vermutlich bekannteste Ökodorf Deutschlands – nur ich hatte noch nichts von ihm gehört, bis Olli mir von Evas Besuch bei ihm erzählte. Bekannt ist Sieben Linden vor allem für seine Strohballenhäuser, deren Bauweise durch die stetige Verbesserung der Technik durch das Ökodorf sogar zum Baustandard erhoben wurde. Inzwischen leben hier rund hundert Erwachsene und vierzig Kinder.

»Der ökologische Fußabdruck im Ökodorf Sieben Linden beträgt ein Drittel des deutschen Durchschnitts«, heißt es in dem Dokumentarfilm *Kein richtig falsches Leben,* »das ist eigentlich genau das, was die Welt jetzt braucht.« Diesen Fußabdruck hat eine Studie nachgemessen. Die gute Bilanz erklärt sich unter anderem durch die pflanzliche Ernährung, die Tatsache, dass die Menschen sich Autos teilen und lange Transportwege für Baustoffe und Güter möglichst vermieden werden, sowie die besonders schonende Bauweise – und die Versorgung mit Strom und Warmwasser durch Solarenergie. Solaranlagen sehe ich auf meinem Weg durchs Dorf auf jedem Dach.

Im Film kommt auch Geigenbauer Thomas zu Wort. Er erzählt, viele würden behaupten, er lebe hier wie vor hundert Jahren.»Und ich sage: Stopp, stopp! Wir leben hier so wie *in* hundert Jahren.« Wenn alles gut geht, hat er recht, und Menschen leben in hundert Jahren tatsächlich eher mit der Natur als gegen sie.

Evas Haus, die Windrose, steht etwas weiter den Weg entlang auf der rechten Seite, ich laufe direkt darauf zu. Es ist, wie fast alle Häuser hier, ein Strohballenhaus, das mit Lehm verputzt ist. Zunächst sehe ich nur eine buschige Hecke und einen hölzernen Fahrradunterstand, in dem bereits alle Plätze vergeben sind. Das Haus hat helle Wände, holzverkleidete Balkone und ein rostrotes Satteldach. Neben der Frage, was diese Gemeinschaft anders macht – immerhin ist Eva Expertin für gemeinschaftliches Wohnen –, will ich weiteren Dingen auf den Grund gehen: Wie können wir beim Bauen CO_2-Emissionen eindämmen, Artenvielfalt erhalten, nachhaltiger mit unseren Ressourcen umgehen – und auch mit uns selbst?

Als ich noch überlege, wo ich mein Rad abstelle, kommt mir eine zierliche Frau mit einer schmalen halb gerahmten Brille und graubraunem Kurzhaarschnitt entgegen, sie trägt ein einfaches T-Shirt und Jeans. »Ich bin Eva«, sagt sie. »Willkommen in Sieben Linden.«

Wir treten ins Haus, und ich merke sofort, wie angenehm kühl es drinnen ist. Eva wohnt unten mit ihrem Bruder Martin, oben wohnt ein anderes Paar. Dort ist auch das Gästezimmer für mich, Eva zeigt es mir: ein einfacher Raum mit Schreibtisch, Bett und Bücherregal, wo ich kurz meine Tasche abstelle.

»Hast du schon mal eine Trenntoilette gesehen?« Eva führt mich zu dem kleinen Raum, der an mein Zimmer grenzt. Darin befindet sich eine weiße Toilette, die nicht viel anders aussieht als die in Rodrigos Wohnung. Doch Eva erklärt mir, dass es eine Komposttoilette ist, bei der die festen Ausscheidungen kompostiert werden. Sie zu sammeln ist ein Gemeinschaftsdienst, den alle erledigen müssen. Wenn ich mich auf die Brille setze, geht eine Klappe auf, in die das Geschäft hineinfällt. Der Urin wird durch ein Sieb im vorderen Bereich abgeschieden. »Vielleicht etwas gewöhnungsbedürftig«, sagt Eva und schärft mir ein, dass ich kein Papier in den Urinabscheider werfe, sondern dies in einem Eimer lasse. Ansonsten sei es praktisch und fast geruchsfrei.

Wenig später gehen wir gemeinsam übers Gelände, zuerst zu den Häusern, die etwas weiter auswärts stehen. Sie sind mit Holz verkleidet, eins hat schlangenförmige Wülste über den Fenstern. »Das war unser erstes Strohballenhaus.« Eva zeigt auf ein mehrstöckiges Gebäude. »Die Villa Strohbunt.«

Die Ökobilanz des Dorfes sei vor allem deswegen so gut, weil schonend gebaut und gewohnt werde. Beim Bau der Häuser werden so viele Materialien wie möglich aus der näheren Umgebung geholt, die Gefache der Häuser werden aus Holz gebaut, dann mit Strohballen gefüllt, verschalt und mit Lehm verputzt. Strohballen sind neben Holz der einzige Dämmstoff, der CO_2 bindet. Häuser, die so gebaut sind, sparen im Vergleich zum deutschen Mittelwert ein Drittel ihres Wärmebedarfs ein. Um die bebauten Flächen auszugleichen, wurden Bäume gepflanzt, und so gibt es heute mehr Wald als zuvor.

»Wir bauen zum einen Mehrfamilienhäuser, sodass weniger Grundfläche für eine größere Anzahl von Menschen versiegelt werden muss«, erklärt Eva. »Die Baustoffe sind ökologisch unbedenklich, wir verwenden hauptsächlich Stroh, Lehm und Holz. Wir wollen zukunftstauglich bauen, um auch nachfolgenden Generationen eine gute Lebensgrundlage zu hinterlassen. Arbeit und Leben sollen so nachhaltig wie möglich sein – egal, ob es um die Bauweise der Häuser geht, um unsere Mobilität oder um das Zusammenleben.« Dabei ist Sieben Linden nicht aus der Zeit gefallen, es gibt ein Glasfasernetz, digital arbeiten können die Menschen also wie überall auch.

Wir gehen weiter und kommen an einer Wiese vorbei, auf der einige Alpakas weiden. Eva zeigt mir den Waldkindergarten, das Tauschhäuschen, die Werkstatt, den Fahrradständer, wo ich mir auch ein Fahrrad hätte leihen können, und den JuLe-Platz – ein

Lager, in dem junge Freiwillige aus ganz Europa in Bauwagen wohnen. Dann gehen wir zum Regiohaus mit der Küche und dem Speisesaal. Im Untergeschoss befindet sich die Vorratskammer, wo in Regalen Eingewecktes und Aufstriche lagern; die Beschriftungen mancher Gläser klingen so lecker, dass ich mir am liebsten gleich ein Brot machen würde. Der Raum ist kühl, sodass auch das Gemüse nicht welk wird, das direkt vom Feld kommt. In einem anderen Teil des alten Bauernhauses gibt es Seminarräume und einen großen Balkon, auf dem Tische und Stühle stehen – das Sonneneck. Von dort haben wir einen guten Blick über den Dorfplatz, bis hinüber zum Strohtel, einem Seminargästehaus.

»Magst du was essen?«, fragt mich Eva.

In den Speisesaal dürfen wir nur barfuß oder auf Socken, im Vorraum stehen schon jede Menge Schuhpaare. Wir gehen die Treppe hinauf, wo die Küchenkräfte Schüsseln und Bleche auf die Tafel stellen. »Hier haben wir eine Gemüsepfanne mit Pasta, außerdem vegane Lasagne, die vom Pfingstfest übrig geblieben ist, und Salat mit Mairübchen und Postelein«, sagt eine Frau, die eine Schürze trägt.

»Alles aus unserem Garten«, erklärt Eva mir.

Alle fassen sich an den Händen, wünschen sich guten Appetit, dann stellen wir uns in die Schlange, um uns eine Portion zu holen, und setzen uns draußen im Hof an einen langen Biertisch unter einer Linde. An unserem Tisch sitzt ein Mann, den Eva mir als Jörg vorstellt, er wohnt in der oberen Etage ihres Hauses. Wenig später setzt sich noch die Küchenchefin Monika zu uns, die gerade aus dem Urlaub aus der Slowakei zurück ist.

Ich sehe mich um und bin erleichtert, dass wir draußen essen können. Sieben Linden hatte zu Beginn der Pandemie sehr schnell Maßnahmen ergriffen, um etwa die Essensversorgung oder die Spielplatzbenutzung zu regeln. Inzwischen sind die Menschen hier zu einem vorsichtigen, aber gelasseneren Umgang mit dem Virus übergegangen. Vieles wird gemeinschaftlich benutzt, Räume genauso wie Geräte, sodass es nicht möglich ist, alles zu trennen. Auch der Seminarbetrieb ist – im Rahmen der geltenden Bestimmungen – wieder angelaufen, wirtschaftlich sind hier viele darauf angewiesen.

Während Monika von ihrem Urlaub erzählt und mit Eva Neuigkeiten über das Dorf austauscht, verliere ich mich ein wenig im Anblick der sommerlichen Umgebung. Am knallblauen Himmel prangen Bilderbuchwölkchen, die Blätter wogen ganz sacht in einer kaum spürbaren Brise, hier im Hof ist es angenehm. Einige Kinder laufen herum und spielen Fangen, ein Mädchen, vielleicht fünf Jahre alt, bleibt vor mir stehen: »Wer bist denn du?«

»Das Geschirr spülen wir nach dem Essen jeder selbst ab«, sagt Eva schließlich und steht auf. Wir gehen erneut die Treppe hinauf, biegen aber oben rechts ab, wo sich schon eine Schlange gebildet hat. Jeder spült, was er oder sie benutzt hat, gern auch mehr, nicht unbedingt nur das eigene Geschirr.

»Das ist meine Tochter«, stellt mir Eva eine junge Frau mit langen dunkelblonden Haaren vor. »Sie ist zu Besuch, aber sie überlegt, ob sie wieder herzieht.«

Ein gutes Zeichen, denke ich.

Und auf dem Weg zum Hofladen treffen wir Gabi Bott, die überaus blaue Augen und lockige Haare hat und mich einlädt, vor dem Abendessen mit ihr zu meditieren. »Im Haus der Stille«, sagt sie, »das ist drüben bei den Jurten, warst du da schon?« Als ich den Kopf schüttele, lächelt sie. »Findest du schon, das kannst du nicht verfehlen.«

Der Naturkostladen hat nur zwischen zwei und drei Uhr nachmittags geöffnet, Eva lädt mich auf ein Eis ein, dann muss sie wieder an die Arbeit, und ich lasse mich in ihrem Garten nieder.

»Darf ich mich zu dir setzen?« Ein blonder, schlaksiger Kerl steht vor mir. »Ich bin Philipp.« Er erzählt, dass er aus Berlin kommt. »Ah, du arbeitest im Garten«, sagt er, als ich mich vorstelle, offenbar eilt mein Ruf mir voraus. Hoffentlich freut sich die Gärtnerei nicht zu früh, denn mein Rücken streikt noch. »Mir ist immer so schnell kalt, ich hol mir mal einen Hoodie.« Er verschwindet kurz im Haus, als er zurückkommt, stellt er eine Thermoskanne auf den Tisch. »Lust auf einen Tee?«

Plötzlich erklingt in der Nähe ein Pfeifen, es ist ein junger Star. »Kennst du schon Piepsi?« Philipp deutet auf den Nestling, der mit abgespreizten Flügeln auf einem kleinen Holzblock beim Hühnerstall nach Futter bettelt. »Wir haben ihn mit der Hand aufgepäppelt, jetzt kann er sich eigentlich schon selbst was suchen, aber er kommt immer noch.« Er streckt seine Hand nach dem jungen Star aus. Der Vogel hüpft darauf, lässt sich von Philipp aus einem Glas mit einer Paste füttern und kackt ihm dann auf die Hand. »So richtig hat er das noch nicht drauf, sich beliebt zu machen.« Philipp grinst, dann erzählt er, dass sie die Futterpaste extra für Piepsi besorgt hätten. »Der hat einen kürzeren Flügel«, sagt er dann, »darum kann er nicht so gut fliegen. Wahrscheinlich holt ihn sich irgendwann eine der Katzen.«

Das Haus der Stille ist wirklich nicht zu verfehlen. Es steht gleich neben zwei Jurten, in denen, wie Eva mir erklärt hat, auch Seminare stattfinden, etwa zum Strohballenbau, zum Anlegen von Gründächern, zu gewaltfreier Kommunikation. Auch Gabi Botts Workshops zur Tiefenökologie finden dort statt – darin geht es um die Verbundenheit mit allem Leben. Das Meditationshaus ist ein Rundbau mit einem Grasdach. Als ich es betrete und mir vorsichtig die Schuhe ausziehe, sitzt Gabi schon im Lotussitz vor einer Kerze. Ich lasse mich leise in einer Ecke nieder. Autsch! Ich bekomme wieder Rückenschmerzen, der Holzduft aber ist angenehm, der Fußboden ist aus Holz, die Wände sind mit Lehm verputzt.

Sehr lange kann ich so nicht sitzen, ich bin froh, dass es bald Abendbrot gibt. Im Regiohaus finde ich selbst gebackenes Brot und frische Pasten, eine mit Currygeschmack, eine aus Sonnenblumenkernen und Petersilie. Sehr viel ist nicht los, und ich bin vom Reisetag müde, außerdem beginnt morgen sehr früh mein erster Einsatz im Garten, also gehe ich bald zu Bett.

Ich will nur noch kurz schauen, ob Rodrigo mir zurückgeschrieben hat, aber mein Handy zeigt keinen Balken. Selbst wenn ich also Lust hätte, es zu benutzen – ich sitze im Funkloch. Das ist einerseits ein gutes Gefühl, aber ich merke auch, wie FOMO in mir hochkriecht – »Fear of missing out«, also die Angst, etwas Wichtiges zu verpassen. Ob ich das ablegen könnte? Übers Handy lese ich Nachrichten, und anders bin ich nicht zu erreichen. Falls etwas sein sollte, muss ich vors Tor von Sieben Linden gehen, dort gebe es ganz guten Empfang, sagt Eva. Und natürlich kann ich meinen Laptop mit einem Kabel ans Netz anschließen, nur WLAN gibt es nicht.

In der Nacht wälze ich mich trotz des guten Raumklimas herum, weil ich mit den Rückenschmerzen kaum lange auf einer Seite liegen kann. Um fünf Uhr höre ich überdeutlich das Vogelgezwitscher. So laut waren die Piepmätze selbst bei Olli mitten im Grünen nicht gewesen. Zudem klappen schon Türen, es rumort, und unter den Schritten bebt das Haus leicht; es ist wie ein Organismus.

Ich wanke übermüdet aus meinem Zimmer und stolpere in den Toilettenraum. Der Spiegel über dem Waschbecken ist von einer Lichterkette umrahmt. Als ich mich auf der Brille niederlasse, höre ich, wie etwas aufklappt. Stimmt ja – die Trenntoilette. Es ist ungewohnt, nicht zu spülen, und die zitronig duftende Seife ist eine gute Idee, das denke ich, als ich mir die Hände wasche. An der Tür ist ein Zettel angebracht, auf dem steht *Klodeckel zu? Dann tschüs!* – sicher sinnvoll, wenn hier öfter Menschen zu Besuch sind, die sich mit Komposttoiletten nicht auskennen.

Gegenüber liegt das Badezimmer. Ein langes Waschbecken, daneben Haken mit Handtüchern und eine Dusche.

Als ich vors Haus trete, um vor meinem ersten Arbeitstag im Garten zum Frühstück ins Regiohaus zu gehen, verfliegt meine Müdigkeit schlagartig. Die klare Luft, das seidige Morgensonnenlicht, die knallroten Mohnblüten überall heben meine Stimmung sofort. Über meinem Kopf jagen die Rauchschwalben nach Insekten, so viele habe ich noch nie auf einem Fleck gesehen.

Im Speiseraum mache ich mir schnell ein Brot mit Nussmus, ein zweites mit den selbst gemachten Aufstrichen aus »bunten Sommerbeeren« und trinke einen Becher schwarzen Tee, der schon in einer Thermoskanne bereitsteht. Nicht alle, die in Sieben Linden wohnen, essen hier zusammen. Diejenigen, die es tun, bezahlen für die gekochten Mahlzeiten einen kleinen monatlichen Beitrag, die Lebensmittel fürs Frühstück werden zusammen gekauft. »Um alle zu verpflegen, ist es auch gar nicht ausgerichtet«, hat mir Eva erklärt, »aber einige kochen sowieso lieber in ihren eigenen vier Wänden.« Das Küchenteam bereitet auch die Speisen für die Seminarteilnehmenden vor, »die sind dann ein wenig aufwendiger als das, was wir hier essen.«

Gestärkt gehe ich mit Eva, die inzwischen auch gefrühstückt hat, über den Sandweg zurück zur Windrose und dann in Richtung Gärtnerei an einem holzverschalten Haus vorbei. Die Felder und Gewächshäuser liegen vom Eingang aus gesehen hinter der Windrose, es gibt ein großes Gartentor, das auch gestern schon offen stand.

Katja, die zusammen mit Michi das Gartenteam leitet, finden wir oben am Feldrand. Unter ihrer Kappe schauen kurze braune Haare hervor, sie trägt eine feste grüne Hose und ein Arbeitsshirt. Katja weist mich an, mit ihr ein Tröpfchenbewässerungssystem auszulegen: lange Gartenschläuche mit Löchern, die entlang der Feldbahnen gelegt werden und an der Stelle, wo nicht mehr bewässert werden soll, umgeknickt werden. Den Knick befestige ich mit Haken in der Erde, sodass wirklich alles abgebunden ist. Danach pflanzen Katja und ich Setzlinge auf das schon beackerte Feld. Mein Rücken schmerzt bei jedem Handgriff und vor allem beim Bücken. Aber ich bin zu starrsinnig, um das zuzugeben. Ich will nicht als die Städterin dastehen, die ein bisschen Landarbeit sofort kleinkriegt.

Schließlich gehen wir an den Rand des Feldes, wo Michi, der einen Zopf und kräftige, gebräunte Arme hat, mit einem Traktor Strohmulch ablädt. Wir schichten das Stroh mit Mistgabeln auf

Schubkarren und bringen es zu einem Beet weiter unten. Dort strecken schon grüne und lila Kohlpflänzchen ihre Blätter ins Licht, und wir umrahmen sie mit dem Mulch, damit das Beikraut nicht gedeiht. »Zehn Zentimeter hoch. Das merke ich mir immer so, dass es von den Fingerspitzen meiner Hand bis zur Daumenkuhle ist«, erklärt Katja mir und den drei jungen Leuten, die ebenfalls diese Arbeit verrichten.

In der Pause zeigt sich, dass ich wirklich sehr viel Schreibtischarbeit mache. Ich bin die körperliche Anstrengung einfach nicht gewohnt, sacke ein wenig in mich zusammen. Natty hatte ich zwar auch bei der Gartenarbeit geholfen, aber dort ging es um Beete, hier ist ein ganzes Feld zu bewirtschaften. Als die Pause vorbei ist, beiße ich die Zähne zusammen und mulche, was das Zeug hält. Obwohl ich mich für langsam halte, ist Katja nicht ungeduldig mit mir.

»Ich brauche den Weg, um mit der Karre durchzufahren«, sagt sie, statt einfach »Weg da!«. Ich bin beeindruckt von ihrer Geschicklichkeit und davon, wie sicher sie mit den Geräten umgeht, das würde ich auch gern können. »Wo hast du das alles gelernt?«, frage ich sie. »Bist du ausgebildete Gärtnerin?«

Katja schiebt sich die Kappe aus dem Gesicht. »Ich arbeite seit sieben Jahren im Garten mit.« Sie erzählt mir, dass sie aus Leipzig kommt, dann in Berlin gelebt hat, bevor sie ins Ökodorf gezogen ist. »Stadt, größere Stadt, Land. Ich habe als Gast an einer Demeter-Ausbildung teilgenommen, aber das meiste lernt man eh auf dem Feld.«

Wir schaffen die Hälfte des Beetes, dann decken wir es mit gazeartigen weißen Stoffbahnen ab, damit sich keine kohlfressenden Insekten wie die Raupe des Kohlweißlings oder Weiße Fliegen daran gütlich tun.

Um ein Uhr gibt es Essen, und mein Magen knurrt schon wie ein wildes Raubtier. Ich wasche mir das Gesicht in der Windrose, dann wandere ich mit dem Strom der Hungrigen zum Regiohaus – es gibt in Semmelbrösel panierten Blumenkohl, Zucchini und gekochte Erbsenschoten, und das fühlt sich an wie ein Geschenk. Ich setze mich gleich drinnen an einen der Tische.

»Na, hast du auf dem Feld schon genug Sonne getankt?« Eva stellt ihren Teller neben meinem ab. Wir bleiben nicht lang allein, es kommt immer jemand vorbei, grüßt oder spricht uns an. Schon nach dieser kurzen Zeit habe ich das Gefühl, keine Fremde mehr zu sein. Natürlich, das Dorf ist überschaubar, und schon nach kurzer Zeit begegne ich bekannten Gesichtern: Philipp beim Abspülen, Katja und Michi beim Kaffeetrinken im Hof, und das Mädchen vom Vortag sehe ich auf dem sandigen Hauptweg mit anderen spielen.

Als ich nach einigen Tagen fast glaube, ich hätte schon alles gesehen, nimmt Eva mich mit auf einen Spaziergang zum Agroforst. Das Gelände von Sieben Linden umfasst nicht nur den Teil mit den Häusern und Bauwagen – es ist inzwischen über hundert Hektar groß, nachdem es einst nur ein einzelnes Gehöft war. Hinter den Häusern, die damals als erste gebaut wurden, wandern wir einen zunächst sandigen Weg entlang in ein Waldgebiet, bleiben hier und da stehen, wenn Eva etwas entdeckt, das sie mir zeigen möchte.

»Das sind unsere Donuts.« Sie weist auf einen Kreis aus Zweigen und Ästen, die um einen Baumsetzling aufgeschichtet sind. »Es ist ein Versuch, die jungen Bäume zu schützen, wir hoffen, dass die Rehe nicht drangehen.« Die Aufschichtung der toten Äste sei auch gut für Vögel und Kleintiere. »Auch weil sie dann wieder Samen auskacken, die Neues wachsen lassen.«

Ein anderer Eingriff des Ökodorfs sind abgezäunte Bereiche, damit kleine Eichen gedeihen können. »Aber es freut mich, dass auch am Wegesrand junge Bäume stehen.« Eva deutet auf das kleine Eichengrün. »Vielleicht bleibt auch außerhalb der Einzäunung einiges stehen.« Wir gehen weiter den Forstweg entlang, der öffentlich genutzt werden darf.

»Das ist auch ein Jagdgebiet«, sagt Eva. »Einerseits sind wir ganz froh, dass die Jäger das Wild im Zaum halten. Andererseits ist es natürlich unproduktiv, dass sie die Rehe anfüttern, um sie schießen zu können.«

Ich habe schon öfter über Jagd nachgedacht und gefunden, dass die Natur schon sehr aus dem Gleichgewicht sein muss, wenn wir Jagd brauchen, um die Fauna zu regulieren.

»Inzwischen gibt es ja auch wieder Wölfe, die das Wild eindämmen«, sagt Eva.

Ich puste mir einige Haare aus dem Gesicht und schiebe die Ärmel meines langärmeligen Shirts hoch, das ich zur Gartenarbeit angezogen habe, damit die Sonne mich nicht verbrennt. Holz und Kleingeäst knackt unter unseren Schuhen, die Sonne scheint zwischen den Bäumen hindurch, ein Specht klopft gegen einen Baumstamm. Schließlich gelangen wir an ein Feld, das mit lauter Sonnenblumen bepflanzt ist.

»Das ist an einen Biobauern verpachtet.« Eva breitet die Arme aus. »Und das ist der Agroforst.«

Das Feld sieht seltsam aus. Mitten in den Bahnen der Sonnenblumen sind Streifen angelegt, auf denen Pappeln und Obstbäume wachsen, umher ist es bunt getupft von Blühpflanzen – Gräser, knallroter Mohn und leuchtend blaue Heublumen. Inmitten der Sonnenblumen bahnen wir uns den Weg über das Feld. Die Erde ist locker und weich, die dicken Sohlen meiner Arbeitsschuhe haben schon kurze Zeit später einen bröckeligen braunen Rand, obwohl ich in Evas Fußspuren zu treten versuche.

»Diese kleinen Inseln mit Bäumen und Wildblumen regeln das Mikroklima des Feldes, außerdem ziehen die Pflanzen auf den Blühstreifen Nützlinge an«, erklärt Eva, als wir am Rand eines der Streifen angekommen sind. »Eine Studie belegt, dass durch diese Art der Anpflanzung die CO_2-Bilanz landwirtschaftlich genutzter Flächen neutralisiert werden kann, weil sie durch die Gehölze Nährstoffe binden und CO_2 aufnehmen.« Die Sträucher und Bäume auf dem Acker verhinderten auch Erosion und böten Lebensräume für Insekten und Pilze. Vermutet wird, dass der Anbau drum herum besser gedeiht und die Pflanzen robuster werden.

Ich wünschte, dass sich mehr Menschen in größerem Rahmen solche Gedanken machen würden, statt immer nur das Maximum aus dem Boden rauszuholen und ihn zu überdüngen, damit er weiter ausgebeutet werden kann.

Zurück in der Windrose, wartet der kleine Star auf uns, um seine Portion Futter einzufordern. Eva gibt ihm mit dem Löffel etwas Paste aus dem Glas, dann stellt sie fest, dass eins der Hühner ausgebüxt ist, ein weißes. Es dauert ein wenig, bis die Henne zurück im Gehege ist.

Die kommenden Tage sind angefüllt mit Arbeit, die mir viel sinnvoller vorkommt als alles, was ich sonst in der Stadt tue. Aber dass die Sonne vom Himmel strotzt und mein Rücken sich nicht erholt, macht die Arbeit zusätzlich anstrengend. Fast am meisten Spaß macht es mir, als wir mit einem Werkzeug, das an jedem Ende eine Drahtschlaufe hat, die Zwiebeln jäten. Mein Rücken ist zwar kurz davor zu streiken, aber das ordentliche Ergebnis gefällt mir. Ich lektoriere das Zwiebelbeet, denke ich. Denn die Arbeit ist nicht viel anders als die an einem Manuskript: Ich befreie das Beet von allem störenden Wildwuchs, den Fehlern, sodass die Zwiebeln, also die eigentliche Aussage, besonders gut gedeihen.

Wir ernten Bohnen, dann wieder pflücken wir Erdbeeren und verteilen Stroh zwischen den Pflanzen, damit die restlichen Beeren gut reifen und nicht so viel Beikraut wächst. »Wer hungrig vom Feld geht und ohne rote Finger«, sagt Katja, »hat etwas nicht richtig gemacht.«

Zusammen mit Freiwilligen aus Poppau, Leipzig und Italien kümmere ich mich um eine Reihe nach der anderen. Und die jungen Erwachsenen stellen sich Fragen, die mir in ihrem Alter nicht in den Sinn gekommen wären. Vielleicht ist es die Zeit, vielleicht sind sie auch einfach reifer, als ich es damals war.

Beim Strohschichten fragt mich einer, ob ich denke, dass eine gute Zukunft überhaupt möglich ist. »Meine Zukunft wird vermutlich ... interessant«, sagt er dann, »mit all den sozialen Unruhen, Verteilungskämpfen und Klimaflüchtlingen.« Er erzählt mir von einem Roman, den er gerade gelesen hat, *Ismael*. Darin bringt ein Gorilla einen jungen Mann dazu, der Frage auf den Grund zu gehen, warum der Mensch die Erde zerstört. »Das Buch hat meine Sicht verändert«, sagt er, »ich möchte lieber dazu beitragen, dass wir alle auf der Welt gut leben können.«

Eine junge Frau meint, dass sie nicht gerne Gartenarbeit verrichte, aber es müsse eben gemacht werden, das sei alles. »Jetzt wird ohnehin alles schwieriger werden, da brauchen wir praktische Fähigkeiten.« Und wieder jemand anders sagt: »Mit den klimatischen Veränderungen, die auf uns zukommen, wenn die 1,5-Grad-Grenze überschritten ist, wird die Zukunft hart, aber ich habe keine Angst. Es lässt sich sowieso nicht ändern.«

All das macht mein Herz schwer, und meinem Rücken geht es auch nicht besser. Ich muss mir unbedingt Mühe geben, so gut wie möglich zu handeln, denke ich. Nach der Frühstückspause türmen sich Regenwolken auf. Die Gartensäume leuchten mit den roten Mohnblütentupfern und den weißen Margariten vor dem dunklen Himmel.

Am Ende jeder Woche setzen sich alle, die im Garten gearbeitet haben, zusammen und sprechen darüber, was die Rosenknospen, die Dornen und die Samen waren. Also was schön war, was unangenehm und was in der nächsten Zeit aufgeht oder reif wird. Meine Rosenknospen? Die guten Gespräche, die vielen Erkenntnisse, alles, was ich gelernt habe. Die Dornen? Meine Rückenschmerzen und die Einsicht, dass ich viel zu wenig dieser wichtigen Arbeit verrichte. Und die Knospen sind im besten Fall die Gedanken, die ich habe und die in meinem Buch aufgehen.

Komposttoilette, Feldarbeit, Handy im Flugmodus – könnte ich so leben, wäre ich so konsequent? Dennis Meadows, in den Siebzigerjahren Mitautor des vom Club of Rome in Auftrag gegebenen Berichts über *Die Grenzen des Wachstums*, sagte in einem Interview mit der *Süddeutschen Zeitung*, wir sollten lieber auf Resilienz aus sein statt auf Nachhaltigkeit. »Es ist unmöglich, nachhaltig zu werden«, sagte er, »denn Sie sind in einer Welt gefangen, die nicht nachhaltig ist. Aber Sie können Ihr Leben, Ihre Familie, Ihr Haus, Ihr Unternehmen oder Ihr Land widerstandsfähiger machen.« Ich wette, dass ein Dorf, das sich über seine Gemeinschaft Gedanken macht, sein eigenes Essen anbaut, natürliche Materialien nutzt, Dinge wiederverwendet und upcycelt, da ziemlich weit vorn sein dürfte.

Ich wäre gern Teil eines Teams, das ein tolles Zuhause erschafft. Sehr gut gefällt mir, dass ich hier niemandem erklären muss, warum mir ein zukunftstaugliches Leben wichtig ist. Das fängt schon beim Essen an, da es ganz selbstverständlich überwiegend pflanzlich ist. Ich merke, dass mich das entspannt – oft muss ich in neuer Gesellschaft sonst erklären, warum ich kein Fleisch esse. Oder ich muss mir zum wiederholten Male anhören, dass jemand nie auf Käse verzichten könnte.

Mir ist auch aufgefallen, wie viel alle gegenseitig voneinander wissen, auf eine angenehme Art. Wertschätzender Umgang miteinander und ehrliches Interesse am Gegenüber scheint das Zusammenleben zu prägen. Fast alle wissen, dass ich bei Eva wohne, alle gehen ohne Scheu auf mich zu. Das gibt mir ein erstes Gefühl davon, Teil eines Gemeinschaftsnetzes zu sein.

Das Buch, das Eva in Olivers Bahnwaggon geschrieben hat, handelt davon, wie Gemeinschaft entsteht, und erklärt, was wichtig ist, um zusammen Projekte umzusetzen. Es heißt *Der Gemeinschaftskompass,* und auf dieser Basis berät Eva auch Gruppen. »Sieben Linden wirkt auf manche so, als wäre es Bullerbü«, sagt Eva, »aber es ist auch anstrengend und arbeitsreich, gerade was die Gemeinschaft angeht. Es gibt sehr viele unterschiedliche Meinungen und Ansichten im Dorf, etwa übers Essen oder über Verkehrsmittel.«

Das Individuum steht genauso im Fokus von Evas Modell wie die Gemeinschaft. Der oder die Einzelne braucht genügend Raum zur persönlichen Entwicklung, aber auch die Gemeinschaft muss bewusst gepflegt werden. Das Feiern und das Wertschätzen von Erfahrungen zum Beispiel ist genauso wichtig wie die grundsätzliche Verständigung über den gemeinsamen Weg. Mit seinen sieben Aspekten, auf die Gemeinschaften achten und in denen sie sich weiterentwickeln sollten, gibt der Kompass Orientierung – damit sie ihr Projekt erfolgreich angehen und umsetzen. Eva erklärt in ihrem Buch, was Menschen besonders hilft, in Gemeinschaft glücklich zu werden, welche Strukturen gemeinschaftliche Prozesse fördern, welche Rechtsformen sinnvoll sind und wie sich Gruppen ganz praktisch organisieren.

So werden in Sieben Linden Entscheidungen in der Vollversammlung getroffen, die einmal im Monat stattfindet. Außerdem gibt es Räte, die gewählt sind und sich um bestimmte Bereiche kümmern, etwa um den Wald, die Gärtnerei oder den Hausbau. Alles wird genau besprochen, um die beste Lösung zu finden – nicht die schnellste. So viel zu diskutieren ist natürlich anstrengend und frisst Energie. Gemeinschaft, das zeigt auch der Film *Kein richtig falsches Leben* deutlich, ist eine Herausforderung. Viele, die ich hier getroffen habe, treibt an, dass sie unbedingt wissen wollen, wie das gute Leben geht.

»Der Kontakt zu den Menschen, die mich umgeben, ist hier ganz anders als draußen«, erzählt Claire, die im Bauwagen wohnt, in dem Dokumentarfilm. »Es gibt eine Verbindung, die tiefer ist, für mein Gefühl.« Dabei unterscheidet sich das Leben in manchen Dingen nicht so sehr vom Rest der Republik. Die meisten Leute in Sieben Linden sind normal berufstätig, entweder fürs Dorf oder – wie Eva – als Selbstständige, einige arbeiten auch auswärts.

Eines Abends sitze ich mit Eva auf ihrer Veranda. Über unsere Köpfe zischen die Schwalben, aus dem nahe gelegenen Teich sind die Frösche zu hören. »Ich fand die kurze Zeit, die ich jetzt hier bin, schon sehr spannend«, sage ich. »Aber was macht Sieben Linden mit dir – du wohnst ja schon seit den ersten Tagen hier?«

Eva lacht. »Es ist schon ein lebenslanger Selbsterfahrungsworkshop. So ist das mit dem Gemeinschaftsleben, weil wir viel mehr miteinander zu tun haben als andere Menschen, und das auf verschiedensten Ebenen. Sonst geht man vom Büro nach Hause, dann redet man vielleicht noch mit seinem Partner, und das war's. Das Leben hier ist eine intensive Mischung, die einfach Wachstumspotenzial bietet, weil wir viel voneinander lernen können.«

Ich nippe an meinem Wein. »Kannst du dir überhaupt vorstellen, dass alle Menschen so leben?«

Eva zuckt mit den Schultern. »Es ist sicher nicht für jeden was. Aber wenn man sich mal überlegt, was es gesamtgesellschaftlich verändern würde, wenn wir gemeinschaftlicher in allen Zusammenhängen leben würden ... Vermutlich gäbe es weniger psychische Erkrankungen, Aggressionen oder überhaupt soziale Unterschiede. Also, meine Utopie wäre, dass alle Menschen in nachhaltigen und gemeinschaftlichen Zusammenhängen leben. Aber das muss nicht genauso aussehen wie bei uns, das können auch zum Beispiel nachbarschaftliche Netzwerke sein. Und natürlich braucht die Welt auch Städte und Menschen, die nicht so viel Zeit damit verbringen, ihre gemeinschaftlichen Themen zu besprechen, sondern sich anderen drängenden Themen widmen.«

»Sieben Linden wird dich vermutlich überdauern«, sage ich. »Was willst du der kommenden Generation hinterlassen?«

Eva überlegt einen Moment. »Auf jeden Fall Zuversicht. Und eine Erde, die so schön und lebenswert ist wie die, die ich erlebe. Überleg mal, wir haben jedes Jahr inzwischen mindestens zehn Freiwillige, in all den Jahren mindestens zweihundert Freiwillige. Sie erzählen überall begeistert, wie sie die Zeit hier geprägt hat. Und unsere Kinder sind wahrscheinlich auch Botschafter.«

Meinen letzten Tag in Sieben Linden verbringe ich ohne Eva, die auf dem Weg zu ihrem nächsten Workshop ist. Am Abend zuvor ist Vollmond. Gabi zwinkert mir zu und gibt mir den Tipp, darauf zu achten, was ich träume. Eine letzte Nacht, nach der mich die Vögel wecken werden. Ich starre in der Dunkelheit gegen die Wand, dann überkommt mich der Schlaf. Ich träume wild durcheinander, davon, dass mein Vermieter sich nackt auszieht und ich eine Frau, die als Hausmeisterin in einer Schule arbeitet, mit einer Klobürste verfolge. Aber besonders lebhaft kann ich mich am Morgen daran erinnern, dass ich Umzugskisten gepackt habe. Was ich einpackte, ist mir in den Fingern zerbröselt, und mir war die ganze Zeit klar, dass ich nicht wusste, wohin ich eigentlich umziehen soll.

Im Bus zurück nach Wolfsburg kommt es mir unwirklich vor, dass ich jetzt wieder in die Stadt zurückkehre. Sieben Linden soll weiterwachsen, auf etwa zwei- bis dreihundert Menschen. Damit wird sich das Leben im Ökodorf vielleicht auch wieder verändern, denn die Gemeinschaft ist aktuell schon recht kompakt. Vielleicht wird sie weniger persönlich sein, vielleicht wird es anspruchsvoller, zu organisieren, dass nicht alles auseinanderdriftet.

Könnte ich mir vorstellen, eine der neuen Bewohnerinnen zu werden? Rodrigo werde ich wohl kaum dazu überreden können. Und was ist mit mir?

Einerseits kann ich mir keine bessere Lebensweise denken, vieles erscheint mir so logisch – die Komposttoiletten und das Tauschhäuschen genau wie die Dämmung und die natürlichen Materialien –, dass ich es nur ungern zurücklasse. Andererseits müsste ich mich ganz darauf einstellen – und dazu wohl einen Teil meiner Gewohnheiten aufgeben. Ich muss auch zugeben, dass ich nicht sehr scharf auf Gruppenprozesse bin und manchmal einfach keine Lust zu reden habe. Und das Händehalten vor dem Essen, die langen Umarmungen, das ist zumindest aktuell nicht so mein Ding.

Und auch, was meine Rente angeht, wäre die Lage vermutlich ebenso unsicher wie bisher: Die Löhne derjenigen, die hier für die Gemeinschaft arbeiten, sind niedrig, und das wirkt sich auf die Beiträge zur Rentenkasse und Sozialversicherung aus. Eva hat gesagt, früher sei sie dafür gewesen, mit möglichst wenig Geld auszukommen und auch wenig zu erwirtschaften. Inzwischen sei ihr klar, dass dies auch nicht nachhaltig sei, weil es dann unmöglich ist, etwas für die Rente zurückzulegen. Wer viel für die Gemeinschaft unentgeltlich arbeitet, habe dann sogar einen Nachteil. Würde Sieben Linden höhere Löhne zahlen, könnten die Menschen, die diese verdienen, mehr zurücklegen, aber für alle anderen stiegen die Kosten. Es ist eine Zwickmühle. Dafür ist für alternde Menschen und Menschen mit Behinderung gesorgt – es gibt Pflegedienste, und die Betroffenen bleiben in der Gemeinschaft, solange es geht.

Selbst wenn ich im Ökodorf leben wollte – es wäre nicht gesagt, ob ich tatsächlich aufgenommen würde. Denn die Gemeinschaft ist vergleichsweise klein, daher gibt es mehrere Stufen des gegenseitigen Kennenlernens – mehrere Seminare und eine Probezeit. Und dann wird abgestimmt, wer zuziehen darf.

Ich fahre mit der S-Bahn bis zum Zoo, steige dort in die U-Bahn um. Alles fühlt sich vertraut an, aber so, als würde es mir nicht mehr richtig passen. Mit dem Rad im Gepäck strengt mich alles doppelt an. Mir wird klar, dass ich es bei diesem Experiment auch hätte zu Hause lassen können, denn ich habe es im Ökodorf nicht ein einziges Mal gebraucht, weil alles vor Ort stattfand, in der Gemeinschaft. Ohne meinen Drahtesel wäre ich gut klargekommen – und hätte keine Rückenschmerzen gehabt.

Als ich die Wohnungstür aufschließe, fühle ich mich wie unter einer Glasglocke. Die Blumen auf dem Balkon wirken irgendwie kümmerlicher. Neugierig kommt Rodrigo aus seinem Zimmer.

»Und, ziehst du jetzt ins Ökodorf?«

»Ich glaube nicht«, sage ich. »Was du über den Hund im Grünen gesagt hast, klingt immer besser. Und deine drei Punkte finde ich auch sinnvoll. Aber für mich ist vor allem Punkt vier wichtig: Es muss ein Zukunftsort sein.«

Enkeltauglich wohnen:
Wege zu einem umweltfreundlicheren Zuhause

Das Thema, das mich im Ökodorf gedanklich die ganze Zeit begleitet hat, war Suffizienz. Und das ist mir vertraut, denn schon in meinem letzten Buch, *Mein Leben in drei Kisten,* ging es darum, was ich wirklich brauche und womit ich zufrieden sein kann. »Die freie Wirtschaft führt uns vor, wie man einen Planeten so bewirtschaftet, dass er auf jeden Fall vor die Hunde geht«, sagt eine Bewohnerin namens Sonja im Sieben-Linden-Film. Es muss doch möglich sein, enkeltauglich zu leben – also so, dass auch kommende Generationen noch eine Lebensgrundlage haben.

Ich behalte im Sinn, dass ich in vielem schon genug habe. Das schützt mich vor zu viel Konsum, und es lässt mich nach verträglicheren Lösungen Ausschau halten: Wo kann ich mir etwas leihen, was kann ich mit anderen teilen?

Wie du dir im Handumdrehen mehr Natur in deine Umgebung holst, dazu findest du hier einige Ideen:

Lieblingsfarbe Grün! Hol dir Pflanzen in die Umgebung: Wenn du das Stadtgrün schützt oder selbst für welches sorgst, leistest du aktiven Widerstand gegen Feinstaub, Überhitzung und schlechte Luft. Je grüner dein oder euer Haus, umso besser.

Zusammen ökologisch. Schließ dich einer Initiative in der Nachbarschaft an, unterstütze Changing Cities oder schau mal bei Initiativen wie dem Wandelwerk in Köln vorbei – hier wird die schönere Stadt der Zukunft gemacht.

Wie geht's besser? Das Global Ecovillage Network (GEN) e. V. ist ein Verbund zahlreicher Ökodörfer und Gemeinschaften. Der Kerngedanke dieses Netzwerks sind Gemeinschaft und Solidarität, um Gesellschaft nachhaltiger zu gestalten. Es bietet Antworten auf die Frage, was wir zu der Welt beisteuern können, in der

wir leben möchten. Und auch darauf, wie wir uns gegenseitig unterstützen und was wir dem Klimawandel entgegensetzen können. Lernorte, Gemeinschaften und Bildungsangebote des Global Ecovillage Networks findest du online:
https://lernorte.gen-deutschland.de

Kulturtechnologieoffen? Nicht alle Techniken müssen erst entwickelt werden – wie der Lehmbau im Ökodorf zeigt, können wir alte Kulturtechniken erkunden, um Lösungen für unsere Zeit zu finden. Dies ist oft viel schonender und natürlicher als alles, was synthetisch hergestellt und elektronisch steuerbar ist.

Ökologischer Zusammenhalt. Wo in Europa es überall Gemeinschaften gibt und was diese auszeichnet, erfährst du im eurotopia-Verzeichnis. Es umfasst rund 600 Einträge, darunter Ökodörfer, aber auch Hausprojekte und Siedlungen.
https://eurotopia.de

Gemeinschaft in Haus und Büro. Es gibt inzwischen viele Orte, die gemeinsames Wohnen und Arbeiten erproben. Das nennt sich Co-Living und Co-Working – vielleicht ist es was für dich? Eine Seite, die interessante Projekte für Berlin auflistet, ist diese hier:
https://www.cohousing-berlin.de/de/projekte – für bundesweite Inspiration schau unter: https://zukunftsorte.land

Prinzessinnenzelt mit Sternenblick

*Der Planet, das Klima,
unser aller Zuhause und ich*

Es regnet Bindfäden, als ich in Hüswil aus dem Zug steige und zu dem Wartehäuschen gehe, wo der Postbus abfährt. Der kleine Ort liegt im Kanton Luzern. Trotz des Regens hat die Gegend Bilderbuchflair, das kommt vor allem von den grünen Wiesen, den Bergen und den wie herausgeputzt wirkenden Häuschen.

Der blühende Mohn, der Agroforst und die Lehmhäuser im Ökodorf haben in mir die Frage geweckt: Was, wenn ich komplett in der Natur wohnte? Ein Baumhaus kam dafür nicht infrage; ich fände es unpassend, wenn mich ein ohnehin unter der Trockenheit leidender Baum auch noch tragen sollte. Wenn Menschen zeitweilig im Baum leben, um gegen die Abholzung von Wäldern zu protestieren, ist es okay, aber nur so zum Vergnügen?

Erdhäuschen finde ich ebenfalls wenig attraktiv. Die Idee gibt es schon sehr lange, überall auf der Welt. Gerade die Schweiz kann sich mit den Erdbauten von Stararchitekt Peter Vetsch schmücken. 1974, im Jahr meiner Geburt, schuf er das erste Haus dieser Art aus Beton, Streckmetallnetz und Isolierschaum. Viele Erdbauten sind Passivhäuser und oft ökologisch gedacht, etwa, wenn sie als Earthship geplant sind wie in der Gemeinschaft Schloss Tempelhof in Baden-Württemberg: Earthships sind in den Siebzigerjahren vom amerikanischen Architekten Michael Reynolds entwickelte, energieautarke Häuser aus Zivilisationsmüll wie Autoreifen. Sie haben keine klassische Heizung, verwenden Regenwasserzisternen und sind bis ins Kleinste ressourcenschonend. Wie bei den Strohballenbauten in Sieben Linden werden vorwiegend Materialien aus dem näheren Umfeld verwendet. Dass ein Haus in die Erde eingebettet ist, sorgt für ein stabiles Klima und speichert die Temperatur, es bleibt im Sommer kühl und hält im Winter lange warm. Und die Häuschen sehen auch noch putzig aus.

Trotz all dieser Vorteile: Ich bin kein Hobbit. Mich lockt eher etwas, das gerade jetzt während der ersten Herbststürme unmittelbarer der Witterung ausgesetzt ist. *No risk, no fun.* Vielleicht, dachte ich, müssten wir angesichts der Klimakrise noch viel weiter zurück in die Vergangenheit, bis in die Zeit, als der Mensch noch überhaupt keinen Schaden anrichtete?

Und so habe ich mich auf den Weg ins Jurtendorf gemacht. Mit mir wartet eine Frau auf den Bus, sie dürfte etwa im Alter meiner Mutter sein.

»Fahren Sie nach Luthern Bad?«, fragt sie mich nach einer Weile. Ich nicke und erfahre, dass sie dort im Hotel wohnt.

Ich sehe, dass sie neben ihrer Handtasche auch einen Rollkoffer dabeihat. »Machen Sie dort Urlaub?«

»Nein, nein«, antwortet sie in diesem Singsang, der mich immer an Schweizer Kräuterzucker erinnert – und an die Sketche von Emil Steinberger, der auch aus Luzern stammt. »Ich musst ein Zügle machen, wie heißt das bei euch in Deutschland, Wohnung verziehen, ins Hotel.« Natürlich betont sie bei dem letzten Wort die erste Silbe.

»Ins Hotel?« Mir rutscht eine neugierige Frage raus: »Warum das denn?«

»Ach, das ischt eine schwere Geschichte«, sagt sie. »Aber nur so viel, ich konnt da nicht bleiben, nicht wahr?«

Wie sich herausstellt, ist sie tatsächlich genauso alt wie meine Mutter. Wenn ich mir vorstelle, die säße von einem auf den anderen Tag einfach auf der Straße, wird mir ganz schwummerig.

»Hier ist es schwer, eine Wohnung zu finden«, sagt die Frau, die sich mir als Cordula vorstellt. »Es ist alles unbezahlbar in der Schweiz.«

Nicht nur da, denke ich. Ich erzähle Cordula, dass ich auf dem Weg ins Jurtendorf in Luthern Bad bin.

»Das ist ja lustig.« Sie mustert mich. »Und da wohnen Sie dann?«

»Für eine Weile.«

Der Postbus kommt, wir steigen ein. An einem Schild, das den Weg ins Jammertal weist, biegen wir ab, und ich hoffe inständig, dass das kein Omen ist. Die sanft geschwungene Straße führt über Luthern, einen kleinen Ort, dessen Kirche ein rotes Zwiebelturmdach hat. Überall wird »Napf-Chäsi« angeboten, denn Napf heißt der Berg, an dessen Fuß auch das Jurtendorf liegt. Auf dem letzten Abschnitt bis Luthern Bad steigt die Straße an. Von den Serpentinen wird mir ein wenig übel, also bin ich froh, als wir am Dreilindenplatz aussteigen. Cordula zeigt auf das Hotel, das einen Steinwurf entfernt steht. »Das ist meines.«

Die Sorge, ob ich das Jurtendorf wohl finden würde, erweist sich spätestens jetzt als unnötig. Eine Frau, die im Bus hinter mir gesessen hat, will auch dorthin und zeigt mir, wo es noch ein Stückchen den Berg hinaufgeht. Ich komme mir vor wie ein Staffelstab, den eine Frau der nächsten übergibt. Der Pfad ist steinig und recht steil, wir keuchen. Hohe Laub- und Nadelbäume säumen den Weg, unter ihrem Dach bin ich dem Regen nicht so ausgesetzt, ab und an platschen dicke Tropfen auf meinen Kopf.

Die Frau, die mich nun unter ihre Fittiche genommen hat, war schon einige Male hier, sie hilft bei Seminaren mit der Kinderbetreuung aus und kocht.

»Was findest du denn so toll am Jurtendorf?«

»Es hat hier so viel Natur, und ich mag das einfache Leben«, sagt sie, ohne zu zögern.

Rechts und links am Wegesrand stehen Kühe, die große Glocken um den Hals tragen, als posierten sie für einen Schweiz-Tourismus-Katalog. Sie glotzen uns an, wenden sich dann wieder dem Gras zu. Hinter der nächsten Kurve tauchen in einiger Entfernung die ersten Jurten auf. Als wir das Gelände betreten, stieben Hühner über den Hof.

Das Jurtendorf liegt an einem Hang, unten fließt ein kleiner Fluss, der Niespelbach. Von Nina, die sich um die Gäste kümmert, weiß ich, dass Menschen das ganze Jahr über in den Jurten wohnen, auch im Winter. Ob es denen nicht kalt wird? Schon jetzt im September habe ich Bedenken, ich könnte frieren. Und genau das ist der Grund, warum ich das Ganze in dieser Jahreszeit ausprobieren möchte – ich will gerne wissen, wie sich das anfühlt.

In der Gemeinschaftsküche, eine Jurte mit dem typischen Geflecht und einer Plane als Dach, finde ich Nina. Die Küche sieht gemütlich aus, in der Mitte steht ein gusseiserner Ofen, in Körben, die von der Decke hängen, liegen Gewürze, auf den Arbeitsplatten sehe ich Kürbisse und Hagebutten.

Nina zeigt mir, wo das Waschhaus ist, und erklärt mir, dass ich das Quellwasser trinken kann, das aus einer Leitung in einen Trog sprudelt. »Das Holz für deine Jurte schlägst du dir selbst.« Sie weist auf ordentlich gestapeltes Brennholz, das unzerkleinert in einem Unterstand liegt.

Zieleinlauf, denke ich, als sie auf einen Kieselsteinpfad deutet, der zu meiner Bleibe für die nächste Zeit führt. »Du bist in der Prinzessinnenjurte.« Sie gibt mir einen leichten Klaps auf den Rucksack. »Komm erst mal an.«

Es regnet noch immer. Vorsichtig gehe ich den Pfad hinunter, um nicht zu stolpern. Ich hebe den Riegel meiner Jurte an, stoße die Tür auf, fummele meine Schuhe von den Füßen und stelle sie innen auf die Ablage. Die Tür ist sehr niedrig, ich muss mich bücken, um einzutreten, und noch mal, um mit dem Rucksack nicht anzustoßen. Der Eingang ist mit bunten Perlenketten verziert, es sieht in der Tat aus wie ein Prinzessinnengemach. Meine jüngste Nichte, inzwischen in der zweiten Klasse, wäre begeistert.

Der Durchmesser meiner neuen Unterkunft beträgt etwa drei Meter, sie ist also nicht sehr groß. Oben hat die Jurte eine durchsichtige Kuppel, und ich freue mich schon darauf, bei besserem Wetter und guter Sicht nachts unter den Sternen einzuschlafen. Gleich an der Tür steht ein Holzofen, daneben eine volle Kiste mit Holzscheiten, die ich auffüllen soll, wenn ich wieder ausziehe. Mir ist kalt, und meine Jacke tropft vom Regen, also probiere ich gleich, ob ich den Ofen in Betrieb setzen kann. Zwei, drei schmale Scheite stapele ich übereinander, lege einen der offensichtlich selbst fabrizierten Anzünder aus Stroh und Wachs dazwischen, halte ein Streichholz dran, puste, Klappe zu. Die Flamme ist kümmerlich, und obwohl ich noch mal durch den offenen Zug puste, kommt das Feuer nicht in Gang.

Das Innere der Jurte finde ich urig. In der Mitte steht ein großes Bett, seitlich ist ein Hängeregal an einem Gerüst angebracht. Der Boden ist aus Holz, die Wände bestehen aus einem Kreuzgitter, das außen mit dickem Stoff bespannt ist. Über mir spendet das runde Fenster, auf das die Dachstreben zulaufen, Tageslicht, sodass alles hell und freundlich wirkt. Es riecht nach dem Rauch vom Ofenfeuer, nach Holz und dem Wald, den ich durch die verglaste Tür sehen kann. Unterhalb steht eine weitere Jurte, wie meine hat sie auf der Hangseite eine kleine Holzterrasse, auf der Gartenstühle und ein Tisch stehen, davor sehe ich eine altmodische Badewanne mit Löwenfüßen. Im Sommer kann man auf der Terrasse bestimmt gemütlich den Sonnenuntergang bewundern. Und dann ein kühles Bad nehmen?

Jetzt ziehen dicke Wolken über den Himmel, der Regen pladdert aufs Dach, der Wind rauscht in den Bäumen und bläht die Außenplane meiner Jurte. So nah hat sich die Natur selbst im Eisenbahnwaggon nicht angefühlt, von der einen Sturmnacht mal abgesehen. Wie das wohl ist, wenn es hier richtig weht? Fliegt dann mein Zelt einfach weg?

Der Jurtenbau stammt aus Ländern wie Kirgisien und der Mongolei, dort besteht die Plane aus gegerbten Tierhäuten. Die sind aber, wie ich gelesen habe, für die Schweiz nicht so geeignet, denn bei dem feuchten Wetter können sie faulen. Im Winter werden die Jurten zwischen Überzug und Rahmen zusätzlich mit Fellen ausgepolstert, bei mir hängt nur an einer Seite der Tür ein Vorhang, aber es ist ja auch erst Herbst. Eine Baugenehmigung für eine Jurte kann und muss man in Deutschland, Österreich oder der Schweiz nicht beantragen – es handelt sich im Grunde um ein etwas festeres Zelt, und das heißt im Amtsdeutsch »fliegendes Bauwerk«, was bedeutet, dass es zusammengebaut und wieder auseinandergenommen werden kann. Nur die Höchstmaße darf es nicht überschreiten – in Deutschland sind das maximal 75 Quadratmeter und in einigen Bundesländern eine Höhe von fünf Metern. Wer so ein Zelt länger als drei Monate aufstellen will, muss eine Genehmigung beim Bauordnungsamt beantragen und es etwa zum Erntezelt erklären, sonst droht ein Bußgeld.

Da mein Feuer immer wieder ausgeht und der Regen etwas nachgelassen hat, sehe ich mich auf dem Gelände um. In der gemeinsam genutzten großen Jurte finde ich einen Platz am Feuer, wo ich mich aufwärmen kann. Mit mir sitzen zwei Schweizer Familien mit zwei kleinen Mädchen und zwei Jungs im Teenageralter dort. Schnell kommen wir ins Gespräch, reden über die Wohnungsnot, und ich erzähle von Cordula und ihrer vorübergehenden Unterkunft im Hotel.

»Altersarmut gibt es hier nicht wirklich«, sagt der eine Mann, kurze dunkle Haare, Brille. »Wenn du im Alter kein Geld hast, dann hast du was falsch gemacht.« Er erzählt, dass sie in Zürich wohnen. »Ganz normal, wir haben jede Menge Platz.«

Kurz muss ich an meine eigene Rentenerwartung denken. Stimmt es, überlege ich weiter, dass Cordula etwas falsch gemacht hat? »Die meisten Personen im Pensionsalter in der Schweiz sind finanziell gut oder sogar sehr gut gestellt«, steht im Armutsmonitor 2022, der feststellt, dass 300 000 Seniorinnen und Seniorinnen an oder unter der Armutsgrenze leben. »Die Risikofaktoren für eine Situation von nicht kompensierbarer Armutsbetroffenheit entsprechen weitgehend denjenigen von Einkommensarmut: Geschlecht, Nationalität und Bildung. Zusätzlich zeigt sich, dass Geschiedene eine besonders gefährdete Gruppe darstellen.« Die Risiken tragen laut Bericht insbesondere Frauen, Menschen aus dem Ausland und Personen ohne eine erweiterte Schulbildung.

Es wird spät, die Kinder müssen ins Bett. Wir verabschieden uns, ich trinke den letzten Schluck meines inzwischen erkalteten Tees und erhebe mich. Ich muss dringend austreten und rechne mit so etwas wie im Ökodorf, weil Nina gesagt hat, ich solle mich auf Komposttoiletten einstellen. Als ich ins Waschhaus komme, bin ich aber doch überrascht. Um zum Klosett zu gelangen, das ganz aus Holz gezimmert ist, muss ich eine kleine Trittleiter überwinden. Es gibt vier Aborte in einer Reihe, die mit Seitenwänden voneinander getrennt sind, und es fühlt sich richtig nach Donnerbalken an. Um zu »spülen«, soll ich eine Handvoll Sägespäne hinterherwerfen, die in einem Eimer neben der Toilettenbrille bereitstehen. Das Toilettenpapier stecke ich in einen schwarzen Sack aus dickem Plastik, der offenbar wiederverwendbar ist und regelmäßig ausgeleert wird.

Unerwartet erinnere ich mich an das Grundstück, auf dem meine Oma lange gewohnt hat. Es lag in einer Moorlandschaft mit vielen hohen Fichten, und neben ihrem Bungalow stand lange Zeit eine Bretterbude, in deren Tür ein Herzchen geschnitzt war: das Plumpsklo. Als Kind fürchtete ich mich vor den vielen Spinnen, die das Häuschen bewohnten. Nur ungern setzte ich mich auf den Thron, einen groben Holzkasten, den ich über einen Tritt erreichen konnte. Die Klobrille war dunkelgrün, und einen Blick in den Abgrund wagte ich selten, denn dort war es dunkel, und ohnehin gehörte ich noch nie zu den Menschen, die ihre Freizeit gern auf dem Lokus verbringen.

Die Geschichte dieses Örtchens fand ein jähes Ende, als mein Vater eines Tages aus dem Dunkel von einem Marder angegriffen wurde. Eigentlich war das Tier, das sich, wie unsere akribische Recherche vor Ort ergab, seitlich unter dem Holz in die Grube durchgegraben hatte, wohl nur leicht an seinem Podex vorbeigehuscht, aber das genügte, um die bis dato regelmäßig frequentierte Bude sofort und unwiderruflich zu schließen. Denn dem Marder gefiel es gut in seinem neuen Bau, er ließ sich nicht mehr vertreiben. Und so kackten wir stattdessen alle in einen Eimer und vergruben das Ergebnis auf dem weitläufigen Gelände, bis das Haus meiner Oma an die Kanalisation angeschlossen wurde.

Ob es im Jurtendorf einen Marder gibt, weiß ich nicht. Dennoch bin ich froh, als ich mein Geschäft verrichtet habe, denn so richtig gemütlich ist es nicht. Es ist kalt im Badezimmer, und ich merke: Hier hätte ich jetzt doch gerne ein wenig mehr Komfort. Aber würde ich das Fenster schließen, wäre es für meine Nase sicher sehr gewöhnungsbedürftig.

Fürs Zähneputzen nehme ich mir einfach einen Becher Wasser mit. Wird schwirig genug, im Dunkeln meine Minijurte zu finden, da will ich mein Glück nicht gleich zweimal auf die Probe stellen, indem ich meine Waschsachen hole und wieder zurücklaufe. Die Waschbecken sind lange Rinnen, darunter steht ein Wassertank. Schläuche führen zu den Wasserhähnen, die aus langen Metallröhren bestehen. Damit Wasser fließt, muss ich auf ein Fußpedal treten. *Kein Trinkwasser* steht auf einem Schild an der Wand. Ein schmaler Strom ergießt sich in meinen Becher. Mit dem will ich über den kleinen Pfad zurück zu meiner Jurte, lande aber direkt auf der Holzterrasse eines größeren Zelts. Bin ich falsch abgebogen? Hoffentlich wecke ich niemanden.

Ich laufe ein Stückchen über die regennasse Wiese, der Wind rauscht in den Bäumen, zu gern würde ich mich endlich zur Ruhe begeben. Und ich bin dankbar für die moderne Technik: Der Weg ist stockduster, vollkommen unbeleuchtet, da ist die Taschenlampenfunktion meines Handys Gold wert. Zu mehr allerdings taugt es – wie im Ökodorf – nicht, denn ich lebe erneut im Funkloch. Der Strahl ist nicht hell genug, dass ich die Prinzessin finde. Doch die vom Kerzenlicht oder dem Schein des Feuers erleuchteten Jurten sehen heimelig aus. Weil ich die Orientierung verloren habe, versuche ich es mit einem Neustart. Ich laufe ein zweites Mal rauf zur Terrasse des Haupthauses, gehe dann etwas weiter die Rabatten entlang und finde endlich den richtigen Pfad zu meinem kleinen Zuhause.

Es ist kühl, als ich eintrete, ich beschließe, noch einmal den Ofen anzuwerfen. Und jetzt gelingt es. Der Trick ist, die Holzscheite noch steiler aufzuschichten und mehr Platz dazwischen zu lassen, das Anzünder-Bällchen muss möglichst mittig platziert werden, und ich stopfe noch einige Späne nach, bevor ich ein Streichholz dranhalte. Kurz darauf lecken die Flammen am Holztürmchen empor.

Draußen pfeift jetzt ordentlich der Wind um die Rundung der Jurte. Umso gemütlicher ist das Feuer, das im Ofen prasselt und knistert. In diesem Moment bin ich sogar froh, dass mein Handy keinen Empfang hat, sonst wäre ich sicher abgelenkt, würde herumdaddeln oder Rodrigo via Messenger ein paar Eindrücke des Tages mitteilen. Es gibt kein WLAN und die Roaminggebühren sind absurd, Telefonieren kostet über einen Euro pro Minute – ein Hoch auf die Neutralität der Schweiz, die mich auf diese Weise effektiv und erholsam von der Welt abschneidet.

»Der Ort hier ist ungewöhnlich«, hat der Mann in der großen Jurte vorhin gesagt. »Dass man gar keinen Empfang hat, kommt sonst in der Schweiz nicht vor.« Mit dem Gedanken, dass ich dafür eher dankbar bin und dass das seltsam ist, kuschele ich mich in meinen Schlafsack, starre noch ein wenig in die Flammen, die immer kleiner werden, und bei dem konstanten Rauschen des Windes, der ab und an eine Bö mit Regen auf mein Zelt klatscht, schlafe ich ein.

Durch die transparente Kuppel werde ich vor sieben Uhr wach, die Helligkeit sickert mit großer Macht in meinen schläfrigen Kopf. Ich drehe mich zur Seite, mein Arm schmerzt, mein Knie ebenso, und ich ziehe mir die Decke über den Kopf. In der Nacht war mir zu warm, jetzt am Morgen mag ich vor Kälte kaum den Fuß aus dem Bett strecken.

Ich starre in den Morgenhimmel, der grau von Wolken ist. Eine kleine Spinne klettert grazil hoch über meinem Kopf hin und her, eine ganze Welt entfernt. Und noch höher zieht plötzlich ein Greifvogel seine Bahn, vielleicht ein Bussard, ich habe meine Brille nicht auf. Gebannt folge ich seinem Weg über das milchige Rund an der höchsten Stelle meiner Jurte. Wie elegant der sich bewegt, er zieht Kreise, fliegt auch mal eine Acht. Und das sehr lange, es gibt anscheinend zu wenig Mäuse im Jurtendorf.

So hungrig wie der Bussard bin ich inzwischen auch. Der Gedanke ans Frühstück lässt mich schließlich doch ans Aufstehen denken, ich schäle mich aus dem Schlafsack, setze mich auf und gähne. Unangenehmes sollte schnell erledigt werden, also schnappe ich mir meine Tragetasche mit Zahnbürste und Handtuch, frischer Unterwäsche, Langarmshirt und Jeans, werfe mir meine alte Fleecejacke über und schlüpfe noch in der Pyjamahose in meine dicken Treter.

Ich gehe an der offenen Küche vorbei, grüße Nina, die sich an einer dampfenden Tasse die Hände wärmt, laufe die Treppe hinauf und stoße die Tür zum WC auf. Meine Waschsachen stelle ich ganz an den Anfang der langen Rinne. Beim Zähneputzen überlege ich, ob ich mich je an diesen Geruch der Komposttoiletten gewöhnen könnte – eine Mischung aus Odeur de Pipi, dem Geruch des desinfizierenden selbst hergestellten Essigsprays und der Sägespäne, die man dem Ergebnis der Sitzung auf der Toilette hinterherwirft.

In der Dusche hängt ein voller Wassersack aus dickerem, schwarzem Plastik, das Wasser fließt eiskalt auf mich herab. Ich friere, aber als ich mich abtrockne, kommt mir die Umgebungsluft angenehm warm vor. Fertig gewaschen und angezogen, fühle ich mich rundum wohl und belebt, Zeit für einen Kaffee in der großen Jurte, in der gefrühstückt wird.

Die Bänke sind strahlenförmig um die Feuerstelle angeordnet. Vorn auf einem Tisch stehen drei Kannen, eine mit Kaffee, zwei mit Kräutertee, von dem Nina mir erzählt, dass sie ihn selbst aus gesammelten Blüten und Kräutern herstellen. Nach der kalten Dusche brauche ich den Kaffee nicht, aber etwas Warmes schon, also gieße ich mir einen Becher von dem gelbgrünen Tee ein, säbele ein Stück selbst gebackenes Brot ab und bestreiche es mit Quittengelee aus eigener Herstellung.

Nina stellt eine weitere Kanne Tee auf den Tisch. Sie hat lange braune Haare, die sie zum Pferdeschwanz gebunden hat, helle Augen, ein freundliches Gesicht. Sie erzählt mir, dass sie gern unter Menschen ist, sie möge die Gemeinschaft. »Seit drei Jahren bin ich hier«, sagt sie, und dass sie zuvor als Sozialtherapeutin gearbeitet hat. Nach einem Burnout kam sie hierher. »Meine Mutter hat mich gefragt, ob ich sie besuchen wollte, eigentlich hatte ich vor, nur eine Woche zu bleiben, daraus ist dann aber ein ganzer Monat geworden.« Einige Monate später ist sie ganz ins Jurtendorf gezogen, vor nunmehr drei Jahren. Mit ihrem Freund Matthias bewohnt sie eine Doppeljurte.

Als ich in mein Quittenbrot beiße, muss ich daran denken, wie meine Mutter früher Berge von Quitten in der Küche verarbeitete, die mein Vater irgendwo am Feldrand geerntet hatte. In den Wochen und Monaten danach gab es Quittenmarmelade, Quittensirup, Quittengelee und Quittenbrot – eine Süßigkeit, die in Stäbchen geschnitten, in Zucker gewälzt und zum Naschen in Gläser gepackt wurde, jeweils eine Lage, dann ein Stück Backpapier, dann eine neue Lage und immer so fort.

Eingewecktes Obst und Gemüse ist auch hier im Jurtendorf eine wichtige Nahrungsquelle. Nachdem ich den Tag über die Gegend erkundet habe, komme ich hungrig ins Dorf zurück, und es gibt Dörrbohnen, die zwar etwas zäh sind und die ich lange kauen muss, aber mit Zwiebeln angebraten unglaublich aromatisch schmecken. Ich nehme mir nach, auch von dem Sauerkraut, das rötlich ist und etwas saurer, als ich es gewohnt bin.

In den folgenden Tagen kehrt so etwas wie Routine ein. Ich höre den Niespelbach, den kleinen Fluss, auch das Plätschern der Badewannen – sodass ich erst das Gefühl habe, es regne und rausche ständig –, gewöhne mich an das Glucken der Hühner und an das ewige Glockengeläut der Kühe und Schafe weiter oben am Berg. Nur die Sterne habe ich noch nicht gesehen, der Himmel ist nach wie vor bedeckt.

Dafür lerne ich weitere Menschen im Dorf kennen, zum Beispiel Manuel, der seit ein paar Monaten hier arbeitet und sagt, es sei immer schon sein Traum gewesen, in einer Jurte zu wohnen, er möge die Ruhe und das einfache Leben. Manuel erledigt, was immer gerade anfällt. Und verrät mir, dass der Handyempfang genau am Tor wieder einsetzt.

Eines Morgens treffe ich auch Andrea, die das Jurtendorf mit ihrem Mann Thomas gegründet hat. Sie ist etwas älter als ich, hat wache braune Augen und lange dunkle Haare. Als wir uns begegnen, sitze ich auf einer Bank vor dem Haupthaus, sie lässt sich mühevoll nieder und erklärt, sie habe einen Bandscheibenvorfall. Andrea spricht in verständlichem Schwizerdütsch, bis sie erfährt, dass ich Deutsche bin, dann wechselt sie in das übliche Hochdeutsch mit dem gemütlichen Schweizer Akzent und dem gelegentlichen »oder?« am Satzende.

»Wolltest du immer schon ein Jurtendorf gründen?«, will ich von ihr wissen.

»Ja, das war schon lange ein Traum«, erzählt sie. Wenn es mit dem Grundstück hier nicht geklappt hätte, wäre sie nach Graubünden gegangen, aber so sei es gut, denn für Thomas sei es eine Bedingung gewesen, in der Nähe seiner Heimat Huttwil zu bleiben – durch diesen Ort war ich auf der Herfahrt mit der Bahn gekommen.

Andrea hat einige Sommer lang Jurtencamps veranstaltet, bei denen es um das Leben in der Natur ging. Sie zog damit von Ort zu Ort, immer wieder aufbauen, abbauen. Einige der Jugendlichen von damals kämen noch heute zu Besuch, weil es für sie ein so eindrückliches Erlebnis war. »Das ist wichtig, sie müssen es erleben«, sagt sie. »Es einfach nur zu erzählen hat ja keinen Zweck.« Die Fotobücher von den Sommercamps habe ich schon im Waschhaus gesehen. Die Camps fanden meist auf Bauernhöfen statt, das letzte auf dem von Thomas. Gemeinsam haben sie dann das feste Jurtendorf gegründet. Die Gemeinde habe sich stark für sie eingesetzt, als darüber entschieden wurde. Mit den Bauern der umliegenden Dörfer kämen sie sehr gut zurecht, im Lutherthal seien die Leute stolz auf »ihr« Jurtendorf.

Im Moment wohne sie im Haus, aber für den Winter möchte Andrea wieder in eine Jurte ziehen. »Seitdem wir uns hier niedergelassen haben, sind wir auch bequemer geworden«, sagt sie. Es sei einfach so, dass jemand vorschlage, dieses oder jenes Gerät anzuschaffen, das die Arbeit erleichtert. »Und dann hat man wieder eins mehr.« Wie bei der Menschheit insgesamt. »Wir sind einfach immer bequemer geworden, das ist das Problem.« Es brauche wieder Demut vor der Natur.

Ihr Gemüse ziehen sie selbst, teilweise als Permakultur. »Wir haben noch einen anderen Garten und ein Feld bei einem Biobauern. Das reicht uns erst mal, ich würde sagen, wir produzieren so 85 bis 95 Prozent unseres Bedarfs. Reis, Nudeln und Kaffee kaufen wir natürlich dazu.« Freiwillige für die Gartenarbeit suchen sie über das WWOOF-Netzwerk, sie lernen etwas über ökologische Landwirtschaft und helfen etwa die Hälfte des Tages auf dem Feld aus. Ob das Leben in der Jurte für jemand das Richtige sei, hänge ganz von der Person ab, sagt Andrea. »Aber weniger zu verbrauchen, das würde viele Probleme lösen.«

Ich probiere eine Spazierroute aus, die mir Manuel empfohlen hat. Der Weg dauert länger als gedacht, und nach einigen Stunden bin ich nicht nur pitschnass, sondern auch völlig erledigt. Der Wanderweg ist schön und größtenteils gut befestigt, aber das letzte Stück ist so abschüssig, dass ich fürchte, ich rutsche auf dem regennassen Gras aus und breche mir etwas. An einigen Stellen komme ich nur zentimeterweise voran, halte mich an Wurzeln und Geäst fest, damit ich nicht ausgleite.

Endlich komme ich am Dreilindenplatz an. Gern würde ich mir etwas zu essen kaufen, denn es dauert noch lange bis zum

Abendbrot, das hier Nachtessen heißt. Doch das Hotel im Ort, wo Cordula wohnt, hat Ruhetag, und einen Laden gibt es nicht. Ich beschließe, nach Luthern zu laufen, vielleicht ist dort ein Supermarkt. Von der Fahrt im Postbus habe ich die Strecke kürzer in Erinnerung, und am Straßenrand fühle ich mich den vorbeibrausenden Autos schutzlos ausgeliefert, denn der Grasstreifen am Rand der Fahrbahn ist schmal. Nebendran plätschert ein Bach glasklar über Kieselsteine. Schon bald bereue ich meinen Entschluss.

Endlich finde ich einen Zugang zum Wanderweg und laufe am Flüsschen entlang durch Felder. Ich sehe einen hellbraunen Greifvogel und gleich darauf zwei, nein, sogar drei Graureiher, die sich majestätisch in die Lüfte erheben und dann auf der zu dünnen Spitze eines Baumes Halt zu finden versuchen. Auf dem Weg komme ich an ein paar Bauernhäusern vorbei, die aussehen, als hätten sie sich die Holzhauben tief ins Gesicht gezogen. Ein alter Mann steht mit seinem Spazierstock daneben und sieht den Kühen beim Grasen zu.

»Saubere Tiere«, sagt er, »und diese Ruhe.«

Wir kommen ins Gespräch. Er war mal der Förster der Gegend, jetzt ist er im Ruhestand. Für ihn ist dies einer der letzten Orte, an denen die Natur noch so intakt sei. Der Mann sieht den Kühen zu, die das Gras zwischen ihren Kiefern mahlen. Ich gehe weiter in den Ort, komme an der Kirche mit dem roten Zwiebeltürmchen und dem Gasthaus vorbei, das natürlich gerade für den Nachmittag geschlossen hat.

Im kleinen Supermarkt gibt es Brötchen, das einzig Vegane sind Tomatenmark und Oliven. Damit decke ich mich ein, gönne mir noch einen Apfel und eine Packung Kekse – und bezahle dafür stolze 22 Franken. Wenig später fahre ich mit dem Postauto zurück.

Nie im Leben käme ich als Selbstständige mit diesen Preisen zurecht, denke ich, während der Bus sich die Straße hinaufkämpft. Wäre ich dann zur Selbstversorgung gezwungen? Aber auch Andrea muss ja Sämereien, Folie fürs Gewächshaus und Werkzeug kaufen, das wird ebenfalls teurer sein als in Deutschland. Dazu kommt, dass auch Platz in der Schweiz immer kostspieliger wird. Während der Coronapandemie stiegen die Preise in vielen Schweizer Dörfern, weil Investoren auf Tourismus setzten. Für viele Einheimische, gerade junge Familien, ist Wohnraum selbst in abgelegenen Gegenden inzwischen unerschwinglich.

Wieder am Dreilindenplatz angekommen, laufe ich noch ein Stück den Berg hinauf zu der kleinen Kapelle, die Luthern Bad als Wallfahrtsort besitzt. Dort gibt es auch eine Heilquelle. Durstig trinke ich das Quellwasser aus meinen Händen – wenigstens das ist gratis. Eine Frau, die mit einer Batterie von Plastikflaschen zum Zapfen kommt, sieht mich abschätzig an. Müde beginne ich wenig später den Anstieg zum Jurtendorf.

An meinem letzten Tag strahlt die Sonne über dem Tal, die Berge zeigen sich von ihrer Schokoladenseite. Zusammen mit einer Familie, die auch zu Gast ist und mit der ich mich am Abend zuvor unterhalten habe, gehe ich auf eine Wanderung. Wir sind erst spät zurück, hungrig machen wir uns über Spaghetti mit Gemüsesoße und den Rest der Kürbissuppe vom Vortag her.

Als ich Andrea sehe, denke ich an die Fotobücher. »Ein solches Dorf zu errichten muss eine Riesenmenge Arbeit sein«, sage ich, »Respekt.«

»Danke«, gibt sie zur Antwort. »Manchmal schaue ich mir ein Fotobuch an und weiß das selbst nicht mehr. Dann denke ich, ach ja, richtig, das haben wir ja alles gemacht!« Sie lacht und reibt sich die Stirn.

»Was denkst du denn, wenn du den Platz jetzt so siehst?«

»Dass es genau so ist, wie ich es mir erträumt hatte.«

»Was meinst du damit, die Gemeinschaft oder den Platz?«

»Es ist eher ein Gefühl, das ich mir gewünscht habe.« Sie lächelt.

»Was denn für eins?«

»Verbundenheit«, sagt sie. »Unter uns, die wir hier sind, und mit der Natur.«

Mit einem Mal finde ich es selbst ein wenig absurd, nur nach den äußerlichen vier Wänden – oder der Zeltplane – zu schauen. Ist es nicht viel sinnvoller, zu fragen, welches Gefühl ich mit dem Ort verbinde, den ich suche? Die äußere Form richtet sich danach, und nur dann ist es wirklich stimmig.

Am Abend packe ich für die Reise am nächsten Tag. Das Jurtendorf ist ruhiger als bei meiner Ankunft, denn es sind jetzt kaum noch Gäste da. Die Kinder, die mit fröhlichem Lärm den Hühnern gefolgt sind, das Gelände erkundet und Stockbrot gebacken haben, sitzen wieder auf ihren Plätzen in der Schule.

Nicht vermissen werde ich das Waschhaus, auch wenn ich es ausgesprochen sinnvoll finde. Ich freue mich auf ein Badezimmer, in dem es nicht zieht. Und darauf, Rodrigo ausführlich von meinen Erlebnissen zu erzählen, denn wir haben wegen der Netzabdeckung nur kurz miteinander sprechen können.

In dieser Nacht liege ich noch lange wach und starre an die Decke, die keine ist. Es ist warm, weil das Öfchen noch bollert. Gerade als mir die Augen zufallen wollen, klart das milchige dunkle Rund da oben auf, ein Stern erscheint, dann ein zweiter. Ich bin auf einen Schlag wieder wach, sehe zwar keine Schnuppe, aber das brauche ich auch nicht, es ist sagenhaft, dass ich hier liege und über mir die Sterne funkeln, die Wolken sind ganz weg, die Sicht ist klar.

Vielleicht ist es Zeit, einen Blick über den Gartenzaun unseres Planeten zu werfen – und zwar weit darüber hinaus, ins All. Was, wenn die Sache mit dem Klimawandel schiefgeht? Könnten wir zur Not auf einen anderen Planeten auswandern, so wie Elon Musk es sich erträumt?

In der Weltraumforschung geht man davon aus, dass es allein in der Milchstraße 300 Millionen Planeten geben könnte, die erdähnlich konfektioniert sind. Aber selbst, wenn wir mehr über andere Planeten wüssten – wir müssten sie erst einmal erreichen und uns dort wohnlich einrichten. Das kostet Zeit, Ressourcen und Mut.

»Ich plane, zum Mars zu reisen und ihn zu meinem Zuhause zu machen«, tönte Musk. Sein Unternehmen will zusammen mit der NASA Menschen auf den roten Planeten schießen, um dort eigenständige Kolonien zu gründen. Als Zwischenschritt dient der Mond, dann ginge es weiter auf den Mars, der sehr viel unwirtlicher ist als Ollis Bahnwaggon gleichen Namens.

Ich kenne Bilder vom Mars und ich habe in Filmen gesehen, wie ein Ausflug dorthin simuliert wird. All das kommt mir wenig verlockend vor. Der Planet ist sandig und staubig, und die Schwerkraft ist über sechzig Prozent geringer als auf der Erde, wahrscheinlich würde mir schlecht davon werden. Es mangelt an Sauerstoff, und die kosmische Strahlung könnte uns ohne Schutz umbringen. Die Oberflächentemperatur von durchschnittlich minus 60 Grad Celsius ist lebensfeindlich. An den Polen kann es mit rund minus 133 Grad auch noch eisiger werden. Unser Essen müssten wir auf einem Bruchteil der Fläche produzieren, die uns auf der Erde zur Verfügung steht. Alles, was wir brauchen, müssten wir hertransportieren oder dort selbst anbauen, per 3-D-Drucker ausdrucken und erzeugen. Ein Spaziergang draußen wäre im Druckanzug eher beschwerlich, und dabei besteht die Gefahr, von einem Meteoriten erschlagen zu werden. Wir würden wohl Dauerstubenhocker werden, in Wohnstuben, die ins Marsgestein eingebettet wären. Wir müssen unseren Urin zu Trinkwasser aufbereiten, uns von Mikroalgen, Zellfleisch und Insekten ernähren. Und das alles, während es draußen nie richtig grün und erfrischend aussieht, sondern alles in düsterem Rot strahlt. Nüwa, eine Modellstadt, die für den Mars entworfen wurde, soll vier bis fünf Mal so viel Energie benötigen wie eine vergleichbare Location auf der Erde. Und mit Energieproduktion haben wir ja jetzt schon Probleme.

Kurz: keine wirklich begehrenswerte Wohnlage. Während ich in die Sterne gucke, kann ich kaum begreifen, dass Leute das wirklich für eine Lösung halten. Vielleicht hat Musk die Idee beim Pinkeln gehabt, immerhin prangt das Mars-Zeichen auf Toiletten. Warum mit unglaublich viel Mühe und hohen Geldsummen einen Planeten kolonisieren, der keine guten Parameter bietet? Damit die reichsten Menschen weiter in Ruhe den Originalplaneten auslutschen können, der uns nahezu ideale Lebensbedingungen schenkt?

Wie bei den Wohnprojekten, die ich besucht habe, müssten wir uns auch dort Gedanken über Gemeinschaft machen. Doch auf dem Mars hätten die Menschen wohl kaum die Möglichkeit, bei Nichtgefallen wieder zu gehen. Schon im Kleinen erweist sich Zwangsgemeinschaft als problematisch: In Schulklassen kommt es häufig zu Mobbing. Ein beliebtes, weil glaubwürdiges Setting für Psychothriller sind geschlossene Räume wie die Jacht in *Todesstille*, auf der ein Gemetzel stattfindet. Und nach zwei Jahren im Ökosystem »Biosphere 2« in Arizona, wo Forschende von der Außenwelt abgeschottet so miteinander lebten, als wären sie auf einem anderen Planeten, waren am Ende alle restlos zerstritten. Wer garantiert, dass es uns nicht ähnlich erginge? Wahrscheinlicher als Friede, Freude, Eierkuchen ist doch, dass sich nach kurzer Zeit verfeindete Gruppen bilden, die *Star Wars* neu auflegen.

Die meisten von uns werden vermutlich nicht genügend Geld haben, um jemals ein Eigenheim auf dem Mars zu finanzieren. Elon Musk kalkuliert mit tausend Raumschiffen, um die Menschheit umzusiedeln. Da passen natürlich nicht alle drauf. Und so reisen nur rund eine Million Menschen mit, die es sich leisten können: etwa 200 000 bis 500 000 Euro soll ein Ticket zum Mars kosten.

Sinnvoller wäre es, unseren Heimatplaneten zu erhalten. Eigentlich ein Klacks für einen der reichsten Männer der Erde, aber Musk kurbelt mit seinen Fabriken wie der in Grünheide bei Berlin und seinem SpaceX-Projekt ordentlich den Klimawandel an und sorgt dafür, dass auch unser Planet dem Mars immer ähnlicher wird: trocken, heiß, lebensfeindlich.

Während einige noch so tun, als wäre das Schlimmste, was uns als Gesellschaft passieren könnte, die Schwächung des Wirtschaftsstandorts, schwinden um uns herum die Arten, schmelzen die Gletscher, trocknen Flüsse aus, sterben Ernten ab. Wir verlieren unsere natürlichen Lebensgrundlagen. Sie zu schützen sollte auf unserer To-do-Liste ganz oben stehen.

Ich sehe in die Sterne und denke an Luisa, die trotz vieler Mühen nicht mehr glaubt, dass sie in ihrem Zuhause bleiben kann, und nun auf der Suche nach Wohnprojekten ist, die es anders angehen. An die Orte, die ich besucht habe, an die Eindrücke, die ich gewinnen konnte, und die vielen Begegnungen. Und an die Mühe, die sich diese Menschen geben, unsere Lebensgrundlagen zu schützen. Es geht nicht nur um unsere eigene kleine Behausung, unsere individuelle Wohnung. Längst geht es um ein größeres Haus: die Erde.

Unser Haus steht längst in Flammen, wie es die Aktivistin Vanessa Nakate ausdrückte – der Globale Süden ist am stärksten von den Folgen der Klimakrise betroffen. Mit den aktuellen Treibhausgasemissionen befinden wir uns auf einem gefährlichen Pfad. Laut IPCC werden wir die 1,5-Grad-Grenze schon Anfang der 2030er-Jahre überschreiten, und manche Studien sagen uns eine globale Erwärmung von sieben Grad bis zum Ende des Jahrhunderts voraus. Dazu kommt der massenhafte Verlust der biologischen Vielfalt.

Was die nähere Zukunft in unseren Breitengraden angeht, gibt es für Deutschland schon Berechnungen, die in dem Buch *Deutschland 2050* nachzulesen sind. Das Worst-Case-Szenario bedeutet jedoch unweigerlich das Ende der menschlichen Zivilisation, denn bei Temperaturen, die jetzt schon vereinzelt in Indien oder Pakistan gemessen werden, ist Anpassung nicht mehr möglich. Wenn wir es nicht schaffen, uns zu einigen und eine gerechte Lösung für das Problem des menschengemachten Klimawandels zu finden, ist unsere Spezies vielleicht einfach nichts für die Ewigkeit. »Ich finde, das ist ein ziemlich ernüchternder

Gedanke«, sagt auch der britische Physiker und Wissenschaftsjournalist Brian Cox. »Der Grund, warum wir noch nicht von anderen Zivilisationen gehört haben, und das auch niemals geschieht, ist, dass keine lang genug überdauert, um einander zu kontaktieren.«

Einige Male stand ich bei diesen Überlegungen und angesichts der wachsenden Zahl von Klimaprotesten kurz davor, meine Wohnexperimente abzubrechen. Was sollte es bringen, einen Ort zu finden, an dem ich glücklich bin, wenn keiner der Menschen, die ich liebe, in Zukunft gut leben können wird? Aber zum einen haben mir genau die Experimente gezeigt, dass es sinnvoll ist, sich für sein Zuhause einzusetzen, und zum anderen kann ich besser etwas bewirken, wenn ich einen Ort finde, an dem ich mich ganz und gar wohlfühle.

Die Herstellung und Entsorgung von Baumaterialien und Gebäuden sowie die Bereitstellung von Wärme, Energie und Warmwasser für den gesamten Gebäudebestand sind für etwa vierzig Prozent der Treibhausgasemissionen in Deutschland verantwortlich. Wir verursachen damit jede Menge Abfall und versiegeln allein in Deutschland täglich über dreißig Hektar wertvollen Boden, um Behausungen zu bauen und Parkplätze davor anzulegen.

Das alles führt über kurz oder lang dazu, dass wir an den uns so vertrauten Orten nicht länger glücklich sein können. Es könnte sein, dass der Ort, an dem wir uns zu Hause fühlen, überflutet wird wie im Ahrtal. Dass wir tatsächlich unsere Lebensgrundlage verlieren, wie es die Klimaklägerinnen auf der Insel Pellworm befürchten. Dass die immer häufigeren, heftigeren Waldbrände, für die 2022 europaweit ein Rekordjahr war, plötzlich kurz vor unserer Haustür ausbrechen. Oder dass wir schlicht ein Stück Land aufgeben müssen, weil der Boden einfach zu trocken und ausgelaugt ist, um etwas anzubauen. Schon jetzt müssen viele Menschen aus dem Globalen Süden fliehen, allein 2022 vor Überschwemmungen wie in Pakistan, vor Taifunen wie in Vietnam oder vor Hitzewellen wie in Südasien. Durch die Langzeitfolgen kolonialistischer Ausbeutung fehlen in vielen Ländern Mittel und Wege, um sich anzupassen oder Schäden auszugleichen.

Vielleicht erwartet uns das Zeitalter der Migration, wie es der Zukunftsforscher für Geopolitik Parag Khanna in seinem TED-Talk erklärt: Klimawandel, Dürren und andere Naturkatastrophen zwingen vermutlich so viele Menschen wie nie zuvor, zu migrieren. Allein durch steigende Temperaturen werden gerade die Gegenden unwirtlicher, in denen die meisten Menschen siedeln. Während die Bevölkerungszahlen in Gebieten mit guten klimatischen Bedingungen, dem Globalen Norden, stetig sinken würden, gäbe es keine Einwanderung. »Das ist die größte Ironie der gesamten heutigen Welt. Ich kann mir kein tieferes Paradox vorstellen, das uns je begegnet ist«, sagt Khanna. So stelle sich irgendwann acht Milliarden Menschen die Frage: Wohin sollen wir migrieren, um als Spezies zu überleben?

Über all diesen Gedanken schlafe ich unterm Sternenzelt ein.

Als ich zurück in Berlin bin – Andrea hat mir einen Kürbis geschenkt, der eben noch so in meinen Rucksack passt –, erkundige ich mich noch einmal nach dem Heizen mit Holz. Wenn das schon unsere Vorfahren machten, muss es doch das Beste und Naturbelassenste sein, was man tun kann, oder?

»Und, was hast du rausgefunden?« Rodrigo hat den Kürbis im Ofen etwas weich werden lassen, jetzt zerteilt er ihn mit einem großen Messer in Streifen, die wir zu einer Suppe verarbeiten.

»Ach«, sage ich, »alles nicht so einfach.« Von modernen Pelletöfen wusste ich schon, dass sie Feinstaub ausstoßen. Bei Holzöfen kommt es immer darauf an, wie sie gebaut sind. Ich kenne Leute, die im Winter jeden Block Holz zusammengerafft, bei Spaziergängen Zweige und Holzscheite gesammelt und in ihrem Ofen verfeuert haben, weil es angesichts der Energiekrise das einzig Sinnvolle schien. Die Gaspreise waren so hoch, Wärmetauscher waren nicht zu bekommen, also erinnerten sich viele an ihre alten Kachelöfen und Holzheizungen.

Doch der Ruß verpestet die Atemluft in der Nachbarschaft.

Durch den Kaminrauch bekommen manche Kopfschmerzen, weil sie sich eine leichte Kohlenmonoxidvergiftung zugezogen haben. Sicher kann man sich nur sein, wenn der Ofen ein Blauer-Engel-Siegel trägt. Wenn der Rauch bei ungünstiger Wetterlage nicht abziehen kann oder noch Verkehrsabgase und Industrieemissionen dazukommen, überschreitet die Feinstaubbelastung Grenzwerte. Gerade in wohlhabenden Vierteln sei dies der Fall, so ein Beitrag im Deutschlandfunk, den ich über das Thema gehört habe: Dort gibt es mehr gemütliche Kamine, mehr dicke Autos.

Holz wird künftig vermutlich eher mehr als weniger verfeuert – solange welches da und erschwinglich ist. In den letzten zwanzig Jahren hat sich der Brennholzbedarf verdoppelt. Das CO_2, das Bäume im Laufe ihres Lebens aufgenommen und gespeichert haben, wird beim Verbrennen wieder freigesetzt. »Und viele denken auch, Holz wäre als nachwachsender Rohstoff die umweltfreundlichere Alternative.« Ich hole die Teller raus, während Rodrigo die Suppe umrührt. »Aber die Emissionen sind durchaus giftig, außerdem ist da jede Menge Ruß drin. Und der steigt in die Luft, überall auf der Welt – und landet auf Gletschern, die dadurch dunkler werden und damit mehr Sonnenlicht aufnehmen, sich schneller aufheizen und tauen.« Auch in der Luft absorbieren die Partikel Sonnenstrahlen und erhitzen so ihre Umgebung. Ruß erzeugt mehr Wolken und stört so den atmosphärischen Austausch. All dies heizt die Atmosphäre auf. Außerdem setzt das Verbrennen die klimawirksamen Gase Methan und Lachgas frei. Eine Studie, die 2013 im *Journal of Geophysical Research* veröffentlicht wurde, ergab, dass zwei Drittel der Rußpartikel, die auf den Eisflächen der Arktis zu finden sind, aus Europa stammen. Eine weitere Untersuchung von 2021 stellte fest, dass die Aerosole, die für die Erwärmung der Arktis verantwortlich sind, zum großen Teil aus Biomasse stammen, die in den mittleren Breitengraden verbrannt wurde. Auch in Holzöfen. Der vom Deutschlandfunk befragte Professor Ingo Hartmann, Leiter des Biomasseforschungszentrums in Leipzig, schätzt, dass die Feinstaubemissionen aus privater Holzverbrennung inzwischen auf ähnlichem Niveau sind wie die Emissionen des Straßenverkehrs.

Holz ist besonders dann ein umweltfreundlicher Rohstoff, wenn es langfristig in Gütern gebunden wird. Wir tun also besser daran, eine Schaufel mit Holzgriff, einen Tisch, Schrank oder Stuhl daraus herzustellen, statt das Holz durch den Kamin rauszublasen.

»Und wo würdest du nun am liebsten wohnen, wenn nicht in einem Zelt mit Holzofen?« Rodrigo nimmt den Topf vom Herd und stellt ihn auf den Tisch.

Ich denke zwar nicht, dass die Holzöfen im Jurtendorf wirklich den Klimawandel beschleunigen, dazu gibt es einfach zu wenige Menschen, die so leben, aber ich selbst kann mir nicht vorstellen, mich dort dauerhaft einzurichten. Immerhin war es noch gar nicht knackig kalt im Jurtendorf, und ich habe trotzdem schon gefroren. »Ich glaube, am besten hat mir das Ökodorf gefallen«, sage ich. »Ich habe übrigens einen Hof gefunden, der einer Genossenschaft gehört, sie haben das alte Gebäude umweltgerecht restauriert. Soll ich's dir nach dem Essen zeigen?«

»Ach, lass mal.« Rodrigo teilt die Suppe mit der großen Kelle aus. »Für so einen Kram bin ich nicht der Typ.« Ich versuche, mir die Enttäuschung nicht anmerken zu lassen, und löffele, was er mir aufgetischt hat.

Am nächsten Tag sind Petra und ich auf dem Weg zum Seeed-Konzert in der Waldbühne. Über zwei Jahre haben wir die Karten schon, der Termin wurde immer wieder verschoben, jetzt ist es endlich so weit. Je weiter wir aus dem Zentrum hinausfahren, desto merklich kühler wird es, und erneut frage ich mich, wie wir uns in Zukunft an den Klimawandel in der Stadt anpassen sollen.

Petra will ebenfalls wissen, wie es mir mit den Wohnexperimenten ergangen ist. Ich erzähle ihr einiges und sage, dass Rodrigo nicht mit mir in das Genossenschaftshaus ziehen will, ja dass er es sich nicht einmal ansehen möchte.

»Wenn irgendwann auf unserem Hof ein Plätzchen frei ist, kommst du einfach dazu«, tröstet sie mich. Allein der Gedanke an die gemeinsam verbrachten Abende auf ihrer Terrasse und das Wandern in der Umgebung zaubert mir ein Lächeln aufs Gesicht.

Dann erzählt Petra von ihrem letzten Dreh, einem dokumentarischen Spielfilm, der in Keyenberg bei Lützerath spielt, wo derzeit die Klimaproteste stattfinden. Und ich merke: Das ist die andere Seite der Umweltzerstörung – der Verlust von Heimat. In dieser Ecke des Rheinlands verlieren Menschen ihren besten Platz zum Leben, weil ein Unternehmen auf Profit aus ist. Und das, was es dort abbaut, sorgt dafür, dass wir letztlich alle verlieren.

»Der Film ist vor Ort mit den Menschen entstanden, die das betrifft – der Regisseur hat sich viel mit ihnen unterhalten und danach das Drehbuch geschrieben«, sagt Petra. »Wir spielen eine Bäckersfamilie, die es da wirklich gibt. Ich habe sie kennengelernt, und ich kann das so gut nachempfinden. Natürlich haben viele, die am Film mitwirken, schon mal ihren Ort verlassen und an einem anderen neu angefangen. Wir wissen, was das bedeutet. Aber was, wenn du da gar nicht wegwillst, sondern man dir dein Zuhause wegnimmt? Wir alle haben gespürt, wie weh das tut und dass es wichtig ist, den Leuten eine Stimme zu geben.« Die Menschen wurden alle umgesiedelt, auf die grüne Wiese. Nur wenige blieben bis zuletzt in Keyenberg.

»Der neue Ort ist noch keine Heimat für die Menschen – und ich weiß nicht, ob er das je wird. Dort ist nichts mehr wie früher, wo sich alle im Laufe der Jahrzehnte ihren Platz geschaffen hatten. Das Einzige, was der Ort an Zusammenhalt bietet, ist der große Friedhof. Ich glaube, das gibt es nirgendwo sonst auf der Welt: so einen großen Friedhof in einem neuen, gerade entstandenen Ort, weil da ganz viele liegen, die umgebettet wurden.« Wir schlendern die Straße entlang, langsam kommt die Waldbühne in Sicht. »Es gibt da jemanden, in dessen neuem Haus wir einige Szenen gedreht haben, der schläft keine Nacht mehr durch, seit er dort wohnt. Dann gibt es einen Opa, der immer wieder in den alten Ort fährt und seinen Rasen mäht, obwohl er schon ein paar Jahre nicht mehr da wohnt, einfach nur, um dort zu sein. Und weil er fühlt, dass er dorthin gehört.«

Der Witz sei ja auch, dass der Ort nun gar nicht abgebaggert werde. Das nütze den Menschen aber nichts, weil sie ihr Zuhause bereits verlassen haben und sich inzwischen oft der Schwamm in den unbewohnten Gebäuden eingenistet hat. »Wenn es einen Sinn gehabt hätte, dann hätte ich es ja noch verstanden«, sagt Petra. »Zum einen ist es schrecklich, wie die Landschaft dort aufgerissen wird, zum andern ist es unnötig, und das schnürt einem den Hals zu.«

Wir gehen durch die Einlasskontrolle, und nun übernimmt die Freude auf das Konzert. Bald haben wir in der Arena für uns den besten Platz gefunden, bei den Boxen, mit freiem Blick zur Bühne. Die zwei großen Monitore rechts und links sind dunkel, die Bühne schimmert blau und grün. Bei den ersten Takten stößt mich Petra in die Seite, jubelt und reißt die Arme hoch. Der Song heißt *Dickes B*, er ist eine Hymne an Berlin. Die Scheinwerfer tauchen die Bühne für den Refrain in rotgrellen Glanz, die wogende, tanzende Menge im Rund der Waldbühne leuchtet auf …

Steine und Benzin, denke ich. Noch vor wenigen Jahren hätte ich auch gedacht, dass ich diese Stadt – oder überhaupt eine Stadt – zum Atmen brauche. Doch nach all den Experimenten ist dieses Gefühl nicht mehr so stark, und das ist auch gut so.

Selbst wenn es nicht den Ort gibt, auf den Rodrigo und ich uns einigen können, werde ich ihn finden: meinen besten Platz zum Leben. Ich habe in all der Zeit ein gutes Fundament an Wissen und Erfahrung geschaffen, von dem aus ich weiter nach ihm Ausschau halten kann.

Das Glück ist, auf dieser Erde zu sein, solange sie noch so schön ist.

Wissenswertes und Unverzichtbares fürs Bauen auf dem Planeten Erde

Ich könnte nicht dauerhaft im Zelt wohnen, auch wenn es noch so hübsch ist – das war mir bei der Abreise aus Luthern Bad klar. Trotzdem habe ich für mich mitgenommen, wie nah mir die Natur dort war. Wann immer ich mir überlegen sollte, etwas zu bauen, einen Ort einzurichten, hätte ich das im Kopf und würde versuchen, es so gut zu machen wie möglich.

No Abriss, Baby! Die Herstellung einer Tonne Zement setzt rund eine Tonne Kohlendioxid in die Luft. Im Beton und in bestehenden Gebäuden sind Energien und Ressourcen gebunden, aber wir gehen noch damit um, als hätten wir sie im Überfluss. Und so machen wir Altes platt und bauen lieber neu. Durch Baustellen entstehen in Deutschland derzeit 35 Millionen Tonnen Treibhausgase, Bauschutt macht 55 Prozent aller bundesdeutschen Abfälle aus. Der Bausektor ist weit davon entfernt, seine Klimaziele zu erreichen – bis 2030 müssten dafür jährlich 5,5 Millionen Tonnen Treibhausgasemissionen eingespart werden. Das ist das Doppelte von dem, was wir heute schaffen. Es sollte also dringend weniger abgerissen und mehr Bausubstanz erhalten werden. Dazu müssen wir auch unsere Einstellung zum Bauen grundsätzlich ändern und uns darauf einigen, dass Gebäude keine Eintagsfliegen sind, sondern so lange wie möglich überdauern sollen. Bevor du also baust, frag dich, ob du nicht etwas Altes renovieren kannst. Dies verbraucht immer weniger Ressourcen als ein Neubau.

Grüne Baubande. Du bist vom Fach? Einer nachhaltigen Baukultur hat sich unter anderem die 36x36 Association verschrieben: https://www.36x36.org, und auch bei Architects for Future findest du Gleichgesinnte, wenn du aus dem Baugewerbe bist! https://www.architects4future.de

Natürlich kleinteilig! Achte auf Baustoffe, die recycelt werden können wie im Energieeffizienzhaus Plus. Dazu gehört der Verzicht auf verschweißte und geklebte Teile. Es gibt viele Techniken, die das berücksichtigen, etwa Häuser aus Holzelementen, die nur mit Holzdübeln ohne Leim gefertigt sind. Klimafreundlicher als Zement und Beton sind sie auf jeden Fall. So, wie ich den Schrank meiner Oma liebe, der sich einfach ohne Schrauben und Bohren auseinandernehmen und zusammensetzen lässt, so, wie wir beim Essen am besten auf Hochverarbeitetes verzichten sollten, so gilt auch beim Bauen: *Keep it simple.*

Viva la Beikraut! Was viele Unkraut nennen und jäten, kann wichtig fürs Klima sein. Gerade in der Stadt können kleine Pflanzen zwischen Gehwegplatten oder in Fugen ganz schön gut sein: Der Stadtplaner Ángel Panero aus Santiago de Compostela fand heraus, dass die kleinen Pflanzen die Temperatur am Boden und in der Luft senken, und zwar in hohem Maße: Bis zu 28 Grad weniger hatten unkrautüberwucherte Böden. Und die Luft war in der Schicht, wo wir sie meist atmen, noch zwei bis drei Grad kühler.

Investiere in unser Überleben. Um den Planeten lebenswert zu erhalten, könntest du Anteile für Land kaufen, das nicht der Spekulation und Versiegelung preisgegeben wird. Wer ein wenig Geld übrig hat und sich um die Zukunft einer immer heißeren Erde Sorgen macht, kann Mitglied eines Allmendevereins werden. Das hilft, Natur zu erhalten, und unterstützt eine ökologische Lebensweise. Die Anteile können übrigens wieder veräußert werden, wenn das Geld anderweitig gebraucht wird. Es ist also kein Risiko, sondern eine Geldanlage, die noch viel zu wenig genutzt wird. Mehr Informationen über gemeinschaftliches Landeigentum findest du unter: https://allmendeland.de

Bessere Materialien. Ob die Arbeitsbedingungen beim Pyramidenbau, bei den Tempeln der Inka oder auch bei der Errichtung des Kolosseums in Rom erträglich waren, darf bezweifelt werden. Das umweltfreundlichste Bauwerk ist dennoch eines, das Jahrtausende alt werden kann. Wie geht Bauen, wenn es die Zeit überdauern soll? Das können wir uns von früheren Zeiten abgucken. Laut einer vor Kurzem in der Fachzeitschrift *Science Advances* erschienenen Studie nahm eine Forschungsgruppe Proben einer 2000 Jahre alten römischen Stadtmauer und legte sie unter anderem unter ein Elektronenmikroskop. Die Untersuchung ergab, dass eine Mischung aus Branntkalk und Vulkanasche für die Beständigkeit des Materials sorgt, weil bei der thermischen Reaktion der Materialien kleine weiße Kalkbröckchen entstehen. Und noch mehr: Wenn der Beton durch den Zahn der Zeit Risse und kleine Löcher bekommt, durch die Wasser eindringt, wird durch die Flüssigkeit aus den Kalkbröckchen Kalzium. Weil dann das Kalziumkarbonat mit der Vulkanasche wieder reagiert – besagt die These –, werden die altersbedingten Löcher vom neu entstandenen Material verschlossen und so von selbst »geheilt«. Das probierten die Forschenden gleich mit einem selbst angerührten Material aus, und siehe da: Es klappte! Dies könnte den Bausektor aus der Klimagefahrenzone holen. Denn Betonherstellung ist für rund acht Prozent der globalen Kohlenstoffdioxidemissionen verantwortlich. Würden wir auf »selbstheilenden« Beton umstellen, würden wir weniger Bauten und ergo auch weniger Emissionen in die Welt setzen.

Rankespiele. Pflanzen verbessern die Luft und bieten viel Getier Unterschlupf – ja, auch Spinnen. Aber bei dem massiven Insektensterben gibt es davon ja leider gar nicht mehr so viele. Und eine friedliche Koexistenz ist sogar erstrebenswert. Warum also deswegen die Chance verpassen, dass Raupen an der Hauswand Futter finden, Schwebfliegen und Bienen sich laben, Vögel bei dir Nistmaterial finden oder sich verstecken können? Wenn du allein entscheiden oder mit anderen gemeinsam beschließen kannst, dass eure Fassade grüner werden soll, dann holt euch am besten

Hilfe von Gartenfachleuten. Manche Pflanzen können dem Putz nämlich auch schaden oder ihn sogar absprengen, wenn sie eher Schatten lieben und dann Ritzen besetzen und im Stillen immer dickere Äste ausbilden. Grundsätzlich gilt es zu entscheiden: Sollen es selbstklimmende oder mit Rankhilfe wachsende Schlingpflanzen sein, die sich auf der Hauswand breitmachen? Andere Möglichkeiten sind vor der Mauer gepflanztes Spalierobst, das Schatten spendet, oder Pflanzen, die von oben herabwachsen.

Steingärten adieu! Steingärten sind oft von Langeweile und Ödnis gezeichnet, sie versiegeln wertvollen Boden, lassen Vögel und Insekten darben, und sie erhitzen die Vororte. Artenvielfalt: Pustekuchen. Und pflegeleichter sind sie auch nicht, denn die Steine sehen ohne Pflege schnell oll aus. Gut, dass sie in manchen Bundesländern bereits verboten sind. Der Biologe Ulf Soltau hat es sich zur Aufgabe gemacht, auf Social Media solche »Gärten des Grauens« zu zeigen und mit spitzer Feder zu zerreißen. Seine Fans schicken ihm inzwischen die schönsten schrecklichen Fotos von zubetonierten Vorgärten oder Kieselsteinwüsten, die er dann lakonisch betextet. Vorgärten aller Bundesländer, vereinigt euch, möchte man rufen, wenn man so was sieht. Wir können das besser!

Nachwort, Lieblingsort

März 2023. Wo könnte ein Buch über den besten Platz zum Leben besser enden als in Köln? Wer schon mal in der Rheinmetropole gelebt hat, weiß: Da wohnt man nicht einfach, da gehört man gleich zum Inventar. Diese Stadt ist die große alte Dame des Ankommens und Niederlassens. Trotz der überteuerten Buden sind Brücken und Plätze, Büdchen und Brauhäuser, Dom, Messeturm, Bastei, Colonius und Gürzenich steingewordene Empfangskomitees. Beinahe zwanzig Jahre habe ich hier gelebt, und auch wenn mein Zuhause jetzt woanders ist: Köln bleibt eine meiner Heimaten.

An diesem Frühjahrstag gehe ich mit großen Schritten über die Hohenzollernbrücke auf den Dom zu. Surrend und tackernd fährt die S-Bahn an mir vorbei, es ist die Linie, mit der ich früher zum Verlag gependelt bin. Ein anderes Gleis quietscht, als ein ICE darüberrollt. Die Luft ist noch kühl, und ich bin für die Jahreszeit mit T-Shirt zu optimistisch gekleidet.

Obwohl mir persönlich zum Wohlfühlen noch ein paar Grad fehlen – der Frühling ist schon spürbar. Überall schlagen die Bäume aus, die Menschen sitzen mit Jacke, Sonnenbrille und Thermobechern auf den Bänken am Rheinufer, die heftigste Zeit der Pandemie scheint hinter uns zu liegen. Über dem braungrauen Rheinwasser kreisen und kreischen die Möwen, lassen sich hier und da mit einem Flügelschlagen auf dem Geländer der Rheinschifffahrtsstege nieder. Die Tauben, die dort schon sitzen, rücken zur Seite.

Vielleicht bin ich wie eine dieser Möwen? Habe mich einfach hingesetzt, ohne auf die anderen zu achten? In den vergangenen drei Jahren hatte ich das Glück, viele verschiedene Wohnarten zu erkunden. Aber was ist mit denen, die gar keine Wohnung haben?

Laut Statistischem Bundesamt lebten im Jahr 2022 rund 178 000 Menschen in Übergangswohnplätzen und Gemeinschaftsunterkünften. Und eine Untersuchung des Bundesministeriums für Arbeit und Soziales ergab, dass über 37 000 Menschen und 6600 Kinder und Jugendliche obdachlos sind. Sie »machen die Platte«, das heißt, sie haben kein Dach über dem Kopf, schlafen auf Pappen in der Stadt oder ziehen sich in ein Waldstück zurück. Außerdem sind etwa 49 000 Menschen verdeckt obdachlos, sie haben keine eigene Wohnung, sondern schlafen bei Bekannten oder jemandem aus der Familie auf der Couch, um nicht draußen sein zu müssen. Viele sind dadurch sexueller Gewalt und Nötigungen ausgesetzt, dazu gibt es natürlich keine verbindlichen Zahlen. Gezählt wurde an den Punkten, wo Menschen Hilfe bekommen – Tafeln, Suppenküchen, Kleiderkammern, Beratungsstellen –, und das wurde hochgerechnet. Mit an Sicherheit grenzender Wahrscheinlichkeit ist die Dunkelziffer hoch.

Mich erschreckt, dass so viele Menschen nicht wissen, wo sie am Abend schlafen werden – und wie unsicher und abschreckend die Plätze und Unterkünfte manchmal sind, wo sie dann unterschlüpfen: Viele beklagen, dass die Bettenplätze in den Sammelunterkünften schmutzig sind, und erzählen, dass sie schon bestohlen wurden. Andere befürchten durch den engen Kontakt dort zu Alkoholikern selbst wieder in die Sucht abzurutschen. Viele dieser Menschen sind eben krank, und die Hilfsangebote reichen bei Weitem nicht aus.

Wie könnte sich das endlich ändern? Um das zu erfahren, habe ich mich mit Christina Bacher verabredet, der Chefredakteurin von Deutschlands ältester Straßenzeitung *Draussenseiter*.

Die Tür zum Offenen Treff der OASE, einer Einrichtung für Wohnungslose in Köln-Deutz, steht bereits offen. Christina, deren Redaktion sich hier befindet, ist schon da. Sie hebt kurz die Hand, als sie mich sieht, ich gehe zu ihrem Tisch. Nachdem wir

Neuigkeiten ausgetauscht haben, frage ich sie, wie sie dazu gekommen ist, sich für Menschen auf der Straße zu engagieren.

»Ich hatte damals meine feste Stelle in einer Agentur in Marburg aufgegeben, um mit meinem Mann und unseren beiden kleinen Kindern nach Köln zu ziehen«, erzählt sie. »Als ich gesehen habe, dass die Stelle als Honorarkraft beim *Draussenseiter* frei ist, habe ich mich beworben. In den 16 Jahren, die ich das nun mache, ist es mein Thema geworden.« Sie lächelt. »Auf jeden Fall ist das kein langweiliger Bürojob.« Inzwischen ist der *Draussenseiter* über den Bundesverband und sogar das International Network of Street Papers mit anderen Straßenzeitungen vernetzt. »Gemeinsam haben wir eine Stimme.«

Aber wird die auch gehört? Gerade während der Pandemie ging es doch vielen Menschen, die auf der Straße leben, besonders schlecht. Christina nickt. »Während sich im Lockdown alle in ihre Häuser und Wohnungen zurückziehen konnten, waren obdachlose Menschen dem Virus schutzlos ausgesetzt, viele Hilfestellen waren – zumindest zu Beginn der Pandemie – geschlossen, die Angebote nur eingeschränkt nutzbar.« Während überall da, wo eine große Bürokratie dahintersteckte, erst mal Ratlosigkeit herrschte, sahen kleine Initiativen oder auch ehrenamtliche Kräfte eher, woran es fehlte. Da war beispielsweise der Verein Helping Hands, der kurzerhand die im Lockdown eh geschlossene Jugendherberge mit Spendengeldern anmietete und Obdachlosen ein Einzelzimmer zur Verfügung stellte. »Einige Straßenzeitungen starteten in dieser Zeit gemeinsam eine Petition, um die Hotels bundesweit für von Armut betroffene Menschen zu öffnen. In manchen Städten klappte das, in Köln regte sich da erst einmal leider nichts.« Die Belegung der vierzig Einzelzimmer in der Jugendherberge wurde durch eine Privatinitiative erwirkt und sogar noch im Winter drauf wiederholt. So konnte schließlich auch der Arbeitsplatz des Portiers sichergestellt werden.

Christina zieht ein Buch aus ihrer Tasche, es heißt *Die Letzten hier*. Die vielen Gedichte, eindrucksvollen Fotos und Berichte darin machen sichtbar, wie es den Obdachlosen im sozialen Lockdown erging. Als ich es durchblättere, wird mir klarer denn je: Zivilgesellschaftliche Initiativen können nur ein Pflaster sein, um besonders akute Symptome zu lindern. Zur Bekämpfung der Ursachen müssen kommunale Stellen noch mehr in die Pflicht genommen werden.

»Was wir brauchen«, sagt auch Christina, »sind strukturelle Verbesserungen für Menschen, die von Obdachlosigkeit betroffen sind.«

»Was könnten Städte und Gemeinden denn tun?«

»Erst einmal akzeptieren, dass es die Menschen gibt«, sagt sie. »Im Stadtbild ist Obdachlosigkeit nicht erwünscht, also wird den Menschen der Aufenthalt dort erschwert.«

Auf den ersten Blick sei die sogenannte defensive Architektur als solche oft nicht zu erkennen: Bänke mit einer Armlehne in der Mitte, sodass sie nicht lang genug sind, um sich darauf auszustrecken. Zäune, Dornen und Spitzen. Sitzkiesel oder schräge Sitzflächen, die Obdachlose davon abhalten, länger zu verweilen. Auch wenn öffentliche Toiletten fehlen, sei das vielfach durchaus Absicht oder zumindest mal eine Folge von zu wenig Engagement.

Hilfsleistungen der Stadt seien dazu oft zu kurz gedacht. Anstatt in die Housing-First-Modelle zu investieren, die es ja auch inzwischen in Deutschland gebe, miete die Stadt immer noch für viel Geld Unterkünfte in den Randbezirken an. »Die Kontakte und Freundschaften sind aber in der Innenstadt. Dort, wo die ›Nachbarn‹ sind, also andere Betroffene oder auch die Geschäftsleute, die man jeden Tag trifft. Hier, im belebten Zentrum, kann man eben besser betteln und Flaschenpfand sammeln.« Viele entschieden sich, auf der Straße zu bleiben, weil das Wohnheim zu weit draußen ist oder weil jemand als trockener Alkoholiker nicht mit Trinkern untergebracht werden kann. »Obdachlosigkeit und Wohnungslosigkeit muss behoben, nicht unsichtbar gemacht werden«, sagt Christina. »Aber oft fehlt es an der großen Vision, wie das geschehen soll.«

Ich erinnere mich an ein Interview mit Bundesbauministerin Klara Geywitz, das ich vor Kurzem gelesen habe; darin hat sie vom Ziel gesprochen, bis zum Jahr 2030 Obdachlosigkeit zu überwinden. »Meinst du denn, die Regierung erreicht dieses Ziel?«

»Es ist gut, dass sich endlich mal eine Bundesregierung so klar dazu bekennt. Der Staat könnte auch viel Geld sparen, wenn es richtig angegangen wird. Wenn alle derzeitigen Hilfen ausgeschöpft werden, kostet es nämlich viel mehr«, sagt Christina. »Aber in Norwegen hat es mit dem sogenannten Housing-First-Modell dreißig Jahre gedauert, bis die Strategie gegriffen hat.«

Der politische Wille sei entscheidend, aber die konkreten Lösungen kämen oft von unten. »Es macht etwas mit den Menschen, überhaupt zu wohnen«, sagt Christina. »Es ist ein erster Schritt, um in der Gesellschaft anzukommen. Davon ist auch der Bundesverband Housing First überzeugt.«

Was ist das eigentlich genau, Housing First?

»Das ist so ein Slogan, der oft falsch verstanden wird: Die Wohnung steht nicht am Ende, sondern am Anfang der Hilfe. Die Bewegung kommt aus den USA, sie folgt acht Prinzipien. Eines ist, dass die Wohnung als Grundrecht verstanden wird – eine zu bekommen wird an keinerlei Bedingungen geknüpft. Es gibt keinen Druck und keine Auflagen, die Person bleibt selbstbestimmt. Ihre Probleme werden geklärt, sobald die Wohnung da ist, mit Schuldnerberatung oder einer Therapie.«

Der Sozialwissenschaftler Kai Hauprich vom Verein Vringstreff hat Housing First in Köln mitbegründet. Er gehört zu einer neuen Generation von Streetworkern, die sich den Einzelnen genau anschauen und auf ihn eingehen: Wer ist dieser Mensch, was braucht er? »Es ist wichtig, dass der Mensch im Mittelpunkt steht und die Hilfe individuell ist«, sagt Christina. »Dass sich dieses Bewusstsein langsam durchsetzt, gibt mir Hoffnung.«

Sie erzählt mir von einer Mutter und ihren fünf Kindern, die von Vonovia zwangsgeräumt wurden. Die Frau sollte mitsamt ihren Kindern, eines davon geistig behindert, in eins der Obdachlosenheime der Stadt ziehen – weit weg von Kindergarten und Schule. Nach öffentlichem Protest einiger Hilfsorganisationen und des Kabarettisten Jürgen Becker entschied das Verwaltungsgericht im Eilverfahren, dass dies so nicht gehe. Die Stadt ist verpflichtet, eine angemessene und menschenwürdige Unterkunft für sie zu finden – koste es, was es wolle.

»Das Urteil ist eine Sensation.« Christina lächelt. »Das Gericht hat damit erstmals festgestellt, dass Wohnen ein Grundrecht ist. Das ist ein großer Schritt in Richtung der Veränderung, die wir brauchen. Und wir Straßenzeitungen bemühen uns, darüber aufzuklären.«

Nachdem ich mich von Christina verabschiedet habe, spaziere ich auf den Poller Wiesen entlang und sehe von dort auf die riesigen Kanzleien und Bürogebäude am Rheinauhafen gegenüber, die auf der »reichen Seite der Stadt« errichtet wurden. Ich begreife, dass es nicht allein um die Frage geht, wie ich selbst besser wohnen kann. Nicht mal darum, für mehr Menschen bezahlbaren Wohnraum zu schaffen. Wohngerechtigkeit und gutes Wohnen fangen bei denen an, die noch keinen Platz in unserer Gesellschaft haben. Bislang hatte ich das nicht auf dem Schirm, aber jetzt ist mir unterwegs die defensive Architektur, von der Christina gesprochen hat, überall ins Auge gesprungen. Jemanden so auszuschließen und an den Rand zu drängen ist falsch und menschenverachtend.

Wenn ich jemanden auf der Straße liegen sehe, wie letzten Winter an der U-Bahn-Haltestelle, rufe ich den Rettungswagen oder den Kältebus, stecke der Person Geld zu oder kaufe ihr ein heißes Getränk. Es hat mich bisher einfach traurig gemacht, dass sie in dieser Lage war. Nach dem Gespräch mit Christina macht es mich zornig.

Wohnungen machen Leute, aber wir machen nicht genügend Wohnungen für Leute. Städte sind nicht nur für Wohlhabende da, und Wohnen ist kein Recht, das wir uns erwerben, wenn wir

Geld verdienen. Deutschland fördert E-Autos mit mehreren Tausend Euro pro Wagen, zahlt den beiden großen christlichen Kirchen jährlich rund 600 Millionen an »Entschädigung« und rettet nicht nur marode Konzerne, sondern während der Pandemie sogar welche, die auf die Hilfen gar nicht angewiesen sind. In einem solchen Land sollte niemand – in Zahlen: 0 Personen – unfreiwillig wohnungslos oder obdachlos sein.

Doch viel zu viele Menschen können nicht selbst entscheiden, wie und wo sie leben wollen. Tatsächlich werden es immer mehr. Und indem Mietpreise und Lebenshaltungskosten steigen, gefährden wir unsere Gesellschaft, denn die ist immer nur so stark wie die Schwächsten in ihr. Wie jede einzelne Person wohnt, entscheidet nicht nur über unser individuelles Glück, sondern auch darüber, wie wir alle miteinander auskommen. Das wirkt sich auf unsere körperliche Gesundheit, auf unsere Psyche und auf unser Verhalten anderen gegenüber, unsere politische Einstellung, unser Sozialleben aus.

Unzufriedenheit, Ausgrenzung, Angst, die Wohnung zu verlieren, all das verschärft soziale Spannungen. Denn gut zu wohnen ist existenziell, es betrifft alle Menschen und in besonderer Weise marginalisierte Gruppen. Wenn Wohnen zum Luxus wird, Sozialsysteme beschnitten und Menschen abgehängt werden, führt das unweigerlich zu gesellschaftlicher Spaltung und dazu, dass das rechte Spektrum an Kraft gewinnt. Und das ist eine der größten Gefahren für die Demokratie.

So, wie es ist, kann es nicht bleiben. Politisch und wirtschaftlich ist aber leider kein Licht am Ende des Tunnels zu sehen. Die Lage wird sich sehr wahrscheinlich eher zuspitzen.

Die Zukunft des Wohnens darf nicht darin bestehen, dass wir auf einem immer enger werdenden Wohnungsmarkt immer schlechtere Butzen für teures Geld mieten und viele gar keine abbekommen. Gerade angesichts der multiplen Krisen, die auch künftig auf uns zukommen werden, brauchen wir mehr Gerechtigkeit und Orte, an denen sich jeder einzelne Mensch wohlfühlt.

Unter den Dächern sollte auch Platz sein für alle, die über weniger Mittel verfügen und aus schwierigen Verhältnissen oder anderen Ländern geflüchtet sind.

Über mir in der mächtigen alten Buche ist der plätschernde Gesang eines Rotkehlchens zu hören. Durch die noch lichte Baumkrone fallen Sonnenstrahlen. Nachdem mich so lange so viele Fragen rund ums Wohnen beschäftigt haben, genieße ich für einen Moment, gar nichts zu wollen. Keine neue Bleibe, kein geplanter Umzug – so fühlt es sich an, im Moment zu sein.

Ich denke an den Anfang meiner Wohnexperimente zurück: das Smart Home, das nur ein Übergang sein sollte. Wenn ich mich für ein neues Zuhause entscheide, wird es mir schwerfallen, Rodrigo zurückzulassen.

Aber klar, nicht alles passt für jeden gleich, und es ist gut, dass es bunte, diverse, individuelle Ideen und Wohnformen gibt. Ich denke an Tina und ihr Genossenschaftshaus in München. Das zu erleben hat mir Mut gemacht: Wir können einiges erreichen, vor allem, wenn wir uns zusammentun – in einer Genossenschaft oder im Mietshäuser Syndikat. Wir können Druck machen, damit sich politisch etwas zum Guten verändert, selbst wenn es wie bei der Stadtbodenstiftung vielleicht noch lange braucht, bis etwas gedeiht und sich wirklich etwas verändert.

Zusammen können wir guten Wohnraum schaffen, nicht nur in Gemeinschaften wie im Ökodorf, sondern auch für Menschen, die sich lieber zurückziehen. Wir können zukunftstauglich bauen, etwa ein Strohballenhaus, und fürs Alter vorsorgen wie im Mehrgenerationenhaus. Und auch die Zeit im Jurtendorf hat mir gezeigt: Es gibt keine Lösung, die für alle passt, sondern viele unterschiedliche Wege. Fast zu viele, um sich für einen einzigen besten Platz zum Leben zu entscheiden. Das wichtigste Ergebnis meines Wohnexperiments ist, dass ich sehr wohl eine Wahl habe.

Nur – wie geht es jetzt für mich weiter? Gerade als ich mich das frage, klingelt mein Handy, es ist Rodrigo.

»Na, wie geht's dir in der alten Heimat?« Seine Stimme klingt vertraut, und ich denke an die Zeit, als wir beide noch in Köln gearbeitet haben. So lange kennen wir uns schon.

»Schön ist es«, sage ich, »gleich fahre ich zu Petra raus, freu mich schon.«

»Prima, viel Spaß.« Er macht eine Kunstpause. »Hör mal«, sagt er dann. »Ich habe nachgedacht über das, was du neulich gesagt hast.«

»Ja?« Was will er denn nun?

»Wir könnten zusammen in so eine Genossenschaft aufs Land ziehen, wenn da jeder seinen eigenen Bereich hat. Ich könnte einen Hund haben, und das mit uns beiden funktioniert doch gut.«

Plötzlich fühle ich mich ganz leicht. Ehrlich jetzt? Vor meinem inneren Auge sehe ich das alte Hofgebäude, das ich ihm gezeigt habe, stelle mir vor, wie dort Hühner scharren, wie ich so einen Permakulturgarten anlege wie den von Natty, in deren Tiny House ich gewohnt habe. Mit einer Genossenschaft und zusammen mit anderen wäre das finanziell sicher zu stemmen. Gut genug angebunden ist es auch, und die Wohngemeinschaft mit Rodrigo weiterzuführen wäre natürlich ein Träumchen. Das ist so nah an meinem Kinderwunsch von dem Haus am Deich, dass mir trotz der kühlen Frühlingstemperaturen innerlich warm wird.

»Das wäre wunderbar«, sage ich. »Lass uns das zusammen finden, wenn ich wieder da bin.«

»Was jetzt?«

»Unser Zuhause.«

Happy End oder Zeit, anzufangen?

Für dieses Buch habe ich viele wunderbare Orte besucht und interessante Leute kennengelernt. Weil ich es sinnvoll finde, bin ich sogar Mitglied im Mietshäuser-Syndikat geworden. Es war mir ein Vergnügen, dir alles brühwarm zu erzählen. Und ich hoffe, dass auch du deinem besten Platz einen Schritt näher gekommen bist, vielleicht gedanklich, vielleicht hast du auch schon einige der Orte besucht, die ich beschrieben habe. Oder du hast sogar erkannt, dass du dir keinen besseren Platz zum Leben denken kannst als den, wo du seit einiger Zeit oder schon ganz lange wohnst.

Mein Freund Olli – der mit den Eisenbahnen – hatte schon öfter Besuch, weil Menschen, die mein letztes Buch *Mein Leben in drei Kisten* gelesen haben, neugierig waren, wie es sich in seinem Tiny-House-Dorf Lilleby wohnt. Einige von ihnen habe ich sogar getroffen, als ich mal wieder bei ihm zu Besuch war. Das ist das Schönste für mich am Buchschreiben: dass es über die Seiten hinweg Verbindungen zwischen Menschen schafft.

Danke, dass du lesend mit mir umgezogen bist, von einem Ort zum nächsten. Ich wünsche dir von Herzen, dass du deinen besten Ort findest. Wie wäre es, wenn du dir einige Notizen machst, die dich auf der Suche begleiten?

Hat sich durch das Lesen dieses Buches etwas für dich verändert?

Welche Ideen hast du für dich mitgenommen, welche Fragen stellst du dir nun?

Welcher Ort in diesem Buch hat dich am meisten angesprochen – und aus welchem Grund?

Gibt es Experimente, die dich reizen? Tipps, denen du nachgehen möchtest?

Ohne lang zu überlegen: Wie würdest du wohnen, wenn du es dir ganz frei aussuchen könntest?

Was fehlt dir noch dazu oder hindert dich daran, so zu leben?

Was oder wer könnte dich unterstützen?

Was kannst du sofort umsetzen, um deinem Traum ein wenig näherzukommen?

Falls du noch Ideen brauchst, wie es weitergehen kann – auf https://anneweiss.net führe ich einen Blog, in dem ich von weiteren Wohnexperimenten erzähle.

Danksagung

Danke an all die wunderbaren Menschen, die mir ihre Türen geöffnet, mich unterstützt und meinem Buch ein so gutes Fundament gegeben haben: Svend Andersen, Christina Bacher, Dr. Bettina Barthel, Felix Bartholomäus, Kathleen Battke, Evelyn Bechtle, Gabi Bott, Katja Diehl, Manuel Dingemann, Christopher Dlugosch, Isabel Düsterhus, Anne Evers, Timm Goecke, Max Graap, Lilli Hasche, Helma Haselberger, Bärbel Hildebrand, Dr. Anne-Kathrin Hillenbach, Dr. Sabine Horlitz, Kateryna Hyrych, Hans-Georg Kleinmann, Patrick Körting, Marita Lehrig, Ralf Leppin, Sabrina Lucidi, Theresa Mai, Petra Nadolny, Frank Odenthal, Philipp Respondek, Katja Riedel, Jan Ritterbusch, Andreas Rümmelein, Stephan Russbült, Kathrin Schmitt, Henriette Scholz, Bettina Schuler, Olena Shmatko, Dr. Martina Steinröder, Jan Störkel, Eva Stützel, Nina Tinner, Viktoriia Tkachuk, Oksana Veretina, Oliver Victor, Hanna Wagener, Andrea Weibel, Babette Woeckener und viele andere. Und ein Extradank an den unvergleichlichen Rodrigo, ohne den das Buch nur halb so dick und ich nur halb so moppelig wäre.

Dieses Buch, das von so verschiedenen Orten und Menschen handelt, ist auch im Lektorat viel umgezogen. Ein Dank geht darum als Allererstes an die drei, die mir die Übergänge besonders leicht gemacht haben: Ilka Heinemann, Alexandra Löhr und Artur Senger.

Ein großer Dank geht an Jan Strümpel, der mein Fels in der Brandung ist und auch dieses Buch kundig und gelassen lektoriert hat. Danke auch an Margit Ketterle, die mich nicht nur ermuntert hat, über das zu schreiben, was mir am Herzen liegt, sondern auch Schokolade schickte, als ich mir mitten im Schreibprozess den Arm brach. Außerdem an alle, die sich bei Knaur für dieses Buch einsetzen, insbesondere an Sibylle Dietzel.

Ein weiterer Dank geht an meinen Literaturagenten Alfio Furnari. Und ein Extradankeschön an Markus Weber und Andrea Barth von Guter Punkt (https://www.guter-punkt.de) für das schöne Cover und Annica Lill für das Foto, das dafür verwendet wurde. Merci an Murielle R. Rousseau und Bettina Kempf von Buchcontact (https://buchcontact.de) und an Mathias Bothor für die schönsten Fotos, die bis dato jemand von mir gemacht hat.

Wohnen ist ein Grundbedürfnis. Ohne den politischen Willen und ein wenig Verzicht von jenen, die bisher Profit daraus schlagen, ist es für viele nicht möglich, menschenwürdig zu wohnen. Danke an alle, die sich dafür einsetzen, dass sich das ändert.

Wenn du das auch möchtest, schließ dich einer Initiative in deiner Nähe an!

Quellenverzeichnis

Vor(w)ort

Brächer, Michael/Feldenkirchen, Markus/Teevs, Christian: »Ministerin Geywitz über die Baukrise: ›Das ist ein beliebter Reflex: mehr Geld! Es ist aber nicht die richtige Antwort‹«, in: *Der Spiegel* 5/2023, https://tinyurl.com/2mdwxzw4

Cooper Marcus, Claire: *House as a Mirror of Self. Exploring the Deeper Meaning of Home*, Nicolas-Hays 2006

Deutsche Energie-Agentur GmbH (dena): »Zero Waste im Bausektor«, auf: *Gebäudeforum klimaneutral*, Stand: Februar 2023, https://tinyurl.com/2p9et38j

Heidtmann, Jan: »Gericht bremst Mieterschutz«, in: *Süddeutsche Zeitung* vom 10.09.2021, https://tinyurl.com/mry6vaar

Hildebrandt, Antje: »Last Exit Trailerpark«, in: *Focus* 12/2023

Holm, Andrej/Regnault, Valentin/Sprengholz, Maximilian/Stephan, Meret: »Die Verfestigung sozialer Wohnungsprobleme. Entwicklung der Wohnverhältnisse und der sozialen Wohnversorgung von 2006 bis 2018 in 77 deutschen Großstädten«, Working Paper der Forschungsförderung der Hans-Böckler-Stiftung Nr. 217, Juni 2021

Holm, Andrej/Regnault, Valentin/Sprengholz, Maximilian/Stephan, Meret: »Muster sozialer Ungleichheit der Wohnversorgung in deutschen Großstädten«, Working Paper der Forschungsförderung der Hans-Böckler-Stiftung Nr. 222, August 2021

Langley-Hunt, Tobias: »So weit ist es gekommen, Berlin ist einfach zu voll: Der Kiez, in dem Menschen 150 Meter für eine Wohnung anstanden«, *Tagesspiegel* vom 07.04.2023, https://tinyurl.com/5n7hk49b

Nagel, Reiner/Bundesstiftung Baukultur: *Baukultur Bericht. Neue Umbaukultur 2022/23*, Bundesstiftung Baukultur 2023

Spiegel.de: »Abgeordnete gegen Regulation: CDU und FDP wollen Mietendeckel wegklagen«, in: *Der Spiegel* vom 18.02.2020, https://tinyurl.com/mwnvbkre

Dachschaden de luxe

Flade, Antje: *Wohnen: psychologisch betrachtet,* Hogrefe 2006
Tönnesmann, Jens/Venohr, Sascha: »Wohnungsmarkt: Was nervt Sie als Mieter?«, in: *ZEIT online,* 03.11.2019, https://tinyurl.com/yc8dsh29
Waldinger, Robert/Schulz, Marc: *The Good Life ... und wie es gelingen kann: Erkenntnisse aus der weltweit längsten Studie über ein erfülltes Leben,* Kösel 2023

Home Smart Home

Bundesinstitut für Bau-, Stadt- und Raumforschung (BBSR): »Serielles und modulares Bauen in der Praxis. Eine Zwischenbilanz im Rahmen der Wohnraumoffensive zur Förderung des seriellen und modularen Bauens – Dokumentation der Veranstaltung«, Bonn 2022, Download: https://tinyurl.com/yt9wufva
Effizienzhaus-Richtlinien: https://tinyurl.com/yshu3ajm
Holm, Robert/Aktay, Eser: »Smartes Home – aber unsicher?«, in: *ARD-Mittagsmagazin,* Beitrag vom 05.09.2022
Michaelson, Ruth: »Global development: ›It's being built on our blood‹: the true cost of Saudi Arabia's $500bn megacity«, in: *The Guardian,* 04.05.2020, https://tinyurl.com/bwfnmfk8
Moltrecht, Klaas/Schnaak, Greta: »Das intelligente Zuhause: Smart Home 2022. Ein Bitkom-Studienbericht«, September 2022, https://tinyurl.com/5n8zbt3a
Muravitsky, Andrey/Kaspersky: »IoT hack: how to break a smart home ... again«, auf: *SecureList by Kaspersky,* 27.02.2018, https://tinyurl.com/y9mnea2c
Quack, Dietlinde/Liu, Ran/Gröger, Jens/Öko-Institut e. V.: »Smart Home – Energieverbrauch und Einsparpotenzial der intelligenten Geräte«, 14.11.2019, https://tinyurl.com/4szhvkyj
Statista: »Smart Home – Deutschland«, Dezember 2022, https://tinyurl.com/3fjs6h27
Umweltbundesamt: »Photovoltaik«, auf: umweltbundesamt.de, Stand: 23.03.2023, https://tinyurl.com/bdz8akhc
Verbraucherzentrale Bundesverband (vzbv): »Vernetzte Geräte von Verbraucher:innen cybersicher machen. Zusammenfassung der Stellungnahme des Verbraucherzentrale Bundesverbands (vzbv) zum Vorschlag der Europäischen Kommission für den Cyber Resilience Act (CRA)«, 20.12.2022, https://tinyurl.com/bdht9v9z
Website des Aktiv-Stadthauses Frankfurt: https://www.frankfurt-greencity.de/de/berichte-uebersicht/status-trends-2016/planen-bauen/aktiv-stadthaus

Website des Bündnisses »Stromspiegel«: https://www.stromspiegel.de
Website des Deutschen Holzbaupreises:
https://www.deutscher-holzbaupreis.de/holzbaupreis_2023
Website des Effizienzhauses Plus:
https://www.zukunftbau.de/programme/effizienzhaus-plus
Website über energetische Sanierung: https://www.energiesprong.de/startseite
Website von Neom: https://www.neom.com
Zimmermann, Felix: »Stadtplanung für die Zukunft: Hygge und Hightech«, in: *taz* vom 17.03.2023, https://tinyurl.com/4rpwwc7r

Landpartie für Stadthasen

Diehl, Katja: »Auf dem Land, da geht doch nix! Und ob! Landlogistik will den Postbus wieder zum Leben erwecken«, *She drives Mobility*, Podcast-Folge 48
European Environment Agency (EEA): *Air quality in Europe 2021*, Report Nr. 15/2021, doi: 10.2800/549289
Interhyp: »Wohntraumstudie 2022«, 22.06.2022, https://tinyurl.com/2dtkzbrm
Land Brandenburg: »Über 100 Waldbrände im Land Brandenburg – Vogel: Früherkennung funktioniert – Waldumbau vorantreiben«, Meldung vom 20.05.2020, https://tinyurl.com/5y2m6w4d
ntv.de/dpa: »Höchster Leerstand seit Jahren: Corona setzt Manhattans Wohnungsmarkt zu«, Meldung vom 11.09.2020, https://tinyurl.com/yr485fmr
Randelhoff, Martin: »Straßenverkehr: Die größte Ineffizienz des privaten Pkw-Besitzes: Das Parken«, 23.02.2013, https://tinyurl.com/6fw3r3p8
tipBerlin: *Wir ziehen raus. Abenteuer Landleben*, 2022/23
Umweltbundesamt: »Richtig Heizen, Schimmelbildung vermeiden«, auf: umweltbundesamt.de, 14.10.2013, https://tinyurl.com/24ttfjy6
Umweltbundesamt: »Wie lüfte ich richtig? Tipps und Tricks zu Schimmelvermeidung«, auf: umweltbundesamt.de, 29.09.2022, https://tinyurl.com/5n75j379
Website des Dörpsmobils: https://www.doerpsmobil-sh.de
ZEIT-Stiftung: *Stadt? Land? Zukunft! Wie im Zwischenraum von Metropolen und Dörfern etwas Neues entsteht*, Hamburg, September 2022

Zwei Zimmer, Küche, Bad, bankrott

Bezirksamt Tempelhof-Schöneberg von Berlin: »Wege aus der Wohnungsnot. Bauen für Groß-Berlin in Schöneberg«, Ausstellung im Schöneberg Museum 2020

Brie, Michael: »Sozialer Frieden«, in: Gießmann, Hans-J./Rinke, Bernhard (Hrsg.): *Handbuch Frieden*, Springer VS, Wiesbaden 2019, https://doi.org/ 10.1007/978-3-658-23644-1_49

Butterwegge, Christoph: »Wohnungsungleichheit in Deutschland«, in: *Sozial Extra* 45, 205–209 (2021), https://doi.org/10.1007/s12054-021-00378-8

detektor.fm/radioeins vom rbb: *Teurer Wohnen*, siebenteiliger Podcast, 2023

Deutsche Wohnen & Co enteignen: »Wo lief's falsch«, in: *Von Menschen und Mieten*, Podcastfolge vom 19. April 2021

Diehl, Katja: *Autokorrektur – Mobilität für eine lebenswerte Welt*, S. Fischer 2022

Ewald, Johannes/Kempermann, Hanno/Sagner, Pekka/Zink, Benita: *Wohnen in Deutschland 2021. Gutachten für den Sparda-Banken e. V.*, Köln 2021

Gunkel, Christoph: »Zusammengebunden wie Pferde«, in: *Spiegel Geschichte* 5/2022, Seite 59 – 65

Hinck, Gunnar: »Ende der Wohnungsgesellschaft GSW: Am Schluss bleiben Fassaden«, in: *taz* vom 29.07.2015, https://tinyurl.com/ytcc3np

Jahn, Uwe: »Wohnungsbau in Deutschland: ›Wir verlieren am Tag 72 Sozialwohnungen‹«, auf: *tagesschau.de*, 06.07.2021, https://tinyurl.com/3smpves5

Joswig, Gareth: »Enteignungs-Volksbegehren: Wo die Revolutionäre wohnen«, in: *taz* vom 29.01.2021, https://tinyurl.com/4766bd6n

Käppner, Joachim: »Wohnungsnot in der Kaiserzeit: Berliner Häuserkampf«, in: *Süddeutsche Zeitung* vom 10. Mai 2019, https://tinyurl.com/2aesss5c

Leiß, Birgit: »Sanierung Grellstraße/Prenzlauer Allee: Von Umzug zu Umzug«, auf: berliner-mieterverein.de, 02.09.2020, https://tinyurl.com/5dffp5dt

Leue, Vivien: »Umnutzen und neu denken: Konzepte für bezahlbares Wohnen«, *Deutschlandfunk*, 03.04.2022, https://tinyurl.com/2wytukwj

NDR: »Hamburg: Neue Sozialwohnungen mit 100 Jahren Mietpreisbindung«, *Hamburg Journal*, 02.11.2022, https://tinyurl.com/ref3fwa3

Schönball, Ralf: »Experte warnte vor Privatisierung von Wohnungen: ›Es hieß: Weg mit den Häusern!‹«, in: *Tagesspiegel* vom 23.02.2019, https://tinyurl.com/2smu7nvc

Sorrento, Aureliana: »Sozialer Wohnungsbau in Wien – Erfolgreich gegen Mietwucher«, SWR-Sendung vom 12.03.2023, https://tinyurl.com/4mwsm3yk

Spars, Guido: »Die Etablierung großer Wohnungskonzerne und deren Folgen für die Stadtentwicklung«, Bundeszentrale für politische Bildung, Beitrag auf der Website vom 9.7.2018, https://tinyurl.com/yz6882fe

Stadt Ulm: »Grundstückspolitik. Über 125 Jahre Ulmer Bodenpolitik«, https://tinyurl.com/2jkrfhn3

SWR: »Nachtcafé – Wohnung verzweifelt gesucht«, Sendung vom 22.09.2018, https://tinyurl.com/52272vfp

Uhlmann, Steffen: »Werkswohnungen: Wohnen beim Chef«, in: *Süddeutsche Zeitung* vom 26.06.2020, https://tinyurl.com/4u7wtc5x

Voigtländer, Michael/Seipelt, Björn: »Wohneigentumsquote: Analyse der Bildung von Wohneigentum. Gutachten im Auftrag der Schwäbisch Hall AG«, Institut für deutsche Wirtschaft (IW) 2021, https://tinyurl.com/nxn42axr

Voigts, Hanning: »Prozess gegen Hausbesetzer. Das Problem heißt Leerstand«, in: *Hinz & Kunzt – das Hamburger Straßenmagazin,* 2. August 2011, https://tinyurl.com/4c2yzpz3

Website des Borsteimuseums: https://www.borsteimuseum-muenchen.de

Website des Leerstandsmelders: https://www.leerstandsmelder.de/

Website der Siedlergenossenschaft Kalscheurer Weg eG: https://siedlerkoeln.de/siedlung/die-siedlung

Website der Initiative »Stadt von unten«: https://stadtvonunten.de/

Website der Vergesellschaftungskonferenz: https://vergesellschaftungskonferenz.de

Zander, Hans Conrad/Brunn, Carl: *Minnesota in Köln,* Janus Verlagsgesellschaft, Köln 1989

Platz doch einfach!

Grossarth, Jan: »Platzmangel: Ein Hoch auf die kleine Wohnung«, in: *Frankfurter Allgemeine Zeitung* vom 27.06.2015, https://tinyurl.com/3k4duzft

Informationsdienst des Instituts der deutschen Wirtschaft: »Immobilien: Größer wohnen«, Beitrag vom 12.11.2020, https://tinyurl.com/3vcshzha

Jodidio, Philip: *Small Houses. Homes for Our Time,* Taschen-Verlag, Köln 2023

Mai, Theresa: *Wie wir leben könnten: Autark wohnen, Unabhängigkeit spüren, Gemeinschaft entdecken,* Löwenzahn Verlag 2021

Reporteur, Stephan: »Themenbereich Brunnen: Brunnen immer anmelden und manchmal genehmigen lassen«, auf: *Hausjournal.net,* https://www.hausjournal.net/brunnen-anmelden

Small House Society: https://smallhousesociety.net

Statista: »Wohnfläche je Einwohner in Wohnungen in Deutschland von 1991 bis 2021«, 18.08.2022, https://tinyurl.com/3962n5kv

SWR: *Wortwechsel – Wie geht's eigentlich… Peter Lustig,* SWR-Film, Moderation: Walter Janson 2011, https://tinyurl.com/y77er494

Thoreau, Henry David: *Walden oder: Vom Leben im Wald*, Manesse Verlag 2020
Website der Gemeinschaft Lilleby: https://lilleby.de
Website des Tiny PopUp Pullach: https://tinypopup.de
Website von Wohnwagon: https://wohnwagon.at
ZDF: »Löwenzahn – Peter Lustig zieht um«, Folge 1, 1981,
    https://tinyurl.com/3erkepyb

Prinzip Selbsthilfe

Barthel, Bettina: »Legal Hacking und seine praktischen Dimensionen am Beispiel des Mietshäuser Syndikats«, in: *Zeitschrift für kritik - recht - gesellschaft*, Nr. 3, 2020, S. 366, doi: 10.33196/juridikum202003036601
Barthel, Bettina: »Von der Nische in den Markt«, in: Seifert, Manfred; Schindler, Thomas (Hg.): *Wohnen jenseits der Normen, Hessische Blätter für Volks- und Kulturforschung*, Band 56/2021, Kromsdorf: Jonas Verlag, S. 205–216
Bundesverwaltungsgericht: »Gemeindliches Vorkaufsrecht in Gebieten einer Erhaltungssatzung (Milieuschutzsatzung)«, Pressemitteilung Nr. 70/2021 vom 09.11.2021, https://www.bverwg.de/de/pm/2021/70
Diehl, Daniela: »Neu bauen mit gebrauchtem Material«, *tagesschau.de* vom 17.08.2021, https://tinyurl.com/23y5bxfw
Garus, Tom: »Neues Leben für die alte Platte«, *tagesschau.de* vom 12.12.2022, https://tinyurl.com/fz43ru63
Herberhold, Lennart: *Zusammen! Wie Deutschland neues Wohnen ausprobiert*, Büchner Verlag 2022
Horlitz, Sabine: »Community Land Trusts in den USA: Strukturen und aktuelle Tendenzen«, in: Barbara Schönig, Justin Kadi, Sebastian Schipper (Hg.): *Wohnraum für alle?! Perspektiven auf Planung, Politik und Architektur*, transcript 2017, S. 281–296
Horlitz, Sabine: »Der Fall Pruitt-Igoe: Zur Sprengung des US-amerikanischen Public Housing Komplexesin St. Louis, 1927«, in: *Candide. Zeitschrift für Architekturwissen*, Nr. 10, Hatje Cantz 2017, S. 66–87
Horlitz, Sabine: »Strategien der Dekommodifizierung. Zum Transformativen Potenzial lokaler marktferner Eigentumsmodelle«, in: Holm, Andrej/Laimer, Christoph (Hg.): *Gemeinschaftliches Wohnen und selbstorganisiertes Bauen*, TU Wien Academic Press 2021, S. 111–122
Kleinmann, Hans-Georg, »Die Zeit ist reif. Wende im Siedlungsbau«, in: *Rheinschiene* 66, Seite 8–10, VCD – Verkehrsclub Deutschland 2021, https://tinyurl.com/4du29tp8

Netzwerk Berliner MHS-Initiativen: »Five Shades of Scheitern«, NBMHSI-Podcast 10/2022,
https://www.mhs-initiativen.net/2022/10/20/five-shades-of-scheitern

Ostrom, Elinor: *Die Verfassung der Allmende: Jenseits von Staat und Markt,* Mohr Siebeck 1999

Ostrom, Elinor: *Was mehr wird, wenn wir teilen: Vom gesellschaftlichen Wert der Gemeingüter,* Oekom 2011

Rat für nachhaltige Entwicklung: »Pionier der Mobilitätswende. Im Mainstream angekommen: Die autofreie Siedlung ›Stellwerk60‹«, 15. 11. 2021

Schwarz, Marietta: »Berliner Stadtbodenstiftung gegründet: Wie sich Boden dauerhaft dem Markt entziehen lässt«, Gespräch mit Sabine Horlitz, *Deutschlandfunk,* 09. 09. 2021, https://tinyurl.com/2rtwynav

SEELAND Medienkooperative e. V.: »Das ist unser Haus!« – Räume aneignen mit dem Mietshäuser Syndikat«, 2016, http://das-ist-unser-haus.de

UN-Habitat: »The 2021 World Habitat Awards winners announced«, https://tinyurl.com/5n6ffdkp

Verbraucherzentrale.de: »Wohnungsbauprämie: Häufig gestellte Fragen und Antworten, Stand: 18. 05. 2022, https://tinyurl.com/mr9rkjtp

Website des Projektes »La Vida Verde« in Berlin-Lichtenberg:
https://lavidaver.de/wordpress

Website des Mietshäuser Syndikats: https://www.syndikat.org

Website des Netzwerks Berliner MHS-Initiativen:
https://www.mhs-initiativen.net

Website der Initiative »ps Wedding«, die eine Siebzigerjahreschule umwidmen wollte – initiiert wurde das Projekt übrigens von Sabine Horlitz:
https://pswedding.de

Website der Stadtbodenstiftung Berlin: https://www.stadtbodenstiftung.de

Website der Syndikatstiftung: https://syndikatstiftung.org

Website der Stiftung Trias: https://www.stiftung-trias.de

Website des Vereins »Wohnraum für alle«:
https://www.wohnraum-fuer-alle.org

Website des Projektes in Wustermark:
http://wurzelnundwirken.de/zusammen-leben

Zolghadr, Tirdad (Hrsg.): *REALTY – Beyond the Traditional Blueprints of Art & Gentrification,* Hatje Cantz 2022

Alle unter einem Dach

Bundesministerium für Wirtschaft und Energie (BMWi): »Vorschläge für eine Reform der gesetzlichen Rentenversicherung. Gutachten des Wissenschaftlichen Beirats beim Bundesministerium für Wirtschaft und Energie (BMWi)«, 4. Mai 2021, https://tinyurl.com/ywx5jebp

Flaute, Markus, Dr./Reuschel, Saskia/Stöve, Britta, Dr.: »GWS RESEARCH REPORT 2022/02: Volkswirtschaftliche Folgekosten durch Klimawandel: Szenarioanalyse bis 2050. Studie im Rahmen des Projektes Kosten durch Klimawandelfolgen in Deutschland«, Institut für ökologische Wirtschaftsforschung (IÖW), Prognos und die Gesellschaft für wirtschaftliche Strukturforschung (GWS) im Auftrag des Bundesministeriums für Wirtschaft und Klimaschutz (BMWK), Dezember 2022, https://tinyurl.com/tjk8fm7h

Frey, Carina/Meister, Gabriele: *Neues Wohnen im Alter: Selbstständig, gemeinsam, mit Service oder Pflege,* Verbraucherzentrale 2020

Hamburger Abendblatt/dpa: »Hamburger Kult-WG: Otto packt über ›Villa Kunterbunt‹ aus – und will einen Film«, in: *Hamburger Abendblatt* vom 24. 06. 2021, https://tinyurl.com/4c2fsymw

Hastrich, Christiane/Lueg, Barbara: *Statt einsam gemeinsam: Wie wir im Alter leben wollen. Eine Entdeckungsreise über Wohnformen im Alter: Senioren-WG, Auswandern, Tinyhouse oder Ökobauernhof?,* Eisele 2021

Kölner Stadt-Anzeiger Magazin: »Wie wir im Alter leben wollen«, Nr. 112, 15./16. Mai 2021

Marino, Lori: »Thinking chickens: a review of cognition, emotion, and behavior in the domestic chicken«, in: *Animal Cognition* 20, 127–147 (2017), https://doi.org/10.1007/s10071-016-1064-4

Scherf, Henning: »Alle unter einem Dach«, in: *ver.di publik,* 14. 10. 2010, https://tinyurl.com/4mj7e7ky

Website von Das Forum zur Verbesserung der Situation Pflegebedürftiger e. V.: http://verhungern-im-heim.de/wp

Website des Vereins »Neues Wohnen im Alter«: https://www.nwia.de

Zukunftswerkstatt Kommunen – Attraktiv im Wandel (ZWK): *WHO global Network for Age-friendly Cities and Communities,* Geschäftsstelle Zukunftswerkstatt Kommunen 2022, https://tinyurl.com/5yrsr9h8

Komm, wir wohnen in der Eisenbahn!

Bund der Steuerzahler (BdSt) NRW: »Mit dem BdSt auf Schwarzbustour«, 07-08/2018, S. 4-5

Nadolny, Petra: *Heimat to go. Von der Kunst, sich immer zu Hause zu fühlen*, Bastei Lübbe, Köln 2014

Schuler, Bettina: *Think the Yoga Way! Mit Yoga unser Glück finden und nebenbei die Welt retten*, Allegria 2020

Umweltbundesamt: »Energiesparende Gebäude«, auf: umweltbundesamt.de, 03.06.2022, https://tinyurl.com/4j5vhyst

Umweltbundesamt: »Flächensparend Wohnen. Energieeinsparung durch Suffizienzpolitiken im Handlungsfeld ›Wohnfläche‹«, Texte 104/2019, https://tinyurl.com/35x6jud8

Website von Citizen2be: https://citizen2be.de/

Website der Energieagentur Regio Freiburg GmbH mit der Kampagne »Kleiner wohnen – besser wohnen«: https://energieagentur-regio-freiburg.eu/kleiner-besser-wohnen

Woolf, Virginia: *Ein Zimmer für sich allein*, Kampa Verlag 2020

Grüner wird's nicht

Blühende Landschaften e.V.: *eurotopia. Verzeichnis von Ökodörfern und Gemeinschaften in Europa*, 6. Ausgabe des eurotopia-Gemeinschaftsverzeichnisses, 2021

Bocco, Andrea/Gerace, Martina/Pollini, Susanna: *The Environmental Impact of Sieben Linden Ecovillage*, Routledge 2019, http://library.oapen.org/handle/20.500.12657/27359

Britsch, Simone: *Der Ökodorf-Podcast aus Sieben Linden*, https://siebenlinden.org/de/feed/mp3

Dittmar, Vivian: *Das innere Navi – Wie du mit den fünf Disziplinen des Denkens Klarheit findest: Wie Intuition, Inspiration, Herzintelligenz und Absicht mit der Ratio zusammenspielen*, Verlag VCS Dittmar 2019

Freundeskreis Ökodorf e.V. (Hrsg.): *20 Jahre Ökodorf – 1997–2017. Erfahrungen, Reflexion und Resümee*, eurotopia-Buchversand 2000

Goldenstein, Frank: »Baustoff Lehm: Fast vergessen – jetzt wieder auf dem Vormarsch«, NDR-Beitrag vom 22.09.2022, https://tinyurl.com/y95cub5z

Harbo, Laura Sofie/Schulz, Gesa/Heinemann, Henrike/Dechow, Rene/Poeplau, Christopher: »Flower strips as a carbon sequestration measure in temperate croplands«, in: *Plant Soil* 2022, https://doi.org/10.1007/s11104-022-05718-5

Quinn, Daniel: *Ismael,* Goldmann Verlag 1992

Reichardt, Lars/Weiß, Marlene: »Der westliche Lebensstil wird nicht mehr lange fortbestehen«, Interview mit Dennis Meadows, in: *Süddeutsche Zeitung* 7/2022 vom 17.02.2022

Stützel, Eva: *Der Gemeinschaftskompass: Eine Orientierungshilfe für kollektives Leben und Arbeiten,* oekom 2021

Stützel, Eva: *Gemeinsam die Welt verändern – aber wie?: Ein Praxishandbuch,* oekom 2023

Universität Kassel: »Gemeinschaftliche Lebens- und Wirtschaftsweisen und ihre Umweltrelevanz – Realisierung lokaler und regionaler Veränderungspotentiale«, Projektlaufzeit: Juli 2001 – Dezember 2003, https://glww.cesr.de/kurz.htm

Website des Gemeinschaftskompasses mit Newsletter: https://www.gemeinschaftskompass.de

Website von Sieben Linden: https://siebenlinden.org/de/

Würfel, Michael: *Kein richtig falsches Leben – das Ökodorf Sieben Linden,* Filmdokumentation, 2021

Würfel, Michael: *Leben unter Palmen – das Ökodorf Sieben Linden,* Filmdokumentation, 2001

Würfel, Michael: *Öko Dorf Welt. Eine Reise ins Ökodorf Sieben Linden,* eurotopia-Buchversand 2014

Wurscher, Lisa: »Mit neuen Baustoffen gegen Rohstoffmangel«, *tagesschau.de* vom 28.10.2022, https://tinyurl.com/4my497ty

Prinzessinnenzelt mit Sternenblick

Cox, Brian: *Human Universe,* Dokumentarserie, BBC2 2014

Gabriel, Rainer/Kubat, Sonja (ZHAW): *Pro Senectute Altersmonitor: Altersarmut in der Schweiz 2022,* Pro Senectute/Zürcher Hochschule für Angewandte Wissenschaften/Université de Genève 2022

Jungaberle, Andrea: *Yoga, Tee, LSD: Über Bewusstseinsveränderung in Wissenschaft und Alltag,* Audible Originals 2020

Khanna, Parag: *Move: Das Zeitalter der Migration,* Rowohlt Berlin 2021

Khanna, Parag: »Where on Earth Will Live People in the Future?«, TED-Talk, https://tinyurl.com/yc8yw4kp

Nakate, Vanessa/Rackete, Carola: »What the World Needs Now«, Klimabuchmesse-Talk, moderiert von Dr. Heike Wex, https://m.twitch.tv/videos/1433709932

Nakate, Vanessa: *Unser Haus steht längst in Flammen. Warum Afrikas Stimme in der Klimakrise gehört werden muss,* Rowohlt 2021

Rackete, Carola: *Handeln statt hoffen: Aufruf an die letzte Generation,* Droemer 2021

Romberg, Johanna: *Der Braune Bär fliegt erst nach Mitternacht,* Quadriga, Köln 2021

Staud, Toralf/Reimer, Nick: *Deutschland 2050. Wie der Klimawandel unser Leben verändern wird,* Kiepenheuer & Witsch 2021

Van den Berg, Eva/Stiller, Eileen: »Unsere Zukunft steht in den Sternen. Der Mensch könnte sich bald dauerhaft auf fernen Planeten niederlassen. Aber sind wir dazu bereit?«, in: National Geographic, September 2022, Seite 40-59

Van Reybrouck, David: »Die Kolonisierung der Zukunft«, Rede auf dem ilb 2022, https://tinyurl.com/35detjra

WDR: *Für irgendwas wird es schon gut sein,* Doku-Spielfilm mit Petra Nadolny und anderen, Regie: Wenzel, Gina/Haeb, Ingo, Produktion: Sutor Kolonko e.K., 2019-2023

Website der Klimabuchmesse: https://klimabuchmesse.de

Website der Mind Foundation: https://mind-foundation.org

Website von WWOOF: https://wwoof.de/de

Nachwort, Lieblingsort

Bacher, Christina (Hrsg.): *Die Letzten hier. Köln im sozialen Lockdown,* Dädalus Verlag, Münster 2021

Bacher, Christina: »Wir schauen den Menschen seit Jahren beim Sterben zu«, in: *Draussenseiter – das Kölner Straßenmagazin,* Nr. 238, Februar 2023, S. 4

Brächer, Michael/Feldenkirchen, Markus/Teevs, Christian: »Ministerin Geywitz über die Baukrise: ›Das ist ein beliebter Reflex: mehr Geld! Es ist aber nicht die richtige Antwort‹«, in: *Der Spiegel* 5/2023

Bundesministerium für Arbeit und Soziales: »Ausmaß und Struktur von Wohnungslosigkeit. Der Wohnungslosenbericht 2022«, https://tinyurl.com/59dpcws3

Daniel, Lina: »Versteckte Wohnungslosigkeit«, auf: https://tinyurl.com/54zv9asr

Huckebrink, Lydia: »Defensive Architektur: Wie ein Baustil Obdachlose aus der Stadt verdrängt«, SWR2 am 10.01.2023, https://tinyurl.com/mrf7z96c

Hundenborn, Janina/Hees, Tobias: »Neue Statistik untergebrachter wohnungsloser Personen in Deutschland. Methode, Inhalt und erste Ergebnisse für 2022«, Statistisches Bundesamt, https://tinyurl.com/2xtexyf8

Laufer, Benjamin: »Wie wollen Sie Obdachlosigkeit abschaffen, Frau Ministerin?«, in: *Hinz&Kunzt – das Hamburger Straßenmagazin*, 01.08.2022, https://tinyurl.com/y6htnfde

Link, Rainer: »Obdachlosigkeit in Deutschland: Verschämt, versteckt, verdrängt – wohnungslose Frauen«, *Deutschlandfunk* vom 08.01.2019, https://tinyurl.com/2dedyjw7

Rosenberger, Robert: »How Cities Use Design to Drive Homeless People Away. Saying ›you're not welcome here‹ – with spikes«, in: *The Atlantic*, 19.06.2014, https://tinyurl.com/yu8nxua2

Vringstreff e. V.: »Acht Housing-First-Prinzipien«, https://tinyurl.com/5ckv7zm3

Website des Kölner Straßenmagazins *Draussenseiter*: https://www.draussenseiter-koeln.de

Website des International Network of Street Papers: https://www.insp.ngo

Website von Little Home e. V.: https://www.little-home.eu

Website des Verbändebündnisses »Soziales Wohnen« mit Link zur Studie *Bauen und Wohnen in der Krise,* Hannover 2023: https://bauen-und-wohnen-in-deutschland.de

Zick, Andreas: »Polarisierung und radikale Abwehr – Fragen an eine gespaltene Gesellschaft und Leitmotive politischer Bildung«, in: Ders./Küpper, Beate/Krause, Daniela (Hrsg.): *Gespaltene Mitte – Feindselige Zustände: Rechtsextreme Einstellungen in Deutschland 2016,* Bonn 2016